Machado e Shakespeare

Coleção Estudos
Dirigida por J. Guinsburg

Equipe de realização – Edição de Texto: Iracema A. Oliveira; Revisão: Marcio Honorio de Godoy; Sobrecapa: Sergio Kon; Produção: Ricardo W. Neves, Sergio Kon, Luiz Henrique Soares, Elen Durando e Lia N. Marques.

Adriana da Costa Teles

MACHADO E SHAKESPEARE
INTERTEXTUALIDADES

Copyright © Perspectiva 2017

Esta publicação contou com o apoio da Fapesp (processo n. 2015/20480-2), por meio do programa "Auxílio à Pesquisa – Publicações".

As opiniões, hipóteses e conclusões ou recomendações expressas neste material são de responsabilidade do autor e não necessariamente refletem a visão da Fapesp.

CIP-Brasil. Catalogação na Publicação
Sindicato Nacional dos Editores de Livros, RJ

T275m
 Teles, Adriana da Costa
  Machado e Shakespeare : intertextualidades / Adriana da
Costa Teles. - 1. ed. - São Paulo : Perspectiva : Fapesp, 2017.
  296 p. ; 23 cm. (Estudos ; 347)

  Inclui bibliografia
  ISBN: 978-85-273-1083-3

  1. Literatura - História e crítica. 2. Crítica literária. I. Fundação
de Amparo à Pesquisa do Estado de São Paulo. II. Título III. Série.

16-38584
         CDD: 809
         CDU: 82.09

14/12/2016   15/12/2016

Direitos reservados à
EDITORA PERSPECTIVA S.A.

Av. Brigadeiro Luís Antônio, 3025
01401-000 São Paulo SP Brasil
Telefax: (011) 3885-8388
www.editoraperspectiva.com.br

2017

Sumário

Agradecimentos. x

Machado e Shakespeare: Um Esboço XIII

1. Machado de Assis e o Contexto Shakespeariano
   de Seu Tempo 1

2. Diálogos Machadianos Com Shakespeare 27

3. A Presença de *Otelo* em *Dom Casmurro*:
   O Trágico em Machado de Assis 91

4. *Ressurreição* e *Dom Casmurro*:
   Otelo Por Machado em Dois Tempos 159

5. *Romeu e Julieta* nos Contos de Machado de Assis:
   Uma Poética do Amor e do Desengano 179

Cronologia da Presença de Shakespeare
na Obra de Machado de Assis 223

Referências Bibliográficas. 263

Para Marcelo e Heitor

Agradecimentos

Este livro traz os resultados a que cheguei com o desenvolvimento de dois projetos de pós-doutoramento, na Faculdade de Filosofia, Letras e Ciências Humanas (FFLCH-USP): "A Presença de *Otelo* em *Dom Casmurro*: A Problemática do Trágico em Machado de Assis" (2010-2012) e "*Romeu e Julieta* nos Contos de Machado de Assis: Uma Poética do Amor e do Desengano" (2013-2014). Neles, debrucei-me na intertextualidade que Machado faz com tragédias de Shakespeare, tendo como referência questões relativas ao sentimento trágico.

Um trabalho dessa extensão não estaria completo sem os devidos agradecimentos. Sua realização só foi possível devido aos apoios que recebi de várias partes. Primeiramente, destaco a Fapesp que me concedeu duas bolsas de pós-doutoramento. Sem esse financiamento, eu não teria conseguido me dedicar às ideias que me assolavam havia já alguns anos. O auxílio financeiro veio acompanhado do suporte de muitas pessoas. Não posso deixar de manifestar a minha profunda gratidão a João Roberto Faria, que acreditou no meu projeto e no meu trabalho todo o tempo. Sem a interlocução com esse grande pesquisador, eu jamais teria conseguido os resultados a que cheguei. Serei sempre grata à sua pessoa amiga e ao intelectual que é.

Agradeço ao meu companheiro de todas as horas e de longos anos, Marcelo Mulati, sempre disposto a me ouvir e cujo encontro foi um presente que a vida me proporcionou. Deixo meu agradecimento amoroso ao meu filho, Heitor Teles Mulati, que se privou da companhia da mamãe tantas vezes, em virtude do "pós-doutorado", de "Machado de Assis" e do "trágico", ingredientes tão pouco significativos para ele, na época. À minha mãe, Maria Furlan, sempre presente e disposta a me ajudar. À grande amiga Elisana De Carli, responsável por plantar em mim as sementes desse projeto.

Seria difícil citar nominalmente todos aqueles que estiveram, de alguma forma, ligados a mim nesse período e cujo contato me foi sempre enriquecedor. Deixo, assim, o meu agradecimento sincero a toda a minha família e amigos, que sempre estiveram ao meu lado.

Machado e Shakespeare:
Um Esboço

O leitor acostumado a frequentar a obra de Machado de Assis se depara constantemente com referências a autores e textos clássicos da literatura. Goethe, Shelley, Thackeray, Sterne são apenas alguns dos nomes que circulam por seus escritos a exigir que o seu interlocutor exercite habilidades de interpretação e análise dos conteúdos articulados. Shakespeare é, dentre esses clássicos, uma das ocorrências mais sistemáticas. Tido por vários críticos como o autor mais citado por Machado, o estudo da presença do dramaturgo na obra machadiana, que teve em Eugênio Gomes um pioneiro, tem conquistado pesquisadores conhecidos. O interesse se justifica, afinal as citações do bardo acompanham o escritor praticamente ao longo de toda a sua carreira.

As primeiras referências que Machado faz ao dramaturgo aparecem em textos escritos no ano de 1859 e são uma constante até a sua última obra, *Memorial de Aires*, publicada em 1908, ano de sua morte. Ele é mencionado em cerca de cinquenta contos, em dez poesias, em três peças de teatro e em cerca de cem textos, incluindo crônicas, críticas literárias e escritos diversos.

Mas não é apenas a frequente recorrência a Shakespeare o que chama a atenção. É notório que Machado constrói uma intertextualidade sofisticada e minuciosa com a produção do autor inglês, resgatando e reinventando personagens e situações criadas por ele para, por vezes, fundir textos e enredos. Nesse processo, a obra do dramaturgo é interpretada, absorvida e devolvida pelo escritor, que o faz a partir de uma hermenêutica própria e por meio de um procedimento que poderia nos remeter à antropofagia oswaldiana surgida apenas no século xx. O procedimento de Machado dá margem a variadas possibilidades de abordagem. Afinal, ele exige do crítico que busque, na construção de seu texto, os possíveis mecanismos da importação do teatro shakespeariano para a sua escrita.

Dentro desse campo de pesquisa fértil e aberto a renovadas significações há situações que se destacam. É o caso de *Dom Casmurro*, romance publicado em 1899, disponível para venda em 1900, que apresenta uma intertextualidade explícita com *Otelo*. A peça, citada várias vezes no romance, o contamina de maneira ampla, a ponto de ser eventualmente apontado como uma espécie de reescrita da tragédia de Shakespeare, tendo sido, assim, objeto de várias discussões e estudos.

A mais conhecida abordagem dessa intertextualidade é a de Helen Caldwell com seu comentado ensaio *The Brazilian Othello of Machado de Assis* (O Otelo Brasileiro de Machado de Assis), publicado em 1960 nos Estados Unidos, com tradução para o português em 2002. Seu estudo, que pela primeira vez questionou a suposta culpa de Capitu, aceita até então pelos críticos, foi um divisor de águas nas discussões sobre o romance e abriu caminho para interessantes reflexões a respeito da presença de *Otelo* em *Dom Casmurro*, uma vez que a estudiosa se apoia na intertextualidade para desenvolver sua linha de raciocínio.

Caldwell inicia suas considerações fazendo correlações entre o romance de Machado e a peça de Shakespeare. A pesquisadora assinala que "É ele mesmo [o narrador] quem revela que se trata da história de Otelo, mas com uma diferença: sua Desdêmona é culpada"[1]. Desdêmona, por sua vez, "é a vizinha da casa ao pé, Capitolina, ou simplesmente Capitu"[2]; "Seu pai, Pádua, como Brabantio, é da repartição do governo consultada em tempo de guerra [...]; não é um 'senador', mas um

---

1 H. Caldwell, *O Otelo Brasileiro de Machado de Assis*, p. 21.
2 Ibidem.

MACHADO E SHAKESPEARE: UM ESBOÇO   XV

empregado mal remunerado do Ministério"[3]; "Nosso Michael Cássio é um colega de seminário de Santiago, Ezequiel Escobar"[4]; "O Iago do enredo, segundo nosso protagonista, é José Dias, um completo dependente da família de Santiago"[5]. Para além dessa estrutura, no entanto, Caldwell assinala que "é no interior de Santiago que se passa a verdadeira estória – é ali que encontramos nosso Otelo"[6], o homem ciumento, que sofre desde os tempos do seminário, supostamente devido a insinuações plantadas por José Dias.

O herói de Shakespeare é perfeito para que Machado aborde a questão do ciúme, que, segundo a pesquisadora, nunca o "deixou de fascinar". A luta entre o amor e esse sentimento "pela possessão do coração de um homem, sendo o amor tardia mas totalmente derrotado"[7], não apenas é marcante na obra do autor, como une, segundo assinala, *Dom Casmurro* ao primeiro romance de Machado, *Ressurreição* (1872), em sua visão, uma espécie de "germe" para a narrativa da maturidade, como pontuaria no capítulo terceiro de seu livro. A relação entre os dois romances é, de fato, curiosa, pois mostra não apenas a abordagem da problemática do ciúme em dois momentos distantes da carreira do escritor, como evidencia que, em ambas as narrativas, Machado se utiliza da tragédia de *Otelo* como elemento importante para a configuração de seus respectivos enredos.

A virada na leitura de *Dom Casmurro* que Caldwell propõe se dá a partir da pergunta que lança: Por que Santiago escreve a sua história? Para a pesquisadora, Bento a escreve para enterrar o passado e justificar a sua atitude para com a esposa e o filho Ezequiel: "O argumento funciona da seguinte forma; ele não executou uma vingança injusta: Capitu é culpada[8]". Essa narrativa em defesa de causa própria faz com que Bento se torne, para Caldwell, o Iago da história. A estudiosa cita o pesquisador William Rolfe, para quem as evidências que Iago apresentou para o suposto marido traído teriam convencido a todos em um tribunal. Para ela: "As evidências fornecidas pelo 'honesto

3   Ibidem, p. 22.
4   Ibidem.
5   Ibidem.
6   Ibidem, p. 25.
7   Ibidem, p. 18.
8   Ibidem, p. 99.

Santiago' *têm* convencido muitos leitores [...] acerca da infidelidade de Capitu; mas não serão essas evidências tão verdadeiras quanto a calúnia de Iago?"[9] Desse modo, para Caldwell, o Otelo que Bento quer ser se traveste no Iago que ele mostra ser. A pesquisadora argumenta que, ao integrar no próprio nome o mal, na figura de Iago (Bento Santo/Iago – Santiago), o Otelo de Machado é um advogado e ex-seminarista que alia o dom da palavra e da retórica em uma atitude calculista de culpar Capitu frente ao leitor.

O estudo de Caldwell abriu caminho para interessantes reflexões sobre a presença de *Otelo* no romance de Machado. A intertextualidade, que não havia sido sistematicamente abordada e discutida até então, torna a obra da pesquisadora norte-americana uma referência quando se pretende discutir o assunto e, mais do que apontar para um caminho interpretativo de *Dom Casmurro*, a aproximação que estabelece semeia possibilidades de abordagem dessa intertextualidade.

O estudo que dá título ao capítulo, "*Otelo* em *Dom Casmurro*: O Trágico em Machado de Assis", teve origem em reflexões elaboradas a partir do trabalho de Caldwell. Para além do resgate temático, no entanto, chama-nos a atenção a presença de *Otelo* em *Dom Casmurro* enquanto expressão da tragédia e do trágico, sentimento/relacionamento do homem com o mundo que o gênero expressa de maneira sublime. Mais do que a questão do ciúme, portanto, o que nos intriga é o tratamento que Machado dá a aspectos definidores do gênero e do sentimento que o sustenta quando os insere no seu romance.

A tragédia, como sabemos, despontou em momentos específicos da história da humanidade, momentos pontuados pela crise, transformação e substituição de valores na ordem do mundo, tendo aflorado e se esgotado no século V a.C. na Grécia, na Roma de Sêneca e no Renascimento no continente europeu como um todo. *Otelo* se insere, portanto, em um contexto de crise e transição de valores. O romance, por sua vez, se desenvolveu com força nos séculos XVIII e XIX e expressa a experiência burguesa em um mundo essencialmente individualista, no qual as regras de sobrevivência e comportamento

---

9 Ibidem, p. 101.

MACHADO E SHAKESPEARE: UM ESBOÇO

social são mediadas por atitudes, acima de tudo convenientes e propícias, afastadas, portanto, das questões de honra e de caráter que marcaram tragédias como as de Shakespeare, por exemplo. Desse modo, Machado retoma um referencial comprometido e coerente com determinada visão de mundo e o insere em contexto adverso, o que demanda necessariamente ajustes que são, por si só, significativos.

A história composta por Dom Casmurro conta com duas partes notadamente desiguais. A primeira, mais longa, mostra uma espécie de idílio entre o narrador e a jovem namorada; a segunda, menos extensa, aponta para o desastre na vida do protagonista, deixando evidente que a promessa de uma vida feliz desanda e dá espaço para a infelicidade. Assim, Bento caminha da felicidade para a desgraça, um dos aspectos definidores da tragédia, de acordo com os pressupostos aristotélicos. Mas o caráter trágico da existência de Bento se sustentaria quando tomamos como referência os pilares que suportam esse sentimento? Como Machado estaria delineando o homem burguês de seu tempo por meio dessa intertextualidade? Atitudes e comportamentos trágicos se fariam presentes em um mundo que não cultua valores estritos?

A reflexão sobre essas questões nos levou a *Ressurreição*, considerado por muitos, inclusive pela própria Helen Caldwell, como assinalado anteriormente, como um embrião de *Dom Casmurro*, pela temática e intertextualidade semelhantes. Desse modo, este trabalho conta com o capítulo *"Ressurreição e Dom Casmurro: Otelo Por Machado em Dois Tempos"*, em que abordamos a presença da tragédia em *Ressurreição* pela perspectiva do sentimento trágico, à semelhança do que fazemos com o romance da maturidade. É nosso objetivo discutir o tratamento que Machado dá à peça shakespeariana ao trazê-la para a sua primeira experiência no gênero, tomando como paralelo o procedimento que realiza em *Dom Casmurro*.

Em *"Romeu e Julieta* nos Contos de Machado de Assis: Uma Poética do Amor e do Desengano"*, por sua vez, discutimos a intertextualidade que o escritor traça com a tragédia dos amantes de Verona nos dezoito contos em que a cita. *Romeu e Julieta* é a peça de Shakespeare mais citada nesse gênero narrativo, o que despertou a nossa atenção e nos levou a analisar o conjunto de contos em que ela aparece. Quando observado de maneira mais próxima, esse material, produzido ao longo de 35 anos, desvela que há uma espécie de poética intertextual que orienta e direciona o trabalho do escritor. Em meio a esse trabalho, parecem entrar em jogo inúmeras questões como, por exemplo, o público leitor e os veículos de publicação e circulação do material produzido. Procuramos buscar e estudar os elementos que ajudam a compor essa poética, e investigar de que maneira essa presença tão intensa nos contos de Machado trabalha no sentido de mostrar como o autor percebe questões peculiares de seu mundo contemporâneo.

A intensa convivência com a obra de Machado, primordial para que pudéssemos melhor compreender como o escritor recupera Shakespeare em seus escritos, nos levou a organizar uma tabela de referências ao dramaturgo e/ou à sua obra na produção do autor. A elaboração da tabela, feita a partir da leitura cuidadosa de toda a produção machadiana, dá continuidade ao trabalho desenvolvido por José Luiz Passos e publicado em *Machado de Assis: O Romance Com Pessoas* (2007). Em seu livro, Passos apresenta um primeiro mapeamento dessas referências, trabalho que foi fundamental para a confecção de nosso próprio levantamento. A tabela que apresentamos traz mais de sessenta novos trechos recolhidos de escritos de diversos gêneros de Machado. A apresentação do material é feita de maneira diversa à de Passos, dando, por exemplo, mais ênfase aos trechos selecionados, que surgem estendidos, e ao gênero textual, que recebe destaque. Observamos, ainda, que este trabalho minucioso de levantamento e organização dos dados nos levou a elaborar, de maneira mais ampla, uma reflexão sobre a presença de Shakespeare na obra do autor brasileiro. O resultado disso está no capítulo "Diálogos Machadianos Com Shakespeare", que alia o olhar crítico a aspectos quantitativos.

Por fim, a natureza da reflexão que motiva este trabalho nos levou a pensar em qual/quais Shakespeare(s) Machado conheceu em seu tempo. As pesquisas realizadas em torno do assunto não conseguiram resultados muito esclarecedores. Não se sabe com quais edições/traduções/versões de Shakespeare Machado teria tido contato, pelo menos na fase inicial de sua carreira. Afinal, faltam dados para que se chegue a qualquer tipo de conclusão.

MACHADO E SHAKESPEARE: UM ESBOÇO XIX

Sabemos, por outro lado, que o dramaturgo, em versão adaptada pelos neoclássicos franceses, ou seja, distante do original inglês, foi bastante representado nos palcos cariocas por João Caetano e, mais tarde, teria sido encenado em tradução para o italiano a partir do original pelos atores Ernesto Rossi e Tommaso Salvini. Havia, assim, todo um cenário shakespeariano no Rio de Janeiro de Machado.

A leitura da obra do escritor nos colocou em contato com textos em que ele se manifesta, ainda que timidamente, sobre as encenações de Shakespeare no país. O fato inspirou a elaboração do capítulo que abre este livro, "Machado de Assis e o Contexto Shakespeariano de Seu Tempo". Nele, abordamos alguns aspectos da chegada de Shakespeare no país, no início do século XIX, e na obra de escritores brasileiros da época. Nosso objetivo é discutir o que os palcos brasileiros mostravam do dramaturgo, qual seria o papel ocupado pela tragédia *Otelo*, que nos interessa de maneira mais direta, e o que os textos de Machado mostram sobre o tema.

Apesar de ter nascido de um questionamento bastante pontual, a presença de *Otelo* em *Dom Casmurro* pela perspectiva do trágico, a reflexão sobre o tema, desenvolvida ao longo de dois estágios de pós-doutoramento, nos levou a um contexto intertextual abrangente que possibilitou refletir acerca de outras questões que envolvem os autores. O resultado é um livro que espera compartilhar com o leitor uma paixão antiga intensificada ainda mais ao longo de sua elaboração, reflexo, talvez, do entusiasmo demonstrado por Machado, desde a sua juventude, pelo trabalho do dramaturgo, e que se reflete em um amplo painel ainda repleto de possibilidades de assuntos a serem explorados e investigados.

1. Machado de Assis e o Contexto Shakespeariano de Seu Tempo

Qual seria, ou quais seriam, o(s) Shakespeare(s) que Machado conhecia? A pergunta que, em um primeiro momento, pode causar estranheza, dada a referência que hoje temos do dramaturgo e a abrangência de sua obra na atualidade, encontra justificativa no cenário heterogêneo do Rio de Janeiro do século XIX. Personagens como Hamlet, Otelo, Julieta e Romeu, hoje rapidamente associados à figura de William Shakespeare, não necessariamente o eram no Brasil daquela época. O teatro shakespeariano, seguindo uma tendência internacional, chegou ao Brasil de maneira indireta, com peças adaptadas, especialmente pelos franceses, que alteravam o texto inglês de forma significativa quase que imprimindo uma nova autoria a eles.

Os estudos de Eugênio Gomes, em *Shakespeare no Brasil*, mostram que os primeiros espetáculos "shakespearianos" aqui no país teriam se dado em 1835. Trata-se *Os Túmulos de Verona ou Julieta e Romeu* e *Os Terríveis Efeitos do Ódio e da Vingança ou Julieta e Romeu*, que podem ter sido um mesmo espetáculo, como observa Barbara Heliodora[1]. *Coriolano em Roma* e

---

1   B. Heliodora, Shakespeare no Brasil, em L. de C. Leão; M. dos S. Santos (orgs.), *Shakespeare: Sua Época e Sua Obra*, p. 323.

2 MACHADO E SHAKESPEARE

Otelo, na versão de Jean-François Ducis, viriam na sequência. Foram espetáculos como esses que predominaram no Rio de Janeiro até o ano de 1871, quando os renomados atores italianos Ernesto Rossi e Tommaso Salvini vieram para o Brasil com suas respectivas companhias trazendo Shakespeare em versão original pela primeira vez.

Machado certamente teve contato com esse contexto shakespeariano que predominava nos palcos cariocas da época. Afinal, ele foi cronista teatral e esteve bastante envolvido com o gênero, principalmente nos primeiros anos de sua carreira. Mas os comentários do escritor deixam ver que o conhecimento que tinha da obra shakespeariana não era superficial ou circunstancial. É o que podemos perceber pelos comentários que faz quando começa a citar o dramaturgo em 1859, aos vinte anos de idade. Em 30 de outubro daquele ano, por exemplo, Machado, então cronista do periódico *O Espelho*, comenta o drama *Rafael*, de Ernesto Biester. Após tecer considerações sobre o enredo da peça, ele observa que duas personagens não estariam perfeitamente unidas ao drama: "Nenhum elo os prende. Assim, pretendendo chegar à fusão da tragédia e da comédia operada por Shakespeare sob a forma do drama, o sr. E. Biester enganou-se completamente. Não fundiu as duas formas, uniu-as, não as encarnou, enlaçou-as."[2] O mesmo se aplica ao comentário de 13 de novembro do mesmo ano, também em *O Espelho*, "Não se comenta Shakespeare, admira-se."[3]

O levantamento realizado por Jean-Michel Massa na biblioteca de Machado de Assis[4], mais tarde retomado por Glória Vianna[5], mostra que o escritor tinha duas coleções das obras de Shakespeare em sua biblioteca pessoal; uma delas em francês, editada em Paris pela Livrarie Hachette entre os anos de 1867 e 1873, e a outra em inglês, editada pela Bradbury, Evans and Co., em 1868. Machado começa a citar Shakespeare pelo menos oito anos antes da edição de tais coleções, que não sabemos quando foram adquiridas pelo escritor. O fato evidencia

2 *Do Teatro: Textos Críticos e Escritos Diversos*, p. 158-159.
3 Ibidem, p. 175.
4 Cf. La Bibliothéque de Machado de Assis, *Revista do Livro*, n. 21-22.
5 Cf. Revendo a Biblioteca de Machado de Assis, em J.L. Jobim et al. *A Biblioteca de Machado de Assis*.

MACHADO DE ASSIS E O CONTEXTO SHAKESPEARIANO DE SEU TEMPO

que o seu contato inicial com o dramaturgo inglês teria se dado por meio de traduções/versões que não eram as que ele tinha em sua biblioteca. Mas a questão, ao mesmo tempo que intriga, frustra quem se dedica aos estudos de Machado e Shakespeare, pois não há registros que permitam esclarecer esse ponto obscuro da experiência de leitura do escritor.

Machado era frequentador e leitor assíduo do acervo da Biblioteca do Real Gabinete Português de Leitura, da Biblioteca Nacional e do Instituto Histórico e Geográfico Brasileiro. É muito possível que tenha lido as obras do autor inglês em tais lugares. No entanto, os registros de leitura da época, que poderiam ser esclarecedores, são escassos, quando não inexistentes, como afirma Glória Vianna, que aponta como única exceção a Biblioteca Nacional:

No Real Gabinete Português de Leitura [...] não se preservou qualquer registro dos leitores que frequentaram a biblioteca da instituição [...]. Na Biblioteca do IHGB também não foram preservados os registros de seus leitores, mas na Biblioteca Nacional estão preservados até hoje os livros de consulta pública que vão de 1836 a 1856; a partir de então deixou-se de anotar os nomes dos leitores que frequentaram a Casa e as obras por eles consultadas.[6]

Os livros de consulta, que apontam que Machado frequentava a Biblioteca Nacional, são pouco esclarecedores: "apesar do pequeno período coberto pelos registros, pudemos verificar a presença do jovem Joaquim Maria nos salões da Biblioteca"[7]. Mesmo que mostrassem que o autor leu obras do dramaturgo até 1856, ainda assim teríamos uma lacuna de três anos até 1859, quando ele começa a citar o bardo.

No caso específico de *Otelo*, Helen Caldwell, em *O Otelo Brasileiro de Machado de Assis* chama a atenção para uma suposta familiaridade do escritor com a tradução de Alfred de Vigny, pois este transforma as palavras do mouro "false as water" em "perfide et légère/comme l'onde", ou seja, "pérfida como a onda", expressão de que o escritor brasileiro se vale mais de uma vez ao longo de sua produção. Mas Machado teria tido contato com outras traduções de *Otelo*? Quais seriam elas? E o restante da

6   Ibidem, p. 106.
7   Ibidem.

produção do dramaturgo inglês? Deve ser lembrado que até 1867, data de edição da primeira obra de Shakespeare que Machado tinha em seu acervo, ele havia citado seis peças do dramaturgo em seus escritos[8] – *Romeu e Julieta*[9]; *Hamlet*; *Otelo*; *Como Gostais*; *Antônio e Cleópatra* e *Bem Está o Que Bem Acaba* – em cerca de 33 textos publicados, o que mostra intensa relação com a obra do bardo.

Todas essas questões nos levam a várias indagações. O que Machado mostra pensar sobre Shakespeare e sua obra nos primeiros tempos de sua carreira? Ele teria tido contato com as adaptações de Shakespeare? Teria se pronunciado sobre elas? Qual seria a cena shakespeariana do Rio de Janeiro de sua época? São questões como essas que passamos a discutir a partir de agora.

AS PERSONAGENS SHAKESPEARIANAS NO RIO DE JANEIRO ATÉ 1871

O grande expoente das encenações de Shakespeare no Rio de Janeiro do século XIX foi o famoso ator brasileiro João Caetano (1808-1863), que manteve o dramaturgo inglês em seu repertório ao longo de 23 anos. O país recebeu, nesse período, companhias estrangeiras, principalmente italianas, com versões francesas de Shakespeare, mas foi João Caetano quem construiu um nome, na cena nacional, em torno de tais representações, sendo que, após a sua morte, nenhum outro despontou como referência, naquele século. Quando o Brasil recebeu os renomados atores Ernesto Rossi e Tommaso Salvini, em 1871, o teatro tomava outros rumos no país. Começavam a fazer sucesso, então, as operetas, os espetáculos de mágica e todo um conjunto que se distanciava de produções marcadas pela preocupação literária. Desse modo, as encenações de João Caetano fizeram o seu nome persistir como referência, no teatro e nas representações de Shakespeare.

---

8 Ver tabela de referências a Shakespeare na obra de Machado de Assis, na parte "Cronologia da Presença de Shakespeare na Obra de Machado de Assis" deste trabalho.

9 A referência a *Romeu e Julieta* estaria no conto "Madalena", publicado em 1859 em *A Marmota*, cuja autoria é duvidosa. Retomaremos essa questão em outra etapa deste trabalho.

MACHADO DE ASSIS E O CONTEXTO SHAKESPEARIANO DE SEU TEMPO   5

Pode-se dizer, assim, que João Caetano foi o primeiro ator brasileiro identificado com um papel shakespeariano, mesmo que por meio de adaptações. Apesar de haver a suspeita levantada por Pires de Almeida, em publicação do início do século XX, de que João Caetano teria encenado *Hamlet* em inglês, em 1835, não há evidências que comprovem o fato e que, portanto, liguem a figura de João Caetano e os palcos brasileiros a Shakespeare em versão original até a chegada dos atores italianos em 1871. Ao comentar a suposta encenação de *Hamlet* em 1835, Décio de Almeida Prado afirma:

> João Caetano, relembrando nas *Lições Dramáticas* a sua interpretação, escreveu: "na magnífica cena em que ele [Hamlet], abraçado com a urna fala às cinzas do seu pai, um frio tremor se apoderou de mim". Ora, esta famosa cena da urna funerária, inexistente em Shakespeare, constitui o clímax da tragédia de Ducis. Quanto a *Otelo*, todas as vezes em que figura nos anúncios o nome do autor ou de alguma personagem que permita identificá-lo, trata-se da tragédia traduzida por Gonçalves de Magalhães, não sendo crível que João Caetano intercalasse estas versões de Ducis com outras do próprio Shakespeare sem chamar a atenção para o fato nos jornais[10].

Além da carência de evidências, vemos que Prado é convincente ao julgar improvável que João Caetano intercalasse representações da versão original de *Hamlet* e da adaptação sem chamar a atenção para o fato. Observamos, ainda, que a tradução de *Otelo* feita por Gonçalves de Magalhães a que Prado se refere é a da adaptação de Jean-François Ducis. Segundo dados apresentados por Celuta Moreira Gomes, das peças encenadas no período, apenas *O Mercador de Veneza* não provinha do escritor francês, mas se originava de *Shylock*, de Alboise de Du Lac, o que confirma o fato de que as representações de Shakespeare que João Caetano empreendeu praticamente só se realizaram a partir dos textos de Ducis, que se popularizaram no Brasil por meio do ator.

Ducis foi discípulo de Voltaire e, assim como ele, via as criações de Shakespeare como frutos de um talento selvagem e indisciplinado, que não conhecia as regras do bem fazer teatral e tinha o mau gosto e a ousadia de apresentar no palco cenas vulgares e de violência ou obscenidades chocantes e inadmissíveis.

10 *João Caetano*, p. 25.

MACHADO E SHAKESPEARE

Desse modo, ele reescreveu as peças do bardo de acordo com os preceitos defendidos na França daquele momento. Nesse processo, o texto shakespeariano passava por alterações significativas, o que leva pesquisadores, como o próprio Décio de Almeida Prado, a afirmarem que o *Otelo* e o *Hamlet* do Ducis "não são traduções livres, nem mesmo adaptações: estão para os originais shakespearianos, como o *Édipo*, de Voltaire, para o de Sófocles"[11]. Nessas versões, é comum que as personagens principais recebam outros nomes, as secundárias desapareçam e o entrecho seja remanejado para se adequar aos padrões da tragédia francesa. Desse modo, os locais da ação são reduzidos, o tempo é geralmente retraído e a ação gira em torno de um incidente principal, sendo que os acontecimentos devem todos convergir para um mesmo centro. Nas palavras de Prado:

O problema, por exemplo, é saber quem subirá ao trono: Hamlet ou Cláudio? Desdêmona, por sua vez, é o eixo em torno do qual giram três homens, todos apaixonados por ela. Predominam os dilemas morais: Hamlet, entre o amor e a honra, como o Cid; ou entre a memória do pai e o assassínio do padrasto, como Orestes. A abundante matéria shakespeariana aperta-se dentro dos estreitos padrões clássicos, com exclusão do povo, do humor, da grosseria, da sexualidade, da maldade.[12]

Vale lembrar que a obra de Shakespeare não foi vítima de depurações, amputações e transformações apenas na França. Essas alterações foram parte de um movimento maior de predomínio dos pressupostos neoclássicos franceses na Europa do século XVIII e XIX. As peças de Shakespeare também foram criticadas e receberam novas versões na própria Inglaterra da época. É isso o que fez Thomas Bowdler (1754-1825), que, em 1807, publicou *The Family Shakspeare*, uma edição modificada das obras do autor que julgava ser mais apropriada para as mulheres e as crianças. O verbo inglês *bowdlerise* (ou *bowdlerize*) remete ao autor e é definido pelo *Cambridge International Dictionary of English* como "to remove from (a book, play or film) language or parts that are considered to be unsuitable or offensive"[13], tendo, portanto, o seu

11 Ibidem, p. 26.
12 Ibidem, p. 26-27.
13 "Eliminar (de um livro, peça teatral ou filme) linguagem ou partes que são consideradas inadequadas ou ofensivos".

MACHADO DE ASSIS E O CONTEXTO SHAKESPEARIANO DE SEU TEMPO 7

sentido diretamente ligado a censurar e depurar uma obra literária ou outra produção artística.

Além do predomínio cultural francês na Europa, outros pontos favoreceram as enormes alterações que foram feitas da obra de Shakespeare. Os dramaturgos ingleses contemporâneos ao bardo muito provavelmente não tomaram conhecimento das convenções aristotélicas do fazer teatral. Esse seria um dos motivos para que mesclassem tragédia e comédia, expandissem o tempo da ação, que passa a se dar em diferentes locais, dentre outras divergências quanto ao padrão clássico e que foram severamente criticadas pelos franceses. Os puritanos da *Commonwealth* (1640-1660), por sua vez, não apenas fecharam os teatros ingleses, pouco tempo depois da morte de Shakespeare, como os destruíram no formato em que eram em sua época, a céu aberto e com três áreas distintas de representação. Como nos lembra Barbara Heliodora, em termos práticos, isso criou grandes dificuldades para que os séculos seguintes compreendessem como seria possível representar peças com trinta ou quarenta personagens, tendo em vista que a referência que tinham de palco era a que usavam: pequenos de tipo italiano[14].

Segundo nos aponta o levantamento realizado por Celuta Gomes, *Otelo*, na versão de Ducis, foi a peça shakespeariana mais representada por João Caetano[15], que a encenou de 1837

14 Cf. Shakespeare in Brazil, *Shakespeare Survey*, n. 20, p. 322.
15 A versão do francês para essa tragédia de Shakespeare apresenta modificações muito significativas com relação ao original e que seguem a tendência já assinalada aqui anteriormente. Há, primeiramente, uma modificação nos nomes das personagens. Na peça, o único nome que é mantido do original é o do próprio Otelo. Principalmente para facilitar o trabalho com as rimas nos moldes das regras exigidas pelos neoclássicos, Desdêmona transforma-se em Hedelmonda, Iago em Pézaro, Cássio em Loredano e Emília em Hermance. O número de personagens vai de dezesseis para sete, e suas relações mudam. Não há ligação profissional entre Otelo e Pézaro, que são, na versão de Ducis, apenas amigos. Também não há ligação entre Pézaro e Hermance (no *Otelo* de Shakespeare, Iago e Emília são casados). Loredano não conhece Otelo e Pézaro é filho de Moncenigo, o doge de Veneza, envolvido na trama de outra forma. As unidades de ação, tempo e espaço (apenas Veneza) são respeitadas. Para enobrecer os elementos do entrecho, o lenço de Desdêmona transforma-se em diadema e a morte da jovem também se altera; ela não é asfixiada, mas apunhalada. Além disso, há modificações realizadas no enredo da peça que alteram bastante o drama. Na versão de Ducis, Hedelmonda ainda não se casou com Otelo e a aceitação do casamento por parte de seu pai é o foco central do enredo. A leitura do texto de Ducis nos leva a perceber que esse carece de sequência dramática. Ducis, aparentemente, estava mais interessado ▶

8 MACHADO E SHAKESPEARE

a 1860 em inúmeras ocasiões e lugares. A tradução, encomendada por João Caetano a Gonçalves de Magalhães, devido à popularidade que atingiu, resultou em frutos também para o tradutor que incluiu apenas *Otelo* no volume *Tragédias* de suas *Obras Completas*, embora tenha traduzido outras peças para a companhia do ator. Apesar da popularidade do mouro de Veneza, devemos lembrar que *Hamlet* foi representada ainda antes pelo ator. A tragédia contou com representações que vão da encenação de 1835 a uma representação em maio de 1844. *Macbeth* e *O Mercador de Veneza* também tiveram presença nos palcos cariocas, mas de forma mais modesta. Nenhuma das três se compara em termos de sucesso e popularidade ao *Otelo* de Ducis, por Gonçalves de Magalhães.

É importante observar que as versões de Ducis que povoaram os palcos brasileiros refletem a descoberta de Shakespeare pela Europa em um momento anterior ao Romantismo. Sobre isso, Bárbara Heliodora observa:

Com a Revolução francesa, cresceram os palcos e os teatros, a fim de abrigar toda uma nova camada social; os temas clássicos foram substituídos pelos de história mais recente, e aos poucos até mesmo os teatros da corte tiveram de dar lugar a retratos mais amplos da sociedade. Considerando que o único barroco francês de grande produção, Alexandre Hardy (c. 1575 - c. 1631), nunca teve o apoio das classes dominantes, não havia, de pronto, autores suficientes para alimentar a fome teatral do novo público, e isso levou à descoberta de Shakespeare.[16]

O grande ator francês François Joseph Talma (1763-1826), além do enorme prestígio e da notória fama que gozou em seu tempo, e que ecoa ainda nos dias de hoje, é tido como responsável por extrair das adaptações de Shakespeare realizadas por Ducis o fundo shakespeariano que não havia sido eliminado pelo autor francês. A figura quase lendária do ator é tida por alguns críticos como tendo influência não apenas no estilo de

> ▷ em fazer uso de sentimentos presentes em Shakespeare do que em manter uma ação lógica e coerente. No entanto, mesmo contendo impropriedades, a versão de Ducis para a obra do bardo inglês foi considerada na França da época mais equilibrada do que a de Shakespeare, tornando-se popular e representada nos palcos franceses e brasileiros, assim como ocorreu com outras peças do dramaturgo inglês.

16 Ibidem, p. 323.

MACHADO DE ASSIS E O CONTEXTO SHAKESPEARIANO DE SEU TEMPO

interpretação que João Caetano desenvolveu de figuras shakespearianas que interpretou, mas também na opção por encenar o Shakespeare de Ducis. Quando comenta suas opções para *Otelo*, João Caetano afirma em suas *Lições Dramáticas*:

> Lembro-me ainda que, quando me encarreguei do papel de Otelo, na tragédia o *Mouro de Veneza*, depois de ter dado a esse personagem o caráter rude de um filho do deserto, habituado às tempestades e aos combates, entendi que este grande vulto trágico quando falasse deveria trazer à ideia do espectador o rugido de um leão africano, e que não devia falar no tom médio da minha voz; recorri por isso ao tom grave dela e conheci que a poderia sustentar em todo o papel; fiz um exercício apurado para lhe ajustar todas as inflexões naturais e convenientes às variadas paixões que Otelo devia exprimir[17].

O "modelo remoto" desses "rugidos selvagens" a que João Caetano alude estaria em Talma, segundo Almeida Prado. Para ele, "O alvo de João Caetano, [...], não era talvez Shakespeare, menos ainda Ducis: a legenda de Talma, falecido pouco antes, em 1826, é que deveria fasciná-lo."[18] De fato, João Caetano acabou por receber o título de ator trágico e foi condecorado publicamente como o Talma do Brasil. Independentemente dessa questão, no entanto, interessa assinalar que, quando João Caetano encenou esse repertório shakespeariano, ele já estava atrasado com relação à Europa, afinal aquele conjunto estava condenado a perdurar enquanto não aflorasse o romantismo, que iria valorizar, no seu século, os procedimentos e as opções do próprio dramaturgo.

Essa renovação, no entanto, já se fazia presente entre os escritores brasileiros e fez com que Shakespeare participasse de nossa cena por outras vias, que não à das encenações de Ducis, por João Caetano. O dado é curioso, pois mostra a heterogeneidade daquele momento cultural no país no que se refere ao dramaturgo, e ajuda a compor um determinado cenário que chegou, de alguma forma, a Machado de Assis.

---

17 J. Caetano, *Lições Dramáticas*, p. 26.
18 D.A. Prado, op. cit.. p. 27.

SHAKESPEARE NO TEATRO BRASILEIRO

As adaptações francesas faziam sucesso com o público, mas entre os intelectuais e escritores brasileiros era comum a rejeição a elas. Sobre o assunto há, inclusive, algumas afirmações textuais. É o caso, por exemplo, de Álvares de Azevedo que, no prefácio a *Macário* (1855), afirma, ao discorrer sobre seu ideal de teatro: "Não se pareceria com o de Ducis, nem com aquela tradução bastarda, verdadeira castração do *Otelo* de Shakespeare, feita pelo poeta sublime do *Chatterton*, o conde Vigny."[19] A presença de Shakespeare enquanto inspiração relacionada ao processo compositivo é, aliás, relevante em Álvares de Azevedo. Ainda no prefácio que faz a *Macário*, peça que traz referências a *Hamlet*, *Romeu e Julieta* e *A Tempestade*, lemos: "o meu protótipo [de teatro] seria alguma coisa entre o teatro inglês, o teatro espanhol e o teatro grego – a força das paixões ardentes de Shakespeare, de Marlowe e Otway."[20]

Otelo foi um grande sucesso não apenas para João Caetano, mas também entre os escritores da época. Aliás, o próprio sucesso da peça entre o público via encenações de João Caetano pode ter influenciado para que fosse reiteradamente retomada por autores brasileiros. A tragédia do mouro aparece na produção de diversos dramaturgos da época, seja como fonte de inspiração para o seu enredo, caso de *Leonor de Mendonça*, de Gonçalves Dias, seja na forma de ironia com relação às encenações das adaptações de Ducis por João Caetano, caso, por exemplo, de *Os Ciúmes de um Pedestre* (1845), de Martins Pena, e *O Novo Otelo*, de Joaquim Manuel de Macedo (1956)[21].

Martins Pena foi um dos primeiros escritores brasileiros a incorporar Shakespeare em sua produção de maneira a destoar de forma explícita das versões encenadas então no país. A comédia *Os Ciúmes de um Pedestre* (1845) parodia a versão de *Otelo* apresentada por João Caetano e ridiculariza os excessos

---

19 *Macário*, p. 4.
20 Ibidem, p. 3.
21 Sobre isso o leitor pode consultar a tese de doutoramento de Daniela Rhinow, *Visões de Otelo na Cena e na Literatura Dramática Nacional do Século XIX*, defendida na USP, em 2007. Nesse trabalho, a pesquisadora traça todo o percurso que a tragédia percorreu no Brasil do século XIX e aborda a presença da tragédia entre os dramaturgos brasileiros daquele século.

de Ducis. O entrecho cômico coloca as situações da tragédia em um contexto tipicamente brasileiro. Vemos, então, os ciúmes desmedidos de um pedestre, oficial subalterno da polícia, que, nos dizeres de Vilma Arêas, pode ser considerado "o escorço do modelo autoritário do país, e sua loucura, a exacerbação de sua própria função de vigia e perseguidor dos negros fugidos"[22]. Essa figura, transposta para a vida doméstica, transforma-se num tirano perseguidor das mulheres da casa (sua esposa e sua filha), que se descrevem como escravas do pedestre.

O procedimento de Martins Pena é engenhoso e complexo, pois entrecruza vários fios da trama. O pedestre, ao contrário de Otelo, que é um insigne estrategista, é um oficial subalterno incompetente, um branco, que caça negros. Alexandre é o negro da peça, mas está maquiado como tal, o que remete ao caráter metalinguístico da peça. A referência ao *Otelo* de Ducis, por sua vez, é óbvia. Na seguinte passagem, por exemplo, vemos que o pedestre alude ao que seria capaz de fazer caso fosse enganado por Balbina e Anacleta:

PEDESTRE: Veremos quem é capaz de lograr-me... lograr André Cama-rão! Cá a menina, levarei à palmatória. Santa panaceia para namoros! E minha mulher... Oh, se lhe passar somente pela ponta dos cabelos a ideia de enganar-me, de se deixar seduzir... Ah, nem falar nisso, nem pensar! Eu seria um tigre, um leão, um elefante! A mataria, a enterraria, a esfolaria viva. Oh, já tremo de furor! Vi muitas vezes Otelo no teatro, quando ia para plateia por ordem superior. O crime de Otelo é uma migalha, uma ninharia, uma nonada, comparado com o meu... enganar-me! Enganar, ela! Ah, nem sei do que seria capaz! Amarrados ela e o seu amante, os mandaria de presente ao diabo, acabariam na ponta desta espada, nas unhas destas mãos, no talão destas botas! Nem quero dizer do que seria capaz.[23]

Os animais a que o pedestre se compara ao falar sobre a sua fúria, especificamente o tigre e o leão, são os citados no texto de Ducis. Há, ainda, uma alusão à representação de *Otelo*. A referência é, obviamente, às encenações da tragédia por João Caetano, mas não se trata de uma homenagem ao ator, como a leitura da passagem deixa ver, mas de um meio de criar um

---

22 V.S. Arêas, *Na Tapera de Santa Cruz*, p. 211.
23 L.C. Martins Pena, *Teatro de Martins Pena*, p. 502.

efeito cômico ao trazer a magnitude trágica e exagerada do ator brasileiro para o âmbito da situação cômica e até mesmo absurda que se constrói na peça. Sobre isso, Rhinow nos lembra:

além de retornar ao *Othelo* de Ducis [...] Martins Pena lança o foco sobre João Caetano e sua encenação, e a parodia. O selvagem Mouro, filho do deserto, ressoa no potencial de selvageria do próprio pedestre, que se identifica com o personagem. Quando o Pedestre narra suas idas ao teatro, e diz que "já treme de furor", ele está se referindo a um estilo de interpretação, aqui em registro cômico, mas que é tratado seriamente pelo próprio João Caetano, para quem é imprescindível na representação[24].

Ainda no contexto da paródia, podemos citar *O Novo Othelo*, de Joaquim Manuel de Macedo. A peça narra o ciúme de Calisto com relação à noiva, Chiquinha. O rapaz, um comerciante de armarinho que, na vida real, se preparava para encenar o *Otelo*, fica enraivecido ao ouvir uma conversa da noiva com uma amiga, na qual ela confidenciava o interesse por outro, que estaria escondido em seu leito. Calisto, furioso, sai em busca de um punhal e, ao voltar, descobre que o outro era, na verdade, um cachorrinho e não um homem. O protagonista sai, então, para o ensaio da peça, para o qual se encontrava atrasado.

O entrecho, como vemos, carece de elementos mais convincentes e de uma finalização mais interessante, o que provocou inúmeras críticas, apesar de sua encenação ter sido bem-sucedida, nos dizeres de Décio de Almeida Prado. A peça dialoga de maneira direta com o *Otelo* de Ducis e traz referência às encenações de João Caetano, como vemos na passagem seguinte:

(*Antônio e Calisto que entra e para teatralmente diante de Antônio, imitando a entrada de Otelo no primeiro ato.*)
ANTONIO: Então que é isto?... Continuamos com a maneira teatral? [...]
CALISTO: Eu me calo, Odalberto, eu não respondo;
Um jus tendes assaz de confundir-me;
Mas se já quando fui amigo vosso.
Confesse, confesse, Sr. Antonio, que esta entrada é sublime! E diabo me leve se não fico dez furos acima do João Caetano.
ANTONIO: Mas o Sr. Agora não se ocupa de outra cousa.

---

24 D.F.E. Rhinow, op. cit., p. 161.

MACHADO DE ASSIS E O CONTEXTO SHAKESPEARIANO DE SEU TEMPO   13

CALISTO: Que quer?... Aquele teatrinho particular da sociedade reveladora dos grandes talentos acendeu-me na cabeça uma fornalha. [...]
Agora não penso, não cuido, não vivo senão em Othelo, cuja parte
desempenharei daqui a três dias. Que emoções! Que entusiasmo! Os
camarotes cheios de moças bonitas... A plateia atopetada de povo...
Enchente real... Pode-se contar com ele mesmo porque não se compram bilhetes. A orquestra executa a ouverture. (*Toca arremedando
a música.*) Já estão quase no fim... Gente fora da cena! Contrarre-
gras a seus lugares! (*Arremeda a música.*) Fim!... (*Assobia.*) Lá vai
o pano acima... Eis o senado de Veneza. (*Arranja o sofá e cadeiras
como lhe parece.*) Faça de conta que o Sr. é o senado de Veneza...
Ande... Sente-se em todas estas cadeiras. Fala Moncenigo... Faça
também de conta que o senhor é Moncenigo: é um estúpido que há
de enterrar o papel; mas não faz mal.[25]

O início da peça, que transcrevemos acima, é apenas um
exemplo de uma referência que se faz presente ao longo de toda
a comédia de Macedo. No trecho selecionado, vemos alusão
a Odalberto e Moncenigo, que são personagens da versão de
Ducis para *Otelo*. No original shakespeariano seriam, respectivamente, Brabâncio e o Duque de Veneza.

A referência explícita às encenações de João Caetano traz
para o leitor todo o contexto teatral dessas representações: a
orquestra, os camarotes, a plateia, os aplausos e o entusiasmo
geral. Esses, por sua vez, parecem seduzir de alguma maneira
Calisto, que quer gozar um pouco do estrelato assim como João
Caetano. A fúria do mouro, no entanto, surge ridicularizada ao
ser retratada em meio a uma situação cotidiana e banal. O conjunto torna a passagem curiosa, principalmente para o público
de hoje, interessado naquele contexto teatral shakespeariano
no Brasil de então. É interessante observar, no entanto, que,
como assinala Rhinow[26], o eixo central em torno do qual se cria
a suspeita da traição em *O Novo Otelo* não vem da versão de
Ducis, mas do próprio texto de Shakespeare. Otelo se convence
da traição de Desdêmona ao ouvir um diálogo mal interpre-
tado entre Iago e Cássio; na peça de Macedo, Calisto não se dá
conta de que as moças falam de um cachorrinho. Desse modo,
a prova de traição é um procedimento que não está em Ducis,

25   J.M. de Macedo, *Teatro da Juventude*, p. 95.
26   D.F.E. Rhinow, op. cit., p. 182.

mas sim no texto de Shakespeare. O dado é curioso, apesar de ser impossível saber se intencional ou apenas uma coincidência. Finalmente, observamos que *O Novo Otelo*, mesmo aparentemente tendo o intuito de apenas fazer rir, mostra que a tragédia que encantava o público e que consagrava João Caetano servia como argumento para provocar o riso ao expor ao ridículo a grandiosidade trágica da representação de João Caetano e do melodrama de Ducis.

A contribuição de Gonçalves Dias é bastante diferente das duas apresentadas anteriormente. *Leonor de Mendonça* (1846) não possui teor cômico ou satírico. Tida por vários críticos como uma das melhores peças da literatura dramática brasileira do século XIX, ela foi escrita para João Caetano, por quem foi rejeitada, e mostra Gonçalves Dias como um dos primeiros escritores brasileiros a recuperar traços do *Otelo* de Shakespeare, com o qual mantém uma relação de homologia. É certo que devemos nos lembrar das palavras de Décio de Almeida Prado para quem "A peça brasileira pertence a outra linhagem"[27]. Seus paradigmas estariam, de acordo com o pesquisador, em fontes românticas mais distantes, como *Tristão e Isolda*, ou, eventualmente, em textos como o *Antony*, de Alexandre Dumas. No entanto, a referência a Shakespeare, apesar da ressalva de Prado, é nítida.

Já no prefácio que antecede a peça, vemos que o autor nos lembra de algumas características acerca do dramaturgo inglês, que evidenciam o conhecimento que tinha de sua produção e estilo e que mostram orientar muito de sua forma de conceber o teatro. Gonçalves Dias considera Shakespeare o "primeiro" na comparação que faz com grandes dramaturgos como Molière e Racine. O ponto enfatizado é justamente o de ruptura com padrões clássicos, como a linguagem, que mistura a poesia e a prosa tendo diferentes propósitos; os gêneros, que misturam a tragédia e a comédia; tudo isso com o resultado de descrever "fielmente a vida": "outro que ainda não foi excedido em arrojo e sublimidade, o afamado Shakespeare, que inventou o drama descrevendo fielmente a vida, já havia achado a verdadeira linguagem da comédia usando nela da prosa", e lança a pergunta: "Nos seus dramas ou crônicas foi Shakespeare consequente

27 *Teatro de Anchieta a Alencar*, p. 289.

MACHADO DE ASSIS E O CONTEXTO SHAKESPEARIANO DE SEU TEMPO 15

consigo, usou simultaneamente da prosa e do verso, porque simultaneamente criava em ambos os gêneros. Nós, por que o não havemos de imitar?"

A leitura do prefácio em sua totalidade deixa ver que Gonçalves Dias não endossa a visão predominante nos palcos de então, mas defende o caráter vital do teatro shakespeariano. A invocação que faz no final: "Façamos esta inovação enquanto não temos de lutar com prejuízos de uma escola, e enquanto não seguimos um sistema por hábito", mostra a preocupação de um espírito essencialmente romântico que quer resgatar do escritor inglês seu potencial criativo, inovador e livre em oposição a concepções engessadas e que representariam um empecilho para o caminhar da arte. Essa concepção do dramaturgo obviamente deixa marcas em *Leonor de Mendonça*. A peça se relaciona de maneira intrincada com o *Otelo*, com a qual mantém situações e personagens com traços comuns ou que, por outro lado, permitem o contraste; ambas situações curiosas de retomada da peça.

Machado de Assis, nascido em 1839, começou sua carreira como escritor em janeiro de 1855, quando publicou o primeiro texto. Portanto, quando João Caetano deu início às suas atividades no teatro, Machado não era sequer nascido. As obras que retomam Shakespeare e/ou as encenações de João Caetano, discutidas aqui, são da década de 40 e 50 do século XIX, período da infância e adolescência do escritor. Machado publicou seus primeiros textos no ano em que veio a público *Macário*, de Álvares de Azevedo. O ano seguinte contaria com O *Novo Otelo*, de Macedo. As encenações de Shakespeare por João Caetano, por sua vez, se estenderiam até 1860, quando o autor já atuava como cronista teatral.

O teatro de Machado de Assis, apesar de trazer referências a Shakespeare, não cita o autor inglês a ponto de propiciar que analisemos como ele se relacionava, nesse gênero, com o que se passava nos palcos cariocas da época. É importante assinalar, no entanto, que Machado, enquanto cronista do periódico O *Espelho*, posto que ocupou de 4 de setembro de 1859 a 8 de janeiro de 1860, deixa impresso alguns comentários que merecem ser mencionados.

Nessas crônicas, Machado mostra evidente simpatia pelo teatro representado no Ginásio Dramático, que despontava,

16 MACHADO E SHAKESPEARE

então, e cujo repertório era mais afinado com o que estava sendo produzido e encenado na Europa naquele momento. Avesso às representações em curso no Teatro São Pedro, de João Caetano, o escritor constantemente alfinetava o ator e seu repertório, tidos por ele como anacrônicos, como vemos em crônica de 9 de outubro de 1859:

Aprecio o Sr. João Caetano, conheço a sua posição brilhante na galeria dramática de nossa terra. Artista dotado de um raro talento escreveu muitas das mais belas páginas da arte. Havia nele vigorosa iniciativa a esperar. Desejo, como desejam os que protestaram contra a velha religião da arte, que debaixo de sua mão poderosa a plateia de seu teatro se eduque e tome outra face, uma nova direção; ela se converteria decerto às suas ideias e não oscilaria entre as composições-múmias que desfilam simultâneas em procissão pelo seu tablado.[28]

As "composições-múmias" se referem a todo um repertório de tragédias neoclássicas, melodramas ou dramalhões ultrarromânticos representados pelo famoso ator brasileiro. Não há menção alguma por parte de Machado, tanto na passagem acima como em outras crônicas do período, das representações de Shakespeare por João Caetano, essas serão retomadas brevemente em crônicas produzidas na ocasião em que Rossi esteve no Brasil em 1871, mais de vinte anos após esse momento, portanto. Mas essa visão generalizada que expressa deixa entrever seu posicionamento sobre o conjunto encenado por João Caetano e este, sabemos, incluía as versões francesas neoclássicas de Shakespeare. Sobre o dramaturgo, Machado se pronunciaria de maneira breve nesse período, com citações que não se mostram propensas a desdobramentos interpretativos mais extensos, mas que já deixam ver a admiração cultivada pelo jovem cronista. Em 4 de dezembro de 1859, por exemplo, Machado afirmaria: "Como diz um crítico moderno, Shakespeare dá a comer e a beber a sua carne e o seu sangue."[29] Aparentemente, o jovem Machado, à semelhança do que ocorria com outros autores de seu tempo, já se mostrava, aos vinte anos, admirador e, em certa medida, conhecedor do trabalho do dramaturgo inglês, que figuraria de maneira persistente em seus escritos a partir de 1859.

28 *Do Teatro: Textos Críticos e Escritos Diversos*, p. 145.
29 Ibidem, p. 186.

MACHADO E AS REPRESENTAÇÕES
DE ROSSI NO RIO DE JANEIRO

Machado se pronunciou sobre as encenações de Shakespeare no Brasil, ainda que de maneira breve, no ano de 1871, na ocasião em que o Rio de Janeiro recebeu Ernesto Rossi e Tommaso Salvini com peças do dramaturgo no original, pela primeira vez, no país. Esses atores, junto com Adelaide Ristori, que esteve no Brasil em 1869, eram, então, três dos maiores nomes do teatro na Europa e compuseram um fenômeno internacional na segunda metade do século XIX.

Apesar de incluir peças consagradas do teatro ocidental, a maior parte do repertório desses italianos era devotada a Shakespeare. Adelaide Ristori notabilizou-se como Lady Macbeth, Salvini ganhou projeção como Otelo, e Rossi, especialmente com Hamlet, apesar de ter também feito outras personagens do dramaturgo de forma memorável, como Otelo, Lear e Coriolano. Aliás, deve ser dito que Rossi se tornou o primeiro ator italiano a ser associado diretamente ao bardo inglês. Junto com suas companhias e em produções de altíssimo nível, esses atores saíam em turnês mundiais que incluíam a França, a Inglaterra, a Rússia, os Estados Unidos e vários países da América do Sul, como Brasil, Chile e Argentina.

Adelaide Ristori, considerada por muitos a maior atriz trágica do século XIX, não encenou Shakespeare no Brasil. Machado parece ter aguardado o evento com expectativa: "Duas tragédias célebres e um drama de espetáculo, dois grandes caracteres históricos, Stuart e Isabel [...] eis o resumo da última semana. Diz-se que logo após virá a vez de Corneille, de Alfieri, e de Shakespeare."[30] Mas a representação não aconteceu, o que o levou a se manifestar com pesar:

Diz-me um amigo que não teremos *Macbeth*; perderemos assim a ocasião de ver Ristori interpretar aquela famosa Lady Macbeth, uma das mais profundas criações de Shakespeare. Pena é, decerto; ninguém melhor que Ristori poderia representar ao vivo qualquer das obras do poeta inglês, a quem um escritor moderno chamou com justiça, e para honra da humanidade, o maior de todos os homens.[31]

---

30 Ibidem, p. 499-500.
31 Ibidem, p. 512.

Apesar de não ter trazido Shakespeare para o Brasil, a presença de Adelaide Ristori foi importante por inaugurar um período de intensa atividade teatral no Rio de Janeiro, com reflexos em São Paulo, Porto Alegre e Rio Grande. Como sabemos, companhias teatrais estrangeiras passaram a frequentar o Brasil desde a vinda da família real portuguesa, em 1808. Mas a presença da atriz representou um diferencial para o público e para os críticos. Machado se impressionou com a representação de tragédias renomadas do cânone ocidental pela atriz, cujo talento teria feito aflorar toda a força do gênero: "Pois não é verdade. A musa não morreu, nem podia morrer [...]. Via-se que ela não surgia de um túmulo, senão que descia de um pedestal."[32]

O escritor parece ter vivido impacto semelhante ao ver Rossi representando[33]. A diferença é que, dessa vez, o carro chefe de sua companhia não foram apenas tragédias clássicas do cânone ocidental, mas, principalmente, várias peças de Shakespeare. Rossi trouxe para o Brasil, dentre outras produções conhecidas do dramaturgo, *Otelo*, *Hamlet*, *Macbeth*, *Romeo e Julieta*, *O Mercador de Veneza* e *Rei Lear*. O sucesso das representações entre os intelectuais e os críticos da época foi notório, mas deve ser observado que, se a maioria das críticas e manifestações foi favorável aos espetáculos e estes impressionaram positivamente o público, a atuação de Rossi também contou com críticas, como comenta Eugênio Gomes: "Censuravam-lhe o desempenho de Otelo, em que se conduziu com o mesmo excesso pelo qual João Caetano fora severamente criticado. Tudo leva a crer que o trágico italiano praticava excesso ainda maior"[34], o que se deduz de uma charge de Ângelo Agostini. Nela, Rossi, travestido de Otelo, sapateava sobre o cadáver de sua vítima.

Apesar de não ser unanimidade, os comentários sobre Rossi nos jornais da época são curiosos. São comuns expressões como "Chegara Rossi ao apogeu da sua glória de artista. Ir além era impossível"[35] (*A Vida Fluminense*, 22.4.1871), "Rossi vai em uma

---

32   Ibidem, p. 490-491.
33   É interessante observar que Machado não comentou a atuação de Salvini. Este é um dado curioso, pois, como afirma Faria, "é muito provável que o tenha visto em cena, pois se refere a ele num texto curto de 17 de julho de 1885 e numa crônica da *Gazeta de Notícias* de 3 de julho de 1894" (Ibidem, p. 86).
34   E. Gomes, *Shakespeare no Brasil*, p. 18.
35   D. Rhinow, op. cit., p. 345.

MACHADO DE ASSIS E O CONTEXTO SHAKESPEARIANO DE SEU TEMPO 19

progressão crescente de triunfos; em cada lance, em cada cena, ele excede-se a si próprio [...] Rossi tem a centelha divina"[36] (*O Guarani*, 3.5.1871). Em *A Vida Fluminense*, no dia 13 de maio de 1871, lê-se:

Ao terminar o espetáculo o artista não foi saudado mas antes esmagado por uma dessas ovações, que são a partilha exclusiva dos talentos superiores.

As senhoras acenavam com os lenços, os homens soltavam bravos ruidosos, o frenesi pintava-se em todos os rostos; o entusiasmo febril agitava todos os corações.[37]

O texto, assinado por J.R.M. (O jornal não informa o nome completo do autor do artigo.), descreve uma cena que certamente desperta a curiosidade dos amantes de Shakespeare e do teatro. Afinal, deixa ver um pouco do espetáculo e o quanto mexeu com quem o vivenciou. Mas, é certo que, como pontua *O Guarani*, em publicação de 13 de maio de 1871: "para formar-se ideia de Rossi deve-se ouvi-lo e vê-lo"[38]. Sendo isso impossível, fica-nos a impressão geral e a certeza de que sua presença movimentou o cenário carioca e causou repercussão entre aqueles que o viram.

Otelo, o maior sucesso "shakespeariano" no Brasil até então, provocou uma série de manifestações nos jornais. A título de exemplificação, selecionamos uma passagem de um artigo assinado por Zaluar, em que é narrado o impacto que a representação deixou no público e no cronista. Trata-se de um texto publicado no dia 20 de maio de 1871 e nele lemos:

Já no primeiro e segundo ato [de *Otelo*] alguns toques fugitivos começam a revelar ao espectador o admirável talento de Rossi.

Mas do 3º ato em diante, em que principia verdadeiramente a ação dramática da inimitável composição do trágico inglês, é então que a inspiração se apodera do artista, o fogo sagrado acende-se no seu espírito, e o gênio da arte se manifesta em todo o seu esplendor [...].

O diálogo com Yago no 3º ato e o seu arrebatamento, as terríveis ansiedades do 4º ato, e finalmente as duas mortes e o suicídio do 5º ato, são trabalhos inexcedíveis, portentosas cenas, que fariam se fosse

36 Ibidem, p. 351.
37 Ibidem, p. 357-358.
38 Ibidem, p. 350.

possível ao autor de *Otelo* assistir à interpretação de sua obra, pasmar diante da imortalidade de sua própria criação.[39]

É importante observar que, apesar das inúmeras manifestações por parte de quem assistiu a essas representações, elas não contaram com um público expressivo, como seria de se esperar. Quando Ernesto Rossi chegou ao Brasil, João Caetano havia morrido há quase oito anos. A presença de um contexto que envolvesse personagens do dramaturgo já estava um pouco distante da memória do público carioca. Talvez seja por esse motivo e pela estrondosa ascensão de espetáculos como as operetas e as apresentações de mágica, que as representações de Rossi (assim como as de Salvini) não gozaram de grande presença do público.

Machado comentou a atuação do ator em duas crônicas. A primeira intitula-se "Macbeth e Rossi" e foi publicada em 25 de junho de 1871 na *Semana Ilustrada*. A segunda, "Rossi – Carta a Salvador de Mendonça", foi publicada em 20 de julho de 1871, em *A Reforma*, e surge justamente como resposta a um pedido de Salvador de Mendonça para que os intelectuais se manifestassem e incentivassem as pessoas a comparecerem ao teatro. Aliás, a carência de público já havia sido assinalada por Machado na crônica de 25 de junho. Quando o escritor comenta a representação do monólogo de *Hamlet* pelo ator, exalta o talento do italiano, que não se abate frente à ausência de grande público: "'Que é melhor; curvar-se à sorte ou lutar e vencer?' E não hesita; luta e vence; [...] o teatro não regurgita de povo como devia ser, mas Rossi é coberto de entusiásticos aplausos."[40] É em "Macbeth e Rossi" que encontramos comentários sobre as encenações do Shakespeare de Ducis por João Caetano:

Além do gosto de aplaudir um artista como Ernesto Rossi, há outras vantagens nestas representações de Shakespeare; vai-se conhecendo Shakespeare, de que o nosso público apenas tinha notícia por uns arranjos de Ducis (duas ou três peças apenas) ou por partituras musicais.

Esta verdade deve dizer-se: Shakespeare está sendo uma revelação para muita gente.

---

39 Ibidem, p. 370.
40 *Do Teatro: Textos Críticos e Escritos Diversos*, p. 517.

MACHADO DE ASSIS E O CONTEXTO SHAKESPEARIANO DE SEU TEMPO   21

O nosso João Caetano, que era um gênio, representou três dessas tragédias, e conseguiu dar-lhes brilhantemente a vida, que o sensaborão Ducis lhes havia tirado. [...]
Agora é que o público está conhecendo o poeta todo.[41]

Machado não aprecia as adaptações francesas, apesar de reconhecer o talento de João Caetano e sua habilidade em dar vida a uma versão tão amena de Shakespeare. O escritor mostra intimidade com o dramaturgo a ponto de se mostrar distante do público para quem o bardo seria uma novidade. Lembramos que a essa altura, Machado já havia citado oito peças de Shakespeare em sua obra: *Romeu e Julieta*; *Hamlet*; *Otelo*; *Como Queira*; *Antônio e Cleópatra*; *Tudo Está Bem Quando Acaba Bem*; *Rei Lear*; *Macbeth*; e o poema *Vênus e Adônis*. No que diz respeito às suas apreciações críticas das representações de Rossi, um primeiro aspecto a ser ressaltado é que, em ambas as crônicas, Machado se mostra impressionado com o trabalho do ator, independentemente da peça ou do dramaturgo que interpreta. Em "Rossi – Carta a Salvador de Mendonça", ele chama a atenção para a versatilidade do ator, que incorpora com habilidade as mais diversas personagens:

Não tem clima seu: pertence-lhe todos os climas da terra. Estende as mãos a Shakespeare e a Corneille, a Alfieri e Lord Byron: não esquece Delavigne, nem Garret, nem V. Hugo, nem os dois Dumas. Ajustam--se-lhe no corpo todas as vestiduras. É na mesma noite Hamlet e Kean. Fala todas as línguas: o amor, o ciúme, o remorso, a dúvida, a ambição. Não tem idade; é hoje Romeu, amanhã Luís xi.[42]

Mas haveria, segundo afirma, uma espécie de afinidade entre o dramaturgo e o ator: "A intimidade de Shakespeare deu-lhe abençoados atrevimentos"[43], e a experiência de vê-lo nos palcos cariocas parece inesquecível ao escritor: "Rossi esteve simplesmente admirável. Não sei que outra coisa se deva dizer. O monólogo do punhal, as cenas com Lady Macbeth, a do banquete, são páginas de arte que se não apagam mais da memória"[44].

41 Ibidem, p. 517.
42 Ibidem, p. 523.
43 Ibidem, p. 522.
44 Ibidem, p. 517.

O deleite frente ao espetáculo é reiterado na crônica. A certa altura, Machado confessa sua incapacidade em dar conta com as palavras dos fatos do espetáculo: "Se o espaço no-lo consentisse, e se houvéssemos as habilitações que sobram em tantos outros, apreciaríamos detidamente a maneira por que o grande ator italiano interpretou o imortal poeta inglês. Isto, porém, é superior às nossas forças."[45] Ainda na mesma crônica, *Hamlet* merece uma ressalva do escritor:

Um deles, o Hamlet, nunca o tinha visto pelo nosso ilustre João Caetano. A representação dessa obra, a meu ver [...] a mais profunda de Shakespeare, afigurou-se-me sempre um sonho difícil de realizar. Difícil era, mas não impossível. Vem realizar-mo o mesmo ator que sabe traduzir a paixão de Romeu, os furores de Otelo, as angústias do Cid, os remorsos do Macbeth, que conhece em suma toda a escala da alma humana. O que ele foi naquele tipo eterno de irresolução e dúvida, melhor do que eu poderia dizer, já outros, e competentes, o disseram nos jornais. Para mim era antes quase uma quimera, hoje é uma indelével recordação.[46]

Salvini, curiosamente não mencionado pelo escritor, não parecia, no entanto, estar fora de seu foco, como nos mostra Machado na seguinte passagem, quando torna evidente o anseio (que sabe impossível) de ver os três grandes trágicos (Ristori, Rossi e Salvini) juntos no palco: "Eu desejava uma coisa impossível, um sonho imenso. Era vê-los aos dois, e não só eles, mas também esse outro, que a fama apregoa, e que os nossos irmãos do Prata estão ouvindo e vendo, era vê-los todos três juntos, a combaterem pela mesma causa e a colherem vitórias comuns."[47]

A presença de Rossi no Brasil parece ter sido importante para Machado não tanto pelo caráter de revelação do autor, mas, sim, por ter proporcionado a ele a vivência de uma experiência estética singular. Afinal, uma coisa é ler o texto, outra, vê-lo representado, e Machado não ficaria imune a isso.

45   Ibidem.
46   Ibidem, p. 525.
47   Ibidem, p. 526.

MACHADO DE ASSIS E O CONTEXTO SHAKESPEARIANO DE SEU TEMPO   23

UMA EXPERIÊNCIA SEMPRE NA MEMÓRIA

Para Eugênio Gomes, esse momento de efervescência do teatro trágico no Rio de Janeiro influenciou Machado, que, a partir desse período, teria intensificado citações da obra do dramaturgo em suas próprias criações[48]. O levantamento que realizamos mostra que até a escrita da crônica "Macbeth e Rossi", a primeira que Machado publicou logo após a chegada do ator ao Rio de Janeiro, Shakespeare e/ou sua obra havia aparecido em 47 textos do autor. A partir dessa publicação até o fim de sua carreira, o número de textos publicados com referências ao dramaturgo é de pouco mais de 120. Considerando que Machado contava treze anos de carreira naquela ocasião e que escreveu durante 53 anos, vemos que a média é semelhante antes e depois da escrita da crônica, ou seja, antes e depois de ter assistido a Rossi no teatro.

É inquestionável, no entanto, que as referências ao dramaturgo vão gradativamente se tornando mais complexas e elaboradas. Talvez seja por isso que as citações que Machado faz depois da estada de Rossi no Brasil chamem mais a atenção de críticos como Eugênio Gomes. Mais do que o aumento no número de citações/ alusões, portanto, elas sofrem alterações ao longo do tempo, deixando de serem referências sem maiores desdobramentos para integrarem enredos e situações de maneira mais ampla e significativa. É claro que isso se relaciona ao próprio desenvolvimento de Machado enquanto leitor e escritor. Seu amadurecimento certamente o tornou cada vez mais refinado e capaz de aproveitar suas leituras, seja de Shakespeare ou de qualquer outro autor. Mas, mesmo assim, nossa sugestão parece bastante plausível.

Bons exemplos disso poderiam ser *Ressurreição*, publicado em 1872, e *Dom Casmurro*, de 1899. Segundo afirma o próprio autor, o que o motivou, no primeiro romance, foram alguns versos de *Medida Por Medida*: "Minha ideia ao escrever este livro foi pôr em ação aquele pensamento de Shakespeare: Our doubts are traitors, / And make us lose the good we oft might win, / By fearing to attempt"[49]. O romance foi publicado no ano seguinte à vinda dos italianos ao Rio e mostra a preocupação de

48   E. Gomes, op. cit., p. 160.
49   "Nossas dúvidas são traidoras, / E nos fazem perder o bem que podemos ganhar, / por medo de tentar." *Obra Completa em Quatro Volumes*, v. 1, p. 236.

Machado em incorporar a seu texto a referência shakespeariana, fazendo com que atuasse na construção do próprio romance. *Ressurreição* é, para muitos, uma espécie de "germe", termo cunhado por Hellen Caldwell, para *Dom Casmurro*, romance da maturidade, em que a intertextualidade, mais voltada, então, para o *Otelo*, é levada a extremos, tanto em aspectos temáticos quanto composicionais.

A experiência de ver Rossi no palco acompanhou o escritor, deixando resquícios ao longo de sua produção. Uma possível reminiscência desse período talvez esteja no próprio romance de Bento e Capitu. Vale a pena retomar, aqui, as palavras de João Roberto Faria, para quem a encenação de *Otelo* descrita no romance muito se assemelha à de Rossi, descrita pelos jornais da época:

O narrador-personagem do romance refere-se à "fúria do mouro" e aos "aplausos frenéticos do público" na cena da morte de Desdêmona. Nos jornais de 1871, há várias descrições do entusiasmo da plateia – em um deles aparece até mesmo o adjetivo "frenético" – e menções à vigorosa interpretação de Rossi, que emprestou à personagem uma truculência e uma selvageria que deixaram os espectadores impressionados.[50]

Além dessa possível reminiscência, Rossi apareceu várias vezes nas crônicas da série "A Semana", inclusive na primeira versão de "A Cena do Cemitério", em que lemos: "Não sei se vos lembrais ainda de Rossi e de Salvino?". Em 7 de junho de 1896, Machado escreveria, três dias após a morte de Rossi: "Também não nos levarão as companhias líricas, os nossos trágicos italianos, sucessores daquele pobre Rossi, que acaba de morrer.[51] Mas a presença mais evidente dessas encenações talvez esteja em "Curta História", conto publicado em 31 de maio de 1886, em *A Estação*. A narrativa conta a ida da jovem Cecília a uma representação de *Romeu e Julieta* encenada pelo italiano e o impacto que isso teve nela, enquanto personagem sensível ao sentimento estético. O conto é uma composição extremamente curiosa para que se observe o quanto a presença de Rossi no Rio de Janeiro mexeu com o público e com o próprio Machado,

---

50 *Do Teatro: Textos Críticos e Escritos Diversos*, p. 89-90.
51 *Obra Completa em Quatro Volumes*, v. 4, p. 1286.

MACHADO DE ASSIS E O CONTEXTO SHAKESPEARIANO DE SEU TEMPO   25

que, quinze anos depois do evento, compõe o texto: "A leitora ainda há de se lembrar do Rossi, o ator Rossi, que aqui nos deu tantas obras-primas do teatro inglês, francês e italiano. Era um homenzarrão, que uma noite era terrível como Otelo, outra noite meigo como Romeu."[52]

Nesse conto, Machado mistura realidade e ficção, aparentemente mesclando com a própria experiência a história da jovem Cecília, que fica profundamente impressionada com o que vê no teatro, dominada pelo espetáculo a ponto de não fazer a menor diferença o fato de desconhecer a língua em que o texto está sendo representado: "Toda a peça foi para Cecília um sonho. Ela viveu, amou, morreu com os namorados de Verona."[53] Rossi "revolucionou a cidade", afirma o narrador, e, diríamos, não inundou apenas Cecília, mas também Machado, de emoção.

52   Ibidem, v. 3, p. 250.
53   Ibidem, p. 251.

2. Diálogos Machadianos Com Shakespeare

Shakespeare foi constantemente citado por Machado ao longo dos mais de cinquenta anos de sua carreira. O nome do dramaturgo e/ou referências diretas ou indiretas às suas peças ultrapassam o número das trezentas citações/alusões em cerca de 170 textos, considerando o todo de sua obra, seja ela ficção ou não. É isso o que a tabela de referências a Shakespeare na obra do autor, que organizamos e se encontra anexa a este trabalho, nos mostra. Nela, vemos que Machado cita vinte peças do dramaturgo, que são, obedecendo a cronologia em que surgem: *Romeu e Julieta*; *Hamlet*; *Otelo*; *Como Gostais*; *Antônio e Cleópatra*; *Bem Está o Que Bem Acaba*; *Rei Lear*; *Macbeth*; *Coriolano*; *O Mercador de Veneza*; *Medida Por Medida*; *Júlio Cesar*; *A Tempestade*; *Noite de Reis*; *Cimberlino*; *Sonho de uma Noite de Verão*; *Ricardo III*; *Muito Barulho Para Nada*; *As Alegres Comadres de Windsor* e *Henrique IV*. Há, além disso, uma referência duvidosa a *Timão de Atenas*, o que elevaria para 21 o número de peças citadas, além de uma citação do poema *Vênus e Adônis*.

A primeira e a última referência que Machado faz a Shakespeare se dão em sua obra de ficção. Os dados encontrados nos mostram que o escritor cita o dramaturgo pela primeira vez aos vinte anos de idade, ou seja, com menos de cinco anos de

28 MACHADO E SHAKESPEARE

carreira. A referência estaria no conto "Madalena", publicado originalmente entre outubro e novembro de 1859 na *Marmota*. É certo, no entanto, que o conto é de autoria duvidosa. Essa questão foi levantada por José Galante de Sousa em *Bibliografia de Machado de Assis* (1955) e, mais tarde, retomada por Jean-Michel Massa em *A Juventude de Machado de Assis* (1971), quando comenta a publicação desse texto e de "Bagatela". O último, uma tradução, foi publicado de maio a agosto daquele ano, e é assinado pelas iniciais "M.A.", que uma nota esclarece tratar-se de Machado de Assis. "Madalena", por sua vez, recebe a assinatura "M. de A." e não traz esclarecimentos sobre quem seria o escritor. A hesitação com relação à autoria se justifica, segundo Massa, tendo em vista que um conto, também intitulado "Madalena", teria sido impresso alguns meses mais tarde numa publicação popular intitulada *Folhinhas*, sob o nome de Moreira de Azevedo. Para o pesquisador francês, apesar de nunca ter conseguido um exemplar da publicação, "Tudo faz crer que se trata da mesma 'Madalena'. Por conseguinte, M. de A. representava perfeitamente Moreira de Azevedo."[1]

Se descartássemos a referência feita a *Romeu e Julieta* em "Madalena", no entanto, manteríamos ainda o ano de 1859 como sendo aquele em que Machado cita Shakespeare pela primeira vez. Em 21 de outubro, o escritor publicou "Ofélia" no *Correio Mercantil*. A referência a Shakespeare na poesia escrita aos vinte anos de idade se faz, então, por meio do título, que remete à tragédia de *Hamlet*. A última citação do dramaturgo, por sua vez, estaria no ponto extremo de sua carreira, em *Memorial de Aires*, publicado no ano de sua morte.

As peças mais citadas por Machado em sua produção de ficção são *Romeu e Julieta*, seguida por *Otelo* e *Hamlet*, respectivamente, sendo que as duas últimas possuem quase o mesmo número de referências. Shakespeare aparece em todos os romances do autor, a exceção se faz a *Casa Velha*, e em 48 contos[2].

---

1 J.-M. Massa, *A Juventude de Machado de Assis*, p. 237.
2 Esses contos são: "Madalena" (1859); "O Anjo das Donzelas" (1864); "Questão de Vaidade" (1864); "Cinco Mulheres" (1865); "Astúcias de Marido" (1866); "O Pai" (1866); "Onda" (1867); "Francisca" (1867); "Possível e Impossível" (1867); "A Mulher de Preto" (1868); "A Vida Eterna" (1870); "Miss Dollar" (1870); "O Caminho de Damasco" (1871); "Rui de Leão" (1872); "Quem Não Quer Ser Lobo…" (1872); "Aurora Sem Dia" (1873); "Tempo de Crise" (1873); "Decadência de ►

DIÁLOGOS MACHADIANOS COM SHAKESPEARE 29

No campo da poesia, as citações são mais restritas. Apenas dez textos contam com referência ao dramaturgo: "Ofélia" (1859); "Lúcia" (1864); "Tristeza" (1865); "No Espaço" (1865); "Quando Ela Fala" (1870); "La Marchesa de Miramar" (1870); "Pálida Elvira" (1870); "Monólogo de Hamlet" (1873); "No Alto" (1880) e "1802-1885" (1885). O mesmo ocorre com sua produção dramática, que conta com referências a Shakespeare em três peças: *Hoje Avental, Amanhã Luva* (1860); *O Protocolo* (1862); e *O Caminho da Porta* (1862).

Na produção de Machado como cronista e crítico, assim como nos seus escritos diversos que chegaram a público, as referências ao dramaturgo se fazem também a partir de 1859, em críticas teatrais publicadas no periódico *O Espelho*. Essas primeiras referências a Shakespeare em sua produção crítica são curiosas por evidenciarem um jovem escritor com conhecimento de aspectos importantes da produção do dramaturgo, cujas referências ilustram alguns de seus pensamentos. No primeiro desses textos, por exemplo, Machado, ao comentar o drama *Rafael*, de Ernesto Biester, tece considerações sobre o enredo da peça que, apesar de ter agradado bastante ao público, merece, segundo ele, algumas ressalvas. O autor chama a atenção para duas personagens que não estariam perfeitamente unidas ao drama. A referência a Shakespeare surge para evidenciar certa imperfeição na composição da peça do dramaturgo português:

Estas observações são decerto justas. D. Maria e o comendador formam um drama à parte, ou antes uma comédia isolada.

Nenhum elo os prende. Assim, pretendo chegar à fusão da tragédia e da comédia operada por Shakespeare sob a forma do drama, o Sr. E. Biester, enganou-se completamente. Não fundiu as duas formas, uniu-as, não as encarnou, enlaçou-as.[3]

> ▷Dois Grandes Homens" (1873); "Os Óculos de Pedro Antão" (1874); "Um Dia de Entrudo" (1874); "Muitos Anos Depois" (1874); "Antes Que Cases" (1875); "Um Esqueleto" (1875); "História de Uma Fita Azul" (1875); "To Be or Not To Be" (1876); "Uma Visita de Alcibíades" (1876); "Sem Olhos" (1876); "Um Almoço" (1877); "Um Ambicioso (1877); "A Chave" (1879); "A Mulher Pálida" (1881); "O Espelho" (1882); "Letra Vencida" (1882); "O Programa" (1882); "Troca de Datas" (1883); "Último Capítulo" (1883); "Duas Juízas" (1883); "Médico É Remédio" (1883); "Uma Senhora" (1883); "Evolução" (1884); "A Cartomante" (1884); "O Cônego" (1885); "Trio em Lá Menor" (1886); "Curta História" (1886); "O Diplomático" (1886); "Pobre Finoca" (1881); "Um Erradio" (1884); e "Lágrimas de Xerxes" (1899).

3 *Do Teatro: Textos Críticos e Escritos Diversos*, p. 158-159.

MACHADO E SHAKESPEARE

A última referência ao dramaturgo na produção crítica do escritor brasileiro está em "Garret", publicado no dia 4 de fevereiro de 1889 na *Gazeta de Notícias*. Observamos, ainda, que Shakespeare é citado em praticamente todas as séries de crônicas escritas por Machado: "Revista de Teatros" (1858-1859; *O Espelho*); "Comentários da Semana" (1861-1863; *Diário do Rio de Janeiro*); "Ao Acaso" (1864-1865; *Diário do Rio de Janeiro*); "Histórias de Quinze Dias" (1876-1878; *Ilustração Brasileira*); "Notas Semanais" (1878; *O Cruzeiro*); "Balas de Estalo" (1883-1886; *Gazeta de Notícias*); "A + B" (1886; *Gazeta de Notícias*); "Gazeta de Holanda"[4] (1886-1888; *Gazeta de Notícias*); "Bons Dias" (1888-1889; *Gazeta de Notícias*/ 1888; *Imprensa Fluminense*) e "A Semana" (1892-1897; *Gazeta de Notícias*).

Cabe ressaltar que *Hamlet* conta com mais do que o dobro de referências quando comparada a *Otelo*, que vem em seguida. Esses resultados não surpreendem, pois é sabido que Machado tinha admiração especial pela peça que dá conta das dúvidas do jovem príncipe. Em "Rossi. Carta a Salvador de Mendonça", o escritor afirma ser essa tragédia "a mais profunda de Shakespeare", e cuja representação afigurou-se "sempre um sonho difícil de realizar", como já demonstrado anteriormente neste trabalho. Observarmos, ainda, que as mais citadas por Machado predominam em gêneros específicos. *Hamlet* é predominante na crônica, *Otelo*, no romance, e *Romeu e Julieta*, nos contos.

Passamos agora a demonstrar como essa afinidade entre Machado e Shakespeare se traduziu em diálogos intertextuais produtivos, sobretudo na crônica e na ficção. Como veremos, o escritor comenta fatos, cria enredos, personagens e situações que retomam Shakespeare de maneira extremamente original, recriando situações e enredos e compondo novos significados a partir do legado que o dramaturgo nos deixou. A abordagem que fazemos contempla seções dedicadas às quatro tragédias mais citadas pelo escritor e uma seção mais geral na qual comentamos as citações que faz às demais peças de Shakespeare.

---

4   A referência a Shakespeare nas crônicas "Gazeta de Holanda" se dá pelo pseudônimo por meio do qual Machado assina todos os textos da série: "Malvólio", personagem de *Noite de Reis*.

A MELANCOLIA DE *HAMLET* À LUZ
DO DEBOCHE IRÔNICO DE MACHADO

A primeira referência que Machado faz a *Hamlet*, tendo como base suas crônicas, textos críticos e escritos diversos, se dá em uma publicação da série "Ao Acaso", no *Diário do Rio de Janeiro*, em 1865, seis anos após a primeira referência que fez ao dramaturgo em sua obra ficcional, portanto. O ano coincide com o da publicação de "Cinco Mulheres", texto que conta com a primeira referência a *Hamlet* na narrativa do autor. No conto, o narrador compara a fragilidade da personagem Marcelina à de Ofélia: "Como Ofélia, parecia que estava destinada a colher a um tempo as flores da terra e as flores da morte."[5] Na crônica, a referência a Shakespeare surge quando Machado chama a atenção para a apresentação da peça *Ângelo*, de Victor Hugo, fato que chama "ressurreição literária", visto que, a essa altura, o teatro marcado por um entretenimento mais gratuito estava minando a produção que visava a uma maior preocupação literária: "Mais de vinte anos antes conquistara o mesmo drama nas mesmas tábuas os aplausos de um público, muito mais feliz que o de hoje, um público a quem se dava o *Ângelo*, o *Hamlet*, o *Misantropo e o Tartufo*"[6].

As duas referências a *Hamlet* citadas acima são os elementos embrionários de uma presença que será constante na produção de Machado. As dúvidas, o desengano e a melancolia da personagem parecem casar-se com alguns temas recorrentes na obra do autor. As citações que Machado faz da peça se referem, em sua maioria, a três momentos da tragédia: à fala do jovem príncipe após conversar com o fantasma de seu pai: "Há muita coisa mais no céu e na terra,/Horácio, do que sonha a nossa pobre/filosofia"[7], no ato I, cena 5; ao famoso monólogo do príncipe dinamarquês, na cena 1 do ato III e à cena do cemitério, na qual Hamlet, junto com Horácio, assiste à abertura da cova de Ofélia e, logo após, apanha a caveira de Yorick e tece considerações cheias de desengano e melancolia, no ato V, cena 1.

---

5   *Obra Completa em Quatro Volumes*, v. 2, p. 819.
6   Ibidem, v. 4, p. 248.
7   Trad. Carlos Alberto Nunes. No original, lê-se: "There are more things in heaven and earth, Horatio / Than are dreamt of in our philosophy."

32 MACHADO E SHAKESPEARE

A intertextualidade criada por Machado com *Hamlet* assume os mais variados teores. Em um primeiro momento, o que parece se destacar, inclusive pela predileção de Machado pelas cenas citadas, é o resgate de certo vazio e ausência de sentido que permeia a existência, e que é muito presente nessa tragédia de Shakespeare. É evidente que tal resgate surge recuperado por uma óptica irônica, que integra no cotidiano carioca e nos fatos mais banais e comezinhos um drama de primeira grandeza, deixando seu texto com certo ar de deboche que atualiza e intensifica o caráter universal e abrangente do teatro shakespeariano.

Ao trazer para discussão certo congresso de farmacêuticos anunciado pelo *Jornal do Comércio*, por exemplo, Machado afirma, na série "História de Quinze Dias", em 1º de junho de 1877:

A ciência é objeto especial e único do próximo congresso. Vai tratar-se dos efeitos do quinino e da pomada mercurial. Vamos saber em que dose o arsênico, feito em pílulas, pode dar saúde ou matar. Enquanto essas coisas ficam nos gabinetes interiores das farmácias, a gente vive feliz, recebe as pílulas, absorve-as, passeia, cria forças, sara. Mas tratadas à luz do dia a coisa muda muito de figura. Depois de um longo debate do congresso, se o meu médico me receitar arsênico em pílulas, com que cara as olharei eu? Que trazes tu, pílula? direi em forma de monólogo; a mão do farmacêutico escorregou no arsênico? trazes a vida ou a morte? Vou passear até a esquina ou até o Caju? Pílula, és tu pílula ou comparsa da Empresa Funerária? *It is the rub*...[8]

O congresso de farmacêuticos é, evidentemente, pretexto para uma discussão mais ampla por parte do cronista. O propósito científico e o tema do encontro, que é discutir os efeitos do quinino e da pomada mercurial, por si só evidenciam o tom de zombaria do cronista. Medicamentos comuns no século XIX, usados para tratar, dentre outras coisas, febre, piolhos e vermes, sua alusão parece servir ao propósito de evidenciar a pequenez e a condição de fragilidade do homem que, nesse caso, organiza um evento supostamente importante para discutir como combater seu caráter vulnerável frente a coisas tão vis. As considerações do cronista colocam em evidência o tênue limite no qual vivenciamos a vida e a morte nas mãos de uma ciência que

8 *Obra Completa em Quatro Volumes*, v. 4, p. 364.

DIÁLOGOS MACHADIANOS COM SHAKESPEARE

tenta, dentro de seus parcos limites, compreender e oferecer soluções a coisas que suplantam nossa condição. A afirmação (irônica) de que saberemos em que dose o arsênico pode dar vida ou morte, ao invés de acalentar, pela segurança da suposta resposta, mostra justamente o quanto estamos expostos e somos frágeis, assim como os conhecimentos e as tentativas científi- cas em dar conta dos fatos: "Vou passear até a esquina ou até o Caju? Pílula, és tu pílula ou comparsa da Empresa Funerária? *It is the rub...*"

Ao se utilizar do texto shakespeariano e do famoso monó- logo de *Hamlet*, Machado cria uma situação recheada de contras- tes, a envolver ciência, quinino, pomada mercurial e arsênico: vida e morte, sabedoria e ignorância, o que estabelece um elo curioso não apenas entre os dois textos, mas entre o homem em dois tempos, colocando-o face a seus limites e frente à sua ignorância, independente do momento em que está vivendo. Trata-se de um bom exemplo do tipo de intertextualidade que Machado cria: uma simples crônica evoca uma crise existencial por meio da expressão "*It is the rub*" (no original, "*there's the rub*"), que vem depois dos conhecidos versos em que Hamlet se questiona sobre o que deve fazer: ser ou não ser; morrer, dormir, sonhar?

Dentro desse contexto, e a título de nova exemplificação, citamos uma curiosa passagem das "Balas de Estalo". Nessa série de crônicas publicadas na *Gazeta de Notícias*, na qual Machado usava o pseudônimo de Lélio, o escritor aborda, em texto publicado em 12 de dezembro de 1884, um caso bastante comentado pela imprensa da época. Trata-se – segundo nota de Heloísa Helena Paiva de Luca à edição da Annablume, que reúne o conjunto dessas crônicas – da prisão e morte em vir- tude de tortura de João Alves de Castro Malta, funcionário da casa Laemmert, acusado de um crime que não havia come- tido. A polícia, segundo a pesquisadora, falsificou o atestado de óbito e se negou a contar onde o corpo havia sido enter- rado. Apesar das inúmeras sindicâncias, o caso não chegou a ser completamente solucionado, segundo nos diz a pesqui- sadora[9]. O fato é o argumento da bala de estalo de Machado,

9 *Balas de Estalo de Machado de Assis*, p. 180.

que cria uma situação em que, em suposta visita ao cemitério, o narrador interroga os vermes sobre a possível presença do corpo de João Malta no local:

Castro Malta? – Perguntaram-me os vermes.

– Sim, Castro Malta... Uns dizem que ele morreu, outros que não; afirma-se que está enterrado e desenterrado; que faleceu de uma doença, se não foi de outra. Então lembrou-me vir aqui ao cemitério a estas horas mortas, para interrogá-los e para que me digam francamente se ele aqui esteve ou está, e...[10]

A resposta dos vermes vem com uma citação da cena 1 do ato v de *Hamlet*:

– *Alas, poor Yorick*! Não podemos saber nada; isto cá embaixo é tudo anônimo. Ninguém aqui se chama coisa nenhuma. César ou João Fernandes é para nós o mesmo jantar. Não estremeças de horror, meu filho. Castro Malta? Não temos matrículas nem pias de batismo. Pode ser que ele esteja por aí, pode ser também que não; mas lá jurar é que não juramos...[11]

A passagem cria uma situação extremamente irônica e repleta de um humor mórbido em que se tenta desvendar (de maneira absurda) o caso policial que as autoridades cariocas não conseguem ou não querem solucionar. No entanto, a brincadeira negra de Machado ilustra, e aí sim, de maneira séria, uma situação de miséria do homem, limitado a um fim anônimo no banquete dos vermes... É evidente que por trás do "poor Yorick" se esconde cada um, o que iguala a todos, em qualquer tempo ou lugar. É interessante observar, ainda, que Machado integra, à semelhança do que faz muitas vezes Shakespeare, o alto e o baixo, ou seja, o que é consagrado (o texto do bardo inglês, referência do cânone ocidental) com um fato comezinho, tão carioca. Essa "mistura", no entanto, traz à tona o perene caráter da condição humana enfatizada na peça do dramaturgo inglês.

Em várias crônicas em que Machado retoma *Hamlet*, o deboche amargo origina passagens em que o sério se tinge com cores cômicas e aparentemente banais. É claro que essa "leveza"

10 Ibidem.
11 Ibidem.

DIÁLOGOS MACHADIANOS COM SHAKESPEARE   35

não funciona como simples recurso de entretenimento, mas mostra, por outro lado, uma manipulação do texto a que se refere no intuito de criar novas possibilidades de significação. Em crônica publicada na série "Bons Dias!", em 21 de janeiro de 1889, Machado alude a uma polca cracoviana, antiga dança holandesa. Em conversa com uma suposta leitora de seu texto, o cronista se adianta ao seu espanto em ouvir falar de algo que possa parecer estranho e/ou desconhecido, e explica de que se trata. O cronista cita, então, um amigo que executa a dança e "quando acaba, diz-nos sempre, parodiando um trecho de Shakespeare: 'Há entre a vossa e a minha idade muitas mais coisas do que sonha a vossa vã filosofia.'"[12] Aparentemente banalizando a preocupação de ordem existencial e melancólica de Hamlet, Machado chama a atenção para a dinâmica dos costumes e para a passagem do tempo, que os consome e renova, fazendo-os parecer velhos ou, na pior hipótese, fazendo com que desapareçam, o que seria o caso da polca cracoviana caso seu amigo não insistisse em praticá-la.

É a ironia, por sua vez, que marca a narração que dá conta das sessões secretas da câmara, que, por algum motivo "oculto", tinham seus assuntos tornados públicos. O cronista propõe na crônica publicada na *Gazeta de Notícias* em 2 de julho de 1893 que se tornem tais sessões abertas, que se chame o povo; seria, assim, uma boa maneira, segundo ele, de as fazerem secretas e particulares, uma vez que, então, não despertariam a curiosidade. No entanto, ao especular sobre como algo secreto torna-se público, Machado, em tom de galhofa, cita o texto shakespeariano, novamente fazendo parecer banal a reflexão do melancólico príncipe dinamarquês: "Esta impossibilidade de esconder o que se passa no segredo das deliberações faz-me crer no ocultismo. É ocasião de emendar Hamlet: 'Há entre o palácio do conde dos Arcos e a rua do Ouvidor muitas bocas mais do que cuida a vossa inútil estatística.'"[13]

O que está oculto de fato intriga Hamlet. No entanto, o "ocultismo" a que Machado se refere e afirma crer é ironicamente negado quando atribui às "muitas bocas" que existem entre o palácio do conde dos Arcos e a rua do Ouvidor a

12   *Obra Completa em Quatro Volumes*, v. 4, p. 850.
13   Ibidem, p. 997.

responsabilidade por tornar público o que deveria ser secreto. Desse modo, o escritor cita o texto de Shakespeare para emendá-lo e, aparentemente, negar o seu conteúdo, deixando subentendido que, apesar de não haver nomes, sabe-se que são as pessoas que contam e espalham o conteúdo das deliberações.

A ironia por meio da qual Machado recupera Shakespeare e, no caso específico de nossa discussão, *Hamlet*, tem em "A Cena do Cemitério", crônica publicada originalmente na série "A Semana", em 3 de junho de 1894, e incluída no volume *Páginas Recolhidas*, de 1899, um excelente exemplo. No texto, Machado faz o narrador ler os jornais e um trecho de *Hamlet* antes de dormir. Trata-se da cena em que o príncipe dinamarquês, juntamente com Horácio, assiste à abertura da cova de Ofélia. O narrador tem, então, um pesadelo, narrado na crônica; nele, ele está junto com o criado José, vivendo a cena do ato v da tragédia. O cronista se vale da cena em questão para comentar a especulação econômica que dominou o país nos primeiros anos da República, aludindo à intensa compra e venda de ações e títulos.

O texto mostra, desde o início, um convite ao leitor para que mergulhe, junto com o escritor, num imiscuir de gêneros, assuntos, tempos e espaços diversos. O conselho inicial: "não mistureis alhos com bugalhos", parece sugerir exatamente o contrário do que afirma, e leva o leitor a relacionar, junto com o cronista, coisas aparentemente desconexas. O pesadelo relatado tem como mola propulsora a leitura realizada à noite da "cotação da praça" publicada nos jornais da manhã. O texto sugere, de início, certo desengano melancólico: "notícias da manhã, lidas à noite, produzem sempre o efeito de modas velhas"[14]. No entanto, o correr do tempo, que envelhece e consome tudo rapidamente, parece utilizado de maneira a provocar mais uma vez o leitor, intimado a buscar o texto shakespeariano, de maneira tal a produzir significações renovadas, que se distanciam do "efeito de modas velhas". Machado evidencia, assim, o caráter atemporal do texto e, principalmente, do exercício da escrita/leitura dos fatos do mundo. Por outro lado, a cena mescla de comicidade esse suposto ar melancólico da crônica, de modo que o "pesadelo" se faz de maneira peculiar. Aliás, há aí um ponto

14 Ibidem, v. 2, p. 622.

interessante de ser observado: um pesadelo com ares cômicos, uma cena trágica renascentista que se tinge pelo contemporâneo, uma obra canônica recuperada em uma crônica de jornal...

A cena da tragédia, como sabemos, é recoberta por forte teor dramático e reflexões de caráter existencial. Ao criar a intertextualidade e misturar Hamlet, Horácio, o criado José, e se ver como o príncipe da Dinamarca, o narrador dissolve o efeito que a cena teria na peça de Shakespeare, afinal, é impossível não ler o texto sob o olhar da troça: "Até aí nada houve que me assustasse. Também não me aterrou ver, ao pé de mim, vestido de Horácio, o meu fiel criado José. Achei natural: ele não o achou menos. Saímos de cara para o cemitério; atravessamos uma rua que nos pareceu ser a Primeiro de Março e entramos em um espaço que era metade cemitério metade sala."[15]

No entanto, o pesadelo fica mais denso ao proporcionar que habitem num mesmo cenário, caveiras, covas, coveiros, temas mórbidos e financeiros em uma mistura curiosa que, apesar do efeito inicial, se mostra distante de uma simples brincadeira, para evidenciar o caráter perene de fatos de importância diversa, colocados em um mesmo plano:

Nos sonhos há confusões dessas imaginações duplas ou incompletas, mistura de coisas opostas, dilacerações, desdobramentos inexplicáveis; mas, enfim, como eu era Hamlet e ele Horácio, tudo aquilo devia ser cemitério. Tanto era que ouvimos logo a um dos coveiros esta estrofe:

> Era um título novinho,
> Valia mais de oitocentos;
> Agora que está velhinho
> Não chega a valer duzentos.[16]

A matéria é, dentro de tal contexto, caracterizada como algo que se esvai e da qual não se tem controle. Isso, em contraposição ao próprio texto escrito, seja o de Machado ou o de Shakespeare, que sobrevive ao ilustrar justamente isso. Curioso notar que a crônica, justamente por ser publicada em jornal, possuiria, em princípio, a tendência ao desaparecimento, a se esvair no tempo, o que tinge o escrito de Machado com certo

15 Ibidem.
16 Ibidem.

38   MACHADO E SHAKESPEARE

desengano melancólico, como se a sua crônica fosse um sopro de vida, a espera de sua própria cova.

Cabe lembrar aqui Bakhtin, que afirma que "a forma relativiza totalmente o conteúdo"[17], uma vez que este é parte integrante da estrutura estética, condicionando, em certa medida, a produção de significados. O jogo intertextual proposto por Machado implica movimentar a forma recriando-a em outro molde, significativo por si só. Tal exercício não é limitado a este caso específico, mas surge de modo constante em sua produção. Desse modo, a intertextualidade criada pelo escritor requer apreender de que maneira a forma importada atua na composição do texto e de possíveis sentidos adjacentes de tal recriação.

No caso específico de "A Cena do Cemitério", a proposta intertextual faz com que transpareçam pontos comuns ao homem em qualquer tempo/espaço: sua fragilidade frente ao todo e a iniquidade de suas ambições. Apesar de apontar para o caráter perene da vida humana, a composição de Machado deixa transparecer, por outro lado, que a voz do texto literário permanece viva enquanto for construção a proporcionar a produção de sentidos.

Na poesia, ainda que o diálogo com *Hamlet* seja pequeno, lembremos que Machado escreveu o poema-paráfrase "A Morte de Ofélia", que se encontra no livro *Falenas*, de 1870, e que traduziu o monólogo "To Be or Not to Be", entre 1871 e 1873. No que diz respeito à ficção, as referências a *Hamlet* se multiplicam tanto nos contos quanto nos romances. Nestes, *Hamlet* ganha citação em *Memórias Póstumas de Brás Cubas*, *Quincas Borba* e *Esaú e Jacó*. Tomemos o segundo para observarmos os procedimentos empregados por Machado na construção da intertextualidade.

A conhecida observação de Hamlet a Horácio sobre nosso parco conhecimento dos fatos do mundo é citada duas vezes em *Quincas Borba*. A referência se dá em capítulos seguidos e, neles, o narrador focaliza as impressões que determinadas personagens têm com relação a outras. No capítulo CLXVII, temos uma conversa entre D. Fernanda e o Dr. Falcão. A senhora, preocupada com Rubião, já doente, havia pedido ao deputado

17 *Questões de Literatura e de Estética*, p. 37.

DIÁLOGOS MACHADIANOS COM SHAKESPEARE

e médico que o examinasse e, no diálogo em questão, mostra-se interessada na saúde dele. Seu interesse é suficiente para que o médico acredite que possa haver algo maior e de outra natureza por parte dela com relação a Rubião:

Pouco a pouco, as veleidades de resistência foram cedendo à noção da possibilidade, da probabilidade e da certeza. Em verdade, tinha notícia de algumas obras de caridade de D. Fernanda; mas aquele caso era novo. Essa dedicação especial a um homem que não era familiar da casa, nem velho amigo, nem parente, aderente, colega do marido, qualquer coisa que o fizesse partícipe da vida doméstica, pelas relações, pelo sangue ou pelo costume, não era explicável sem algum motivo secreto.[18]

A citação da cena 5 do ato 1 de *Hamlet* vem no capítulo seguinte, em que o Dr. Falcão, na manhã posterior ao acontecido, assim reflete:

E daí, quem sabe? repetiu o Dr. Falcão na manhã seguinte. A noite não apagara a desconfiança do homem. E daí, quem sabe? Sim, não seria só simpatia mórbida. Sem conhecer Shakespeare, ele emendou Hamlet: "Há entre o céu e a terra, Horácio, muitas coisas mais do que sonha a vossa vã *filantropia*." Ali andou dedo de amor. E não chasqueava nem lastimava nada. Já disse que era cético; mas, como era também discreto, não transmitiu a ninguém a sua conclusão.[19]

A referência a *Hamlet* ilustra o que pode se esconder por trás de fatos e atitudes. O leitor sabe, no entanto, que a suspeita do Dr. Falcão é infundada e é isso o que torna o capítulo tão interessante. Afinal, ele coloca em evidência a parcialidade de nossas percepções. O perigo é crer nelas e as tomar por verdade.

No capítulo seguinte, temos o retorno de Carlos Maria e Maria Benedita da lua de mel na Europa e uma nova referência à cena de *Hamlet*. A mesma D. Fernanda pergunta à jovem se Carlos Maria a amava como no primeiro dia:

– Creio que mais, porque eu o adoro.

D. Fernanda não entendeu esta palavra. Creio que mais, porque eu o adoro! Em verdade, a conclusão não parecia estar nas premissas;

18 *Obra Completa em Quatro Volumes*, v. 1, p. 904-905.
19 Ibidem, p. 905.

mas era o caso de emendar outra vez Hamlet: "Há entre o céu e a terra, Horácio, muitas coisas mais do que sonha a vossa vã dialética". [20]

D. Fernanda não sabe, mas o leitor tem conhecimento de que Carlos Maria gostava de ser lisonjeado e ocupar o centro das atenções. Maria Benedita já havia compreendido que adorar o marido seria incentivá-lo a gostar dela, é o que sua frase expressa e o que D. Fernanda não entende. Mais uma vez, temos esse jogo de informações, que permite ao leitor saber coisas que as personagens não sabem, o que nos coloca novamente face à parcialidade de nossas percepções. O diálogo com *Hamlet* termina por ilustrar que o desconhecido não é apenas o sobrenatural, mas o que está também em nosso cotidiano – e muitas vezes na nossa frente.

A mesma passagem da tragédia shakespeariana está presente em um dos contos mais conhecidos do autor. Em "A Cartomante", publicado originalmente na *Gazeta de Notícias* em 1884, e mais tarde recolhido no livro *Várias Histórias* (1896), temos, como palavras iniciais: "Hamlet observa a Horário que há mais coisas no céu e na terra do que sonha a nossa filosofia. Era a mesma explicação que dava a bela Rita ao moço Camilo, numa sexta-feira de novembro de 1869, quando este ria dela, por ter ido na véspera consultar uma cartomante; a diferença é que o fazia por outras palavras."[21]

De fato, há mais coisas entre o céu e a terra do que sonha nossa filosofia, no entanto, a história de Rita e Camilo e, principalmente, a trajetória deste último, irá demonstrar que, muitas vezes, os fatos, a exemplo da própria literatura, estão prontos para serem lidos e interpretados, sendo que alguns desfechos são até certo ponto previsíveis. O fantasma do pai de Hamlet evoca o inexplicável, mas os indícios, como constatará o príncipe, apontam para o assassinato do rei por Cláudio. Dessa forma, o inexplicável convive com o factual. Se o fantasma desafia a lógica; os fatos não. Camilo tinha diante de si índices que poderiam lhe mostrar a descoberta, por parte de Vilela, de seu caso com Rita. A súbita mudança do marido, os bilhetes avisando que o caso amoroso era sabido por todos, a maneira inesperada pela qual é chamado à casa do casal no meio do dia...

20 Ibidem.
21 Ibidem, v. 2, p. 447.

Além da citação em "A Cartomante", *Hamlet* aparece em outros doze contos de Machado, que são: "Francisca" (1867), "A Mulher de Preto" (1868), "A Vida Eterna" (1870), "O Caminho de Damasco" (1871), "Aurora Sem Dia" (1873), "Muitos Anos Depois" (1874), "Antes Que Cases" (1875), "To Be or Not to Be" (1876), "A Chave" (1879/1880), "O Programa" (1882), "Troca de Datas" (1883) e "Curta História" (1886).

Apesar do ar debochado e irônico que caracteriza a retomada dessa tragédia de Shakespeare pelo autor brasileiro, observamos que o conteúdo melancólico, a ausência de sentido e o vazio que permeia a tudo e todos, tão característicos dessa peça, em certo sentido se mantém no texto machadiano. A crônica publicada na *Gazeta de Notícias* em 23 de abril de 1893 bem demostra isso: "Eu, se tivesse de dar *Hamlet* em língua puramente carioca, traduziria a célebre resposta do príncipe da Dinamarca: *Words, words, words,* por esta: *Boatos, boatos, boatos.* Com efeito, não há outra que melhor diga o sentido do grande melancólico. Palavras, boatos, poeira, nada, coisa nenhuma."[22]

As palavras shakespearianas, ecoando no século XIX, parecem servir ao propósito de ilustrar a ausência de sentido de um contexto em que nada se apreende de fato, em uma percepção niilista do mundo, o que parece justificar, em última instância, a presença tão constante dessa peça que nosso escritor considerava a mais profunda de Shakespeare.

OTELO E A PERFÍDIA FEMININA...

A primeira referência a *Otelo* na obra de Machado se dá em uma crônica publicada na série "Comentários da Semana", em 16 de dezembro de 1861, no *Diário do Rio de Janeiro*. Na ficção, ela é inicialmente citada em 1862, na peça *O Protocolo*, texto em que lemos a seguinte fala da personagem ELISA: "Mutilado ele, que pretende fazer da mesquinha Desdêmona?"[23] *Otelo* é, portanto, uma das primeiras peças do dramaturgo a que o escritor se refere.

22 Ibidem, p. 978.
23 Ibidem, v. 3, p. 926.

42 MACHADO E SHAKESPEARE

A presença dessa tragédia na obra de Machado se faz, por um lado, pela retomada de alguns momentos específicos de seu entrecho: a cena 3 do ato i, em que Rodrigo aconselha Iago: "põe dinheiro na bolsa"[24], e a cena 2 do ato v: "Era falsa como a água."[25] A última, como já referido neste estudo, aparentemente tem como fonte a tradução de Alfred de Vigny, uma vez que Machado se utiliza da expressão "pérfida como a onda", inexistente no original, mas uma opção do tradutor francês para essa passagem. Há, ainda, uma referência à cena 3 do ato i da tragédia: "Cuidado, Mouro! / Se olhos tens, abre-os bem em toda a parte; / se o pai ela enganou, pode enganar-te."[26] É necessário ressaltar, no entanto, que a presença de *Otelo* na obra de Machado se faz de maneira um pouco diferente quando comparada à de *Hamlet*. Além de o número ser menor, *Otelo* notadamente predomina nos textos de ficção do autor que, muitas vezes, se deixam contaminar por questões como a violência do ciúme do Mouro e a suposta perfídia feminina.

No que diz respeito às suas crônicas e textos críticos, é importante ressaltar que as referências se dão, na maioria das vezes, de maneira generalizadora. Não há, portanto, uma presença marcante desta ou daquela citação e, desse modo, tais textos não propiciam uma abordagem tão extensa quanto a propiciada pela tragédia protagonizada pelo jovem príncipe dinamarquês. Para dar um exemplo do que queremos dizer, leiamos a primeira referência que o autor faz à peça. Trata-se de uma passagem da crônica "Comentários da Semana", de 16 de dezembro de 1861, já citada aqui. Nesse texto, Machado responde a Macedo Soares, que havia publicado dois artigos no *Correio Mercantil* defendendo a ideia de que o teatro devia submeter-se à "doutrina liberal da concorrência". O cronista, favorável aos subsídios governamentais para as companhias dramáticas, responde com o seguinte argumento:

Não, o teatro não é uma indústria, como diz a opinião a que me refiro; não nivelemos assim as ideias e as mercadorias. O teatro não é um

24 Trad. Carlos Alberto Nunes. No original, lê-se: "put money enough in your purse".
25 Idem. No original, lê-se: "She was false as water."
26 Idem. No original, lê-se: "Look to her, Moor, if thou hast eyes to see: She has deceived her father, and may thee."

DIÁLOGOS MACHADIANOS COM SHAKESPEARE

bazar, e se é, que estranhas mercadorias são estas, chamadas *Otelo, Atália, Tartufo, Marion Delorme* e *Frei Luiz de Sousa*, e como devem soar mal nos centros comerciais os nomes de Shakespeare, Racine, Molière, Victor Hugo e Almeida Garrett.[27]

O mesmo tipo de citação se dá no conhecido ensaio "Instinto de Nacionalidade", publicado em 24 de março de 1873, em *O Novo Mundo*, na cidade de Nova York. Nesse texto, Machado faz um balanço da literatura brasileira daquele momento, destacando o nacionalismo como um sentimento que a animou o tempo todo: todas as formas literárias do nosso período romântico vestiram-se com as cores do país, ele afirma. No entanto, depois de constatar esse fato, pondera que o espírito nacional não se limita às obras que tratam de assunto local, o que limitaria os cabedais de nossa literatura. Não é preciso falar do índio e da paisagem para ser escritor brasileiro. Exemplificando seu pensamento, Machado cita Shakespeare e alude a várias peças do dramaturgo, dentre elas *Otelo*:

Iria longe se tivesse de citar outros exemplos de casa, e não acabaria se fosse necessário recorrer aos estranhos. Mas, pois que isto vai ser impresso em terra americana e inglesa, perguntarei simplesmente se o autor do "Song of Hiawatha" não é o mesmo autor da *Golden Legend*, que nada tem com a terra que o viu nascer, e cujo cantor admirável é; e perguntarei mais se o *Hamlet*, o *Otelo*, o *Júlio César*, a *Julieta e Romeu* têm alguma coisa com a história inglesa nem com o território britânico, e se, entretanto, Shakespeare não é, além de um gênio universal, um poeta essencialmente inglês.[28]

Poucas citações de *Otelo* que levantamos na produção crítica do escritor fazem referência direta ao conteúdo da tragédia; elas são, na maioria das vezes, semelhantes à citada acima. Destaca-se, dentre as referências que aludem mais diretamente à peça, a cena 3 do ato I. É o que observamos na "Bala de Estalo" de 16 de outubro de 1883, escrita na ocasião da visita do mandarim Tong-King-Sing ao Rio de Janeiro. O mandarim que, segundo nota de Heloísa Luca, veio ao Brasil no intuito de negociar a vinda de trabalhadores rurais chineses para o país, provocou

27 *Obra Completa em Quatro Volumes*, v. 4, p. 41.
28 Ibidem, v. 3, p. 1205.

inúmeros protestos na imprensa, sendo o texto de Machado um deles. Na crônica lê-se:

Viliki xaxi xali xaliman. Acalag ting-ting valixu. Upa Costa Braga relá minag katu Integridade abaxung kapi a ver navios. Lamarika Ana bapa bung? Gogô xupitô? Nepa in pavé. Brasil desfalques latecatu. Inglese poeta, Shakespeare, kará: make money; upa lamaré in língua Brasil: – *mete dinheiro no bolso.* Vaia, Vaia, gapaling capita passa a unha simá teka laparika. Eting põe-se a panos; etang merú xilindró.[29]

Dentre os textos que se destacam, ressaltamos outro, parte da série "A Semana", publicado na *Gazeta de Notícias*, em 2 de agosto de 1896, três anos antes da publicação de *Dom Casmurro*, portanto. Na crônica, Machado discute o fim do século xix e fala (ironicamente) de algumas supostas mudanças que se avizinhavam. A referência à tragédia de *Otelo* se insere em uma reflexão que domina todo o texto, que deve, assim, ser retomado, apesar da extensão.

O cronista inicia suas reflexões comparando o início e o fim do século: "Este século, principiado com Paulo e Virgínia, termina com Alfredo e Laura."[30] A última alusão é a um romance de Bourget, no qual as personagens enfrentam um *idílio trágico* como teria se referido a *Gazeta* ao romance, em publicação anterior. Segundo Machado: "esse adolescente de quatorze anos, que procurou a morte por não poder vencer os desdéns da vizinha de treze anos, faz tremer a geração que aí vem inaugurar o século xx"[31]. A mudança que se anunciava, relatada ao cronista por um amigo espírita, segundo nos diz, seria o amor livre, como nos esclarece:

O amor livre não é precisamente o que supões – um amor a *carnet* e lápis, como nos bailes se marcam as valsas e quadrilhas, até acabar no cotilhão. Esse será o amor libérrimo: durará três compassos. O amor livre acompanha os estados da alma; pode durar cinco anos, pode não passar de seis meses, três semanas ou duas. Aos valsistas plena liberdade. O divórcio, que o senado fez cair agora, será remédio desnecessário. Nem divórcio nem consórcio.[32]

29 *Balas de Estalo de Machado de Assis*, p. 68.
30 *Obra Completa em Quatro Volumes*, v. 4, p. 1302.
31 Ibidem.
32 Ibidem, p. 1303.

DIÁLOGOS MACHADIANOS COM SHAKESPEARE 45

Outra mudança que se avizinhava, ainda anunciada pelo suposto amigo, seria a de que "Vai acabar o dinheiro". O cronista afirma que isso lhe parece absurdo, mas o tal amigo lhe esclarece, de modo que ele nos explica: "o dinheiro acaba por ser inútil. Tudo se fará por troca; os alfaiates darão as calças de graça e receberão de graça os sapatos e os chapéus. O resto da vida e do mundo irá pelo mesmo processo. O dinheiro fica abolido. A própria ideia do dinheiro perecerá em duas gerações"[33].

Desse modo, continuando o raciocínio, o cronista conclui que ficam abolidos o mal e o remédio, pois não haverá finanças, impostos, tesouro, desfalques, inquéritos... Por fim, irônico e cético, assim finaliza seu texto:

Pelo lado psicológico e poético, perderemos muito com a abolição do dinheiro. Ninguém entenderá, daqui a meio século, o bom conselho de Iago a Roderigo, quando lhe diz e torna a dizer, três e quatro vezes, que meta o dinheiro na bolsa. Desde então, já antes, e até agora é com ele que se alcançam grandes e pequenas coisas, públicas e secretas. Mete dinheiro na bolsa, ou no bolso, diremos hoje, e anda, para diante, firme, confiança na alma, ainda que tenhas feito algum negócio escuro. Não há escuridão quando ainda há fósforos. Mete dinheiro no bolso. Vende-te bem, não compres mal os outros, corrompe e sê corrompido, mas não te esqueças do dinheiro, que é com que se compram os melões. Mete dinheiro no bolso.

Os conselhos de Iago, note-se bem, serviriam antes ao adolescente Alfredo, que tentou morrer por Laura. Também Roderigo queria matar-se por Desdêmona, que o não ama e desposou Otelo; não era com revólver, que ainda não havia, mas por um mergulho na água. O honesto Iago é que lhe tira a ideia da cabeça e promete ajudá-lo a vencer, uma vez que meta dinheiro na bolsa. Assim podemos falar ao jovem Alfredo. Não te mates, namorado; mete dinheiro no bolso, e caminha. A vida é larga e há muitas flores na estrada. Pode ser até que essa mesma flor em botão, agora esquiva, quando vier a desabrochar, peça um lugar na tua botoeira, lado do coração. *Make money*. E depressa, depressa, antes que o dinheiro acabe como quer o espiritismo, a não ser que o espírita Torterolli acabe primeiro que ele, o que é quase certo.[34]

O texto é bastante interessante quando tomado em seu todo. A brincadeira com o fim do dinheiro parece pretexto para uma reflexão um tanto amarga e que serve ao propósito

33 Ibidem.
34 Ibidem, p. 1304.

de não apenas ilustrar o papel que este possui enquanto mola propulsora das relações sociais, considerando seus aspectos mais torpes, mas também focalizar o desequilíbrio que existe entre atitudes extremadas e motivadas por intenções nobres como morrer por amor em um mundo essencialmente governado pela razão e pela matéria. Em um contexto no qual predominam os valores invertidos e que autorizam o cronista a chamar – de maneira irônica – uma personagem carente de qualquer princípio moral de "honesto", as atitudes de Rodrigo e de Alfredo só podem soar como incoerentes e sem sentido. Percebe-se, desse modo, que, tanto o texto do autor inglês quanto o do brasileiro dialogam ao mostrarem-se descrentes em uma existência pautada por valores do espírito e apostarem em uma dinâmica que muda constantemente a feição dos fatos e acontecimentos.

No que diz respeito à ficção de Machado, a tragédia *Otelo* é citada na peça *O Protocolo*, de 1862, em vários contos e em seis dos nove romances do escritor: *Ressurreição, A Mão e a Luva, Helena* – que conta com a única citação da cena 1 do ato III da peça –, *Memórias Póstumas de Brás Cubas, Quincas Borba* e *Dom Casmurro*. Na poesia, a tragédia aparece como uma espécie de mote para "Tristeza", publicada em agosto de 1865. A presença mais constante de *Otelo* na ficção de Machado alude à problemática da desconfiança e do ciúme, sendo que a referência é ainda mais marcante como forma de abordar a alma feminina, uma preocupação recorrente na produção do autor.

Conto publicado originalmente no *Jornal das Famílias*, em 1867, "Onda" discute a "perfídia" feminina na figura de Aurora, personagem cuja volubilidade e dissimulação teriam inspirado, segundo o narrador, a associação à fala de Otelo:

Na pia chamara-se Aurora; Onda era o nome que lhe deram nos salões.
Por quê? A culpa era dela e de Shakespeare; dela, que o mereceu; de Shakespeare, que o aplicou à instabilidade dos corações femininos.
[...]
Pérfida como a onda, disse um dia um dos enganados, vendo-a passar em um carro e indo parar à porta do Wallerstein.[35]

O conto, espécie de ensaio para a intensa investigação da alma feminina que Machado desenvolveria ao longo de sua

35 *Contos Avulsos*, p. 63.

DIÁLOGOS MACHADIANOS COM SHAKESPEARE

carreira, e que produz personagens intrigantes, como Virgília, Sofia e Capitu, mostra que essa questão já rondava o pensamento do escritor nos primeiros anos de sua carreira como autor de narrativas. É interessante observar, retornando brevemente às crônicas, que a primeira reflexão mais detida que Machado faria sobre essa questão está em "Mulheres Pérfidas", crônica publicada na *Semana Ilustrada* em junho de 1865, dois anos antes de "Onda", portanto, na qual Machado também se refere à passagem presente na citação acima:

Pérfida como a onda diz Otelo; e nunca uma imagem mais viva e mais bela exprimiu o perjúrio de uma mulher amada.

Uma mulher pérfida é um demônio doméstico, é um punhal oculto nas mangas de um jesuíta – é o assassinato lento, calculado, cruel, frio: é tudo quanto há de pior nas diversas classes de mulheres; a mulher caprichosa pode deixar boas lembranças de si: o capricho é uma leviandade, não é uma maldade.

Todos conhecem *Otelo*, essa obra-prima de Shakespeare, que reuniu no caráter do mouro de Veneza todos os furores do ciúme, todos os ardores da paixão. Que bela cena aquela em que Otelo contempla Desdêmona no leito! Desdêmona morre assassinada, sendo inocente; a mulher pérfida vive, apesar de culpada, é aqui que está a diferença: a verdadeira pérfida consiste simplesmente em ganhar todos os lucros de amor, sem arriscar nem a vida nem a liberdade![36]

O tema seria retomado, com alusões a *Otelo*, como sabemos, em inúmeras outras obras do escritor. Ainda nesse período de formação de Machado, poderíamos incluir o conto "Questão de Vaidade", publicado em 1864 no mesmo *Jornal*, texto em que, curiosamente, é a perfídia masculina que ocupa o foco central da narração. A referência a Shakespeare, feita logo no início desse longo conto, se faz por meio da personagem principal, Eduardo, que, ao observar as mulheres na praia, reflete: "Mas eu, depois de citar Shakespeare no que tocava à identidade das mulheres e do mar, citei a mim próprio, acrescentando que a maioria das senhoras que se banhavam o faziam por moda ou por bom-tom."[37] A personagem, que mantém dois romances – com a viúva Maria Luiza e com a jovem Sara –, ganha o

36 *Contos e Crônicas*, p. 110-111.
37 *Obra Completa em Quatro Volumes*, v. 2, p. 787.

desprezo e o desafeto de ambas as namoradas, que o repelem quando descobrem a traição. A situação conduz a um desfecho trágico, que culmina com a morte de Sara. Eduardo, nos dizeres do amigo Pedro Eloy, é uma figura dissimulada e egoísta: "Vê bem que não amas nem a viúva, nem a donzela. Amas a uma só criatura, és tu mesmo."[38]

"Astúcias de Marido", conto publicado em 1866, ainda no *Jornal das Famílias*, faz referência a *Otelo*, mas de uma maneira curiosa e que, por isso, merece destaque. O autor integra, em uma mesma passagem, *Otelo* e *Hamlet*, na tentativa de expressar as dúvidas de um marido recém-casado e suavemente repelido pela jovem esposa, Clarinha: "Desde então a questão de Otelo entrou no espírito de Valentim e fez cama aí: ser ou não ser amado, tal era o problema do infeliz marido."[39]

Ao longo do tempo, as referências à tragédia diminuem nos contos para predominarem nos romances. Pode-se dizer que é nesse gênero que *Otelo* marca maior presença, não apenas pela quantidade de citações, mas também pela maneira como elas se dão. É significativo observar que nem sempre a intertextualidade com a tragédia surge como alusão passível de significações em momentos isolados, mas se faz muitas vezes presença intrincada no próprio enredo da obra, assumindo uma dimensão mais ampla e complexa, caso de *Dom Casmurro* e, em menor proporção, de *Ressurreição*. Em *Quincas Borba*, a intertextualidade também é produtiva a ponto de suscitar inúmeras reflexões.

No que diz respeito ao último, a referência a *Otelo* ajuda a compor o perfil de algumas personagens e situações, colocando em relevo aspectos importantes para a leitura do texto. No capítulo LXXIV, por exemplo, vemos algumas considerações sobre a personagem Carlos Maria, descrito pelo narrador como um homem que gostava da inveja alheia. No referido capítulo, a personagem aparece relembrando de maneira deleitosa a noite anterior, em casa de Sofia: "Depressa ergueu a alma. Viu de memória a sala, os homens, as mulheres, os leques impacientes, os bigodes despeitados, e estirou-se todo num banho de inveja e admiração. De inveja alheia, note-se bem; ele carecia desse

---

38 Ibidem, p. 789.
39 Ibidem, p. 886.

DIÁLOGOS MACHADIANOS COM SHAKESPEARE   49

sentimento ruim. A inveja e a admiração dos outros é que lhe davam ainda agora uma delícia íntima."[40]

No capítulo seguinte, o narrador continua a tecer considerações sobre a personagem, enfocando, dessa vez, o prazer que o rapaz experimentava em galantear as mulheres. É então que o texto shakespeariano é citado:

Outras mulheres vieram ali — as que o preferiam aos demais homens no trato e na contemplação da pessoa. Se as requestava ou requestara todas? Não se sabe. Algumas, vá: é certo, porém, que se deleitava com todas elas. Tais havia de provada honestidade que folgavam de o trazer ao pé de si, para gostar o contato de um belo homem, sem a realidade nem o perigo da culpa — como o espectador que se regala das paixões de Otelo, e sai do teatro com as mãos limpas da morte de Desdêmona.[41]

Apesar do enfoque em Carlos Maria, o narrador alude à presença feminina, chamando a atenção para sua dissimulação, seu lado "pérfido": o prazer do jogo de sedução. Neste caso, diferente do que ocorre em "Onda", a personagem masculina também é retratada em toda a sua carga de vaidade e dissimulação. Ernesto, apesar de também se portar com dissimulação com Onda, diferente de Carlos Maria, é retratado como um homem mais próximo de parâmetros ideais. Tal "perfídia" conta com um espaço representativo dentro do romance *Quincas Borba*. Sofia, à semelhança das mulheres de provada honestidade, citadas pelo narrador, também gostava desse jogo insinuativo, no qual o ingênuo Rubião se deixa cair para ser acidamente repelido.

Dom Casmurro traz citações de *Otelo* em quatro capítulos: LXII, "Uma Ponta de Iago"; LXXII, "Uma Reforma Dramática"; CXXXV, "Otelo"; e "Uma Xícara de Café", capítulo CXXXVI. No entanto, como bem sabemos, tais citações se entrelaçam ao próprio enredo da narrativa, criando uma teia complexa e plurissignificativa. As citações elencadas acima evidenciam o jogo engenhoso criado pelo escritor brasileiro. No capítulo "Uma Reforma Dramática", que segue na íntegra, o narrador propõe,

---

40 Ibidem, v. 1, p. 828.
41 Ibidem.

como assinala o título, que se altere a ordem dos eventos no gênero dramático:

Nem eu, nem tu, nem ela, nem qualquer outra pessoa desta história poderia responder mais, tão certo é que o destino, como todos os dramaturgos, não anuncia as peripécias nem o desfecho. Eles chegam a seu tempo, até que o pano cai, apagam-se as luzes, e os espectadores vão dormir. Nesse gênero há porventura alguma coisa que reformar, e eu proporia, como ensaio, que as peças começassem pelo fim. Otelo mataria a si e a Desdêmona no primeiro ato, os três seguintes seriam dados à ação lenta e decrescente do ciúme, e o último ficaria só com as cenas iniciais da ameaça dos turcos, as explicações de Otelo e Desdêmona, e o bom conselho do fino Iago: "Mete dinheiro na bolsa." Desta maneira, o espectador, por um lado, acharia no teatro a charada habitual que os periódicos lhe dão, porque os últimos atos explicariam o desfecho do primeiro, espécie de conceito, e, por outro lado, ia para a cama com uma boa impressão de ternura e de amor:

> *Ela amou o que me afligira,*
> *Eu amei a piedade dela.*[42]

O novo arranjo é proposto após Dom Casmurro nos narrar a primeira vez que Capitu viu Escobar, quando este foi em visita à casa de Bentinho na época do seminário. É claro que a alusão a *Otelo* é proposital, por instigar no leitor ideias sobre a suposta traição da futura esposa. A reforma dramática espelha o desejo por uma reforma no próprio enredo da vida: quem diria – isso aos olhos do narrador – que o querido amigo e a namorada à janela seriam os responsáveis pela desgraça que tomaria conta de sua vida? Por que não ir para cama com "uma boa impressão de ternura e de amor"?

Essa ideia de desarranjo no "teatro da vida" é muito presente no romance. Lembremos aqui o capítulo "A Ópera". Nele, o narrador nos conta a explicação dada a ele por um tenor italiano, de que a vida é uma ópera, sendo que Deus é o poeta e a música é de Satanás. Resulta daí um descompasso, sendo que é de Deus boa parte da responsabilidade pelo desajuste, uma vez que se recusou a acompanhar os ensaios do espetáculo, o que torna o enredo da vida imperfeito: "há lugares em que o

---

42 Ibidem, p. 1008.

verso vai para a direita e a música para a esquerda"[43]. O casamento com Capitu, narrado no capítulo "No Céu", retoma essa passagem: "Em seguida, fez sinal aos anjos, e eles entoaram um trecho do *Cântico*, tão concertadamente, que desmentiriam a hipótese do tenor italiano, se a execução fosse na Terra; mas era no céu"[44]; portanto, acrescentamos, a perfeição não é desse mundo, onde reina o desajuste. Percebe-se, assim, que a alusão a *Otelo* na passagem referida acima dá margem a uma reflexão sobre a própria maneira com que a obra retrata a vivência humana, imperfeita em suas relações. Não sabemos se Capitu traiu ou não Bentinho com Escobar, apesar de este ser um fato para o narrador, mas fica, para o leitor, a reflexão de que, no teatro da vida reina a imperfeição do arranjo, a tensão entre a música e o texto, que não deixa um espírito desconfiado e inseguro como o de Bentinho viver em paz.

ROMEU E JULIETA E A IRONIA COM O SOFRER E MORRER POR AMOR

A primeira citação que Machado teria feito de *Romeu e Julieta* estaria no conto "Madalena" (1859), cuja autoria é duvidosa, como já mencionamos. Independentemente dessa questão, no entanto, é na ficção que a tragédia surge pela primeira vez na obra do autor. Afinal, Machado cita a peça em *O Caminho da Porta*, publicada em 1862, na qual lemos: "Também eu já trepei pela escada de seda para cantar a cantiga de Romeu à janela de Julieta."[45] Em suas crônicas e escritos diversos, a primeira referência à tragédia encontra-se na série "Ao Acaso", em publicação do dia 7 de fevereiro de 1865 no *Diário do Rio de Janeiro*. No início dessa crônica, Machado fala sobre a contribuição das mulheres para a guerra do Paraguai e afirma que não é sob o ponto de vista de amantes apaixonadas, que fazem parte do texto, mas como aquelas que auxiliam os que estariam servindo ao país: "Não entrais hoje neste folhetim, minhas senhoras,

43 Ibidem, p. 941.
44 Ibidem.
45 Ibidem, v. 3, p. 908.

52   MACHADO E SHAKESPEARE

como Julietas ou Desdêmonas; entrais como Spartanas, como
Philipas de Vilhena, como irmãs de caridade."[46]

A presença de *Romeu e Julieta* na obra de Machado se dá
quase sempre com a retomada de dois momentos da tragédia:
a cena 2 do ato II, que mostra o idílio amoroso dos jovens que
sofrem e se declaram no jardim dos Capuleto, e a cena 5 do
ato III, na qual Romeu, após escalar para o quarto da amada
e passar a noite com a jovem, ouve, junto com ela, o canto de
um pássaro, que afirma ser o da cotovia, a despeito de Julieta
que acredita ser o do rouxinol. No que diz respeito à cena 2 do
ato II, ressaltamos que há cinco citações textuais da passagem.
Quatro delas dizem respeito à conhecida indagação de Julieta:
"Que há num simples nome?"[47], que aparece em três contos:
"A Mulher Pálida" (1881), "Evolução" (1884) e "Curta História"
(1886), e em uma crônica da série "A Semana", publicada em 10
de janeiro de 1897, na *Gazeta de Notícias*. A outra, "Oh, falou!
Fala de novo,/anjo brilhante"[48], aparece na poesia "Quando Ela
Fala", publicada em *Falenas*, de 1870. A cena 5 do ato III, por
sua vez, se faz presente pela referência à situação que se constrói nessa passagem da tragédia e não propriamente por falas da
cena. Trata-se de recuperar o empenho apaixonado dos amantes em se encontrar na noite anterior à partida de Romeu para
o exílio em Mântua.

Ao resgatar essas duas situações da tragédia, Machado
coloca em evidência o sofrimento amoroso juvenil presente
em *Romeu e Julieta*. A intertextualidade criada pelo autor serve
ao propósito de ilustrar a intensidade e a pureza que caracterizam muitas atitudes e posturas da juventude. Como não poderia deixar de ser, essa retomada da tragédia se dá, na maioria
das vezes, pelo viés da ironia, que recontextualiza a situação
apresentada na peça de Shakespeare.

As referências a *Romeu e Julieta* que encontramos na produção crítica do escritor não são tão numerosas quanto as que
encontramos em sua ficção, onde predominam. É preciso observar, ainda, que as citações presentes nesse tipo de texto são,

---

46 Ibidem, v. 4, p. 250.
47 Trad. Carlos Alberto Nunes. No original, lê-se: "What's in a name?".
48 Trad. Carlos Alberto Nunes. No original, lê-se: "She speaks: O, speak again,
    bright angel!"

DIÁLOGOS MACHADIANOS COM SHAKESPEARE 53

muitas vezes, alusões generalizadoras e, nesses casos, possibilitam poucos desdobramentos interpretativos. Para exemplificar o que queremos dizer, citamos uma passagem extraída de "Rossi: Carta a Salvador de Mendonça", publicada na ocasião em que o ator italiano Ernesto Rossi esteve no Brasil em 1871. No artigo, publicado em *A Reforma* no dia 20 de julho daquele ano, lemos passagens como a que se segue, em que o cronista cita o herói da tragédia para comentar o incrível talento do ator, que é, de fato, o foco de sua explanação: "É na mesma noite Hamlet e Kean. Fala todas as línguas: o amor, o ciúme, o remorso, a dúvida, a ambição. Não tem idade: é hoje Romeu, amanhã Luís XI."[49]

É essa perspectiva mais ampla que caracteriza a retomada da tragédia em crônica publicada na série "Notas Semanais", em 18 de agosto de 1878. A criatividade do dramaturgo é exaltada, na ocasião, para ser, em seguida, contraposta a um fato que o autor julga ser absurdo, o caso de Macaúbas. Com extrema ironia, o cronista afirma que nem toda capacidade imaginativa de Shakespeare conceberia um caso semelhante ao ocorrido na Bahia[50]. É o que lemos na seguinte passagem:

A vida humana oferece singulares mutações à vista. Não há imaginação de dramaturgo nem arte de maquinista que as faça mais súbitas nem mais completas. O grande mestre é exímio nesses saltos violentos; passa de uma tenda na Síria à galera de Pompeu, e do jardim de Capuleto à cela do pio frade. Não é ele o asno ordeiro e regrado, que obedece às posturas e ao chicote; é o cavalo de Jó, impetuoso como o vento. Pois nem Shakespeare era capaz de imaginar coisa análoga ao caso de Macaúbas.[51]

---

49   *Do Teatro: Textos Críticos e Escritos Diversos*, p. 523.
50   O caso de Macaúbas diz respeito a um delegado, o capitão Porfírio, que se recusa a passar o cargo a um sucessor com a mudança na situação política e a ascensão dos liberais. Citamos as próprias palavras de Machado sobre o caso: "Com efeito, um homem, o capitão Porfírio, era ali há meses delegado de polícia: hoje investe as fazendas à frente de um grupo de homens armados. Tem-se visto naufrágios da virtude; mas o caso do capitão Porfírio é diferente de um naufrágio; é o pescador que passa a fazer ofício de tubarão. O relatório oficial, agora publicado, é positivo, claro, minucioso; conta as aventuras do capitão, com a seca singeleza de um relatório. Vê-se o ex-delegado opondo--se a ceder o lugar ao sucessor, ajuntando gente, abrindo a cadeia, voltando a Macaúbas, sitiando casas, travando combates, ferindo, ensanguentando, fugindo enfim para iniciar outra profissão, que é justamente o contrário do que exercera até há pouco." *Obra Completa em Quatro Volumes*, v. 4, p. 457.
51   Ibidem.

Referências a *Romeu e Julieta* como essas configuram boa parte das citações que encontramos da peça nesse tipo de texto de Machado. No entanto, como observado anteriormente, a tragédia dos amantes de Verona serve, muitas vezes, ao propósito de o autor ilustrar a ingenuidade que, muitas vezes, caracteriza a paixão juvenil. Os escritos de Machado deixam ver que, em sua concepção, a intensidade e a pureza desse tipo de sentimento não resistem ao tempo e à experiência da vida diária. Essa temática, bastante presente quando cita a tragédia em sua ficção, encontra-se também em sua produção enquanto cronista. Vale a pena deixar registrado, aqui, um exemplo disso. Para tal, retomamos uma crítica publicada no *Diário do Rio de Janeiro* em 22 de fevereiro de 1867, que, apesar de se dar em um momento anterior ao das duas citações que discutimos acima, mostra o exercício dessa temática também nesse gênero. No texto, Machado comenta a publicação de uma obra de Dias de Oliveira da qual faz algumas apreciações críticas, como vemos na seguinte passagem:

O Sr. Dias de Oliveira pertence à novíssima geração literária de Portugal, herdeira das tradições e das glórias que a geração quase extinta sagrou e levantou. "Está naquela idade bem-aventurada em que o coração enche-se todo de esperanças, e em que os olhos d'alma passeiam arroubados do jardim de Armida ao jardim das Hespérides"; idade feliz, idade magna, feita para amores e sonhos, cheia de ambições generosas e crenças inesgotáveis. Aos vinte e um anos admira-se pouco os heróis de Homero, mas chora-se e palpita-se com o pálido amante de Julieta; a cólera de Aquiles vale menos que um suspiro lançado aos ventos da noite no jardim de Capuleto. O livro que temos presente é um resultado desta ordem de impressões juvenis.[52]

A referência a *Romeu e Julieta* expõe, nesse caso, a crença do cronista de que a juventude é um momento de sonhos e esperanças. A citação da peça de Shakespeare exemplifica esse caráter lúdico da mocidade, cheia de "ambições generosas e crenças inesgotáveis". Essa "pureza" adolescente é retomada por Machado, principalmente em seus contos, para evidenciar comportamentos e atitudes que a dinâmica do relacionamento interpessoal não deixa resistir.

52 Ibidem, v. 3, p. 1161.

DIÁLOGOS MACHADIANOS COM SHAKESPEARE   55

Apesar de a primeira referência a *Romeu e Julieta* na sua obra ser em uma peça de teatro – desconsiderando, portanto, "Madalena" –, aquela é a única citação que o autor faz da tragédia em sua produção dramática. A poesia de Machado também traz poucas menções a *Romeu e Julieta* e elas se dão em três poemas publicados em *Falenas* (1870): "No Espaço", "Quando Ela Fala" e "Pálida Elvira". Já na narrativa, as referências à tragédia são vastas. Observa-se, no entanto, que elas são em número restrito nos romances; nestes a tragédia ganha citação apenas em *Helena* e *Memorial de Aires*, por outro lado, se multiplicam nos contos, aparecendo em dezoito deles: "O Anjo das Donzelas" (1864), "Cinco Mulheres" (1865), "O Pai" (1866), "Francisca" (1867), "Rui de Leão" (1872), "Aurora Sem Dia" (1873), "Os Óculos de Pedro Antão" (1874), "Um Dia de Entrudo" (1874), "Antes Que Cases" (1875), "A Mulher Pálida" (1881), "Letra Vencida" (1882), "Último Capítulo" (1883), "Médico É Remédio" (1883), "Evolução" (1884), "O Cônego" (1885), "Curta História" (1896), "Um Erradio" (1894) e "Lágrimas de Xerxes" (1899). Analisemos, primeiramente, de que maneira se dá a intertextualidade com a tragédia em alguns de seus contos para, em seguida, tomarmos *Memorial de Aires*, última obra do escritor.

É a partir da temática da disposição do coração adolescente à paixão que *Romeu e Julieta* se faz marcante nos contos de Machado. Em um primeiro momento, observa-se que a tragédia surge para ilustrar aspectos peculiares de uma determinada fase da vida. É isso o que vemos, por exemplo, no conto "O Anjo das Donzelas", publicado originalmente no *Jornal das Famílias*, em 1864. A narrativa conta a história da jovem Cecília, leitora fervorosa de romances, que receia sofrer com uma possível paixão não correspondida. Aos quinze anos, a jovem é assim descrita pelo narrador:

Cecília lê um romance. É o centésimo que lê depois que saiu do colégio, e não saiu há muito tempo. Tem quinze anos. Quinze anos! é a idade das primeiras palpitações, a idade dos sonhos, a idade das ilusões amorosas, a idade de Julieta; é a flor, é a vida, e a esperança, o céu azul, o campo verde, o lago tranquilo, a aurora que rompe, a calhandra que canta, Romeu que desce a escada de seda, o último beijo que as brisas da manhã ouvem e levam, como um eco, ao céu.[53]

---

53   Ibidem, v. 2, p. 762.

O discurso pautado na linguagem exagerada deixa em evidência a ironia com relação às expectativas romanescas da donzela. Para narrar a maturidade da moça, o narrador busca novamente a tragédia de Shakespeare, cuja citação, dessa vez, reforça a ideia de que aquela pureza não resiste ao tempo: "Já não era a idade de Julieta, mas era uma idade ainda poética; poética neste sentido — que a mulher, em chegando a ela, tendo já perdido as ilusões dos primeiros tempos, adquire outras mais sólidas, fundadas na observação."[54]

Essa disposição juvenil à paixão é abordada de maneira irônica em vários dos contos em que Machado cita *Romeu e Julieta*. Em "Francisca" (1867), por exemplo, acompanhamos a história de amor da protagonista e Daniel. Os jovens, que se amavam perdidamente, são frustrados pela decisão do pai da donzela, que não permite o casamento devido à situação financeira do rapaz. Daniel decide, então, ir para Minas Gerais fazer fortuna e voltar para se casar com Francisca: "Daniel despediu--se de Francisca e da musa. Houve para ambas as entrevistas de despedida, a escada de seda, e a calhandra de Romeu. A ambas deu o moço lágrimas de verdadeira dor; mas era necessário, para depois gozá-las melhor, abandoná-las por algum tempo, como lastro incômodo de viagem."[55]

No entanto, quando Daniel retorna, seis anos depois, Francisca está casada com Cesar, velho conhecido do rapaz, que não sabia da relação entre ambos. O sofrimento dos primeiros tempos cede lugar à necessidade de se afastarem: Daniel volta para Minas e Francisca se dedica a seu casamento. Ao longo do tempo, no entanto, Francisca acaba por se apaixonar pelo próprio marido e Daniel, distante do poeta que era nos tempos de namoro e sem a nobreza dos sentimentos que gozava na época, retorna de Minas a passeio e tenta se aproximar de Francisca. A moça o rejeita e percebe que é feliz e realizada no casamento com Cesar: "Acreditaste acaso que não seja imenso o meu desprezo por aquele homem? Amei-o em solteira; era um poeta; agora desprezo-o, é um homem vulgar. Mas nem é já a sua vulgaridade que me dá esse desprezo: é porque te amo."[56]

---

54 Ibidem, p. 768.
55 *Contos Recolhidos*, p. 15.
56 Ibidem, p. 28.

A referência a *Romeu e Julieta*, realizada no início do conto, ajuda a caracterizar o romance dos primeiros anos da juventude: a paixão repentina, o desejo de união, impossibilitado pelas circunstâncias. Mas a intertextualidade termina por ressaltar o desfecho do relacionamento, com a tentativa de cada um de acomodar a situação conflituosa em que se encontravam, diferentemente do que fazem os amantes de Verona. Na história criada por Machado, os fatos mudam de figura com o transcorrer do tempo, tomam rumos diversos e percebe-se que, dentro do contexto proposto pelo escritor brasileiro, os compromissos assumidos perante a sociedade ganham o primeiro plano, dando pouco espaço para atitudes apaixonadas ou embates trágicos.

"Letra Vencida", conto publicado em *A Estação*, no ano de 1882, deixa ver, logo de início, que a tragédia de *Romeu e Julieta* será uma presença importante na narrativa. Eduardo e Beatriz se amam. No entanto, o jovem está de viagem marcada para a Europa, onde conta "tirar a carta de doutor", o que implicaria em ficar algum tempo fora do Rio de Janeiro. O conto tem início na véspera da partida do rapaz e na cena que abre a história vemos os jovens namorados à janela do quarto da moça, onde se despedem e trocam juras de amor e de fidelidade, numa clara alusão à cena 5 do ato III da tragédia de Shakespeare. O que surpreende nesse conto de Machado é que, de fato, os amantes esperam um pelo outro. Para que a união ocorra, no entanto, são necessários dezoito anos, tempo que o rapaz leva para voltar ao Brasil. Nesse período, ambos tiveram vários pretendentes, que repeliram sempre, apesar da pressão da família, honrando, assim, o compromisso assumido. Quando Eduardo retorna ao Brasil, dá-se o casamento. No entanto, a narração deixa perceber que o tempo e a distância haviam afastado os dois, que se unem mais para "pagar a letra vencida" do que pelo amor. "não são infelizes, nem podemos dizer que são felizes. Vivem, respeitam-se, vão ao teatro..."[57] Desse modo, a narrativa deixa ver a crença de que a paixão da juventude dificilmente resiste ao tempo e à distância e que sentimentos eternos ou posturas predeterminadas podem ser um tanto ilusórios, mesmo que

57 *Obra Completa em Quatro Volumes*, v. 3, p. 85-86.

se acredite no contrário e se persista em uma promessa, como fizeram Beatriz e Eduardo.

É essa postura quase desenganada com relação ao amor "eterno" que caracteriza a presença de *Romeu e Julieta* no último romance de Machado de Assis, publicado em 1908. *Memorial de Aires* apresenta duas referências à tragédia de Shakespeare, sendo ambas na anotação de 14 de janeiro de 1888. Observa-se, no entanto, que, à semelhança do que ocorre com as citações de *Otelo* em *Dom Casmurro*, as que são feitas de *Romeu e Julieta* em *Memorial de Aires* ganham uma dimensão mais ampla e complexa ao se entrelaçarem à história de uma das principais personagens do romance, a da viúva Fidélia. Relembremos alguns fatos narrados nesse romance para que possamos explorar melhor essa questão.

Memorial de Aires é um romance escrito em forma de diário pelo Conselheiro Aires, um diplomata aposentado, que registra, na reclusão de sua aposentadoria, fatos e impressões de seu cotidiano. Os escritos que compõe o livro que lemos seriam um recorte feito a partir dos inúmeros cadernos encontrados após a morte do Conselheiro em sua secretária. Segundo a Advertência que antecede a obra, esses escritos teriam sido organizados e trazidos a público, configurando-se uma versão "desbastada e estreita" dos cadernos originais dos quais conservam "só o que liga o mesmo assunto". Essa recolha traz anotações que vão de janeiro de 1888 a agosto de 1889. Nesses escritos, temos a presença de várias "pessoas" da convivência do narrador e, dentre elas, Fidélia, uma viúva jovem que intriga o narrador. Aires, que elege a moça como "objeto de estudo", deixa registrado, nesses escritos, fatos da vida de Fidélia, assim como impressões que ela lhe deixa.

Na ocasião em que o *Memorial* tem início, em 9 de janeiro de 1888, ficamos sabendo que Fidélia estava viúva havia dois anos. A narração da "história de amor" que teria vivido com Eduardo Noronha, o marido morto, é que faz referência a *Romeu e Julieta*. O casal havia se conhecido e se apaixonado anos antes na corte. No entanto, descobriram, logo em seguida, que eram filhos de famílias rivais e inimigas da Paraíba do Sul. O namoro entre Fidélia e Eduardo é proibido por suas respectivas famílias, assim que descobrem o envolvimento. No entanto, Fidélia teima

DIÁLOGOS MACHADIANOS COM SHAKESPEARE 59

em se casar e acaba por adoecer até que o pai autoriza a união mediante o rompimento com a filha. Algum tempo depois, Fidélia e Eduardo se casam no Rio de Janeiro e seguem para Portugal, onde ele morre. A viúva transporta, então, o corpo do marido para o Rio de Janeiro onde passa a viver.

A intertextualidade com *Romeu e Julieta* é óbvia e trazida pelo próprio narrador, como vemos nas passagens que se seguem:

Inimizade de famílias não tem impedido que moços se amem, mas é preciso ir a Verona ou alhures. E ainda os de Verona, dizem comentadores que as famílias de Romeu e de Julieta eram antes amigas e do mesmo partido; também dizem que nunca existiram, salvo na tradição ou somente na cabeça de Shakespeare.

[...]

Romeu e Julieta aqui no Rio, entre a lavoura e a advocacia – porque o pai do nosso Romeu era advogado na cidade da Paraíba –, é um desses encontros que importaria conhecer para explicar.[58]

Como é possível perceber, a referência à tragédia de *Romeu e Julieta* funciona como uma espécie de sugestão para que o leitor estabeleça relações entre as histórias em questão: a criada por Shakespeare e a narrada por Aires. No entanto, apesar das semelhanças, são as diferenças que chamam, de fato, a atenção do leitor quando compara uma história com a outra.

Ao invés do ímpeto apaixonado dos heróis de Shakespeare, que se casam às escondidas e esperam, com isso, unir suas famílias, no romance de Machado, há toda uma negociação que envolve os namorados e os seus pais, e a questão é resolvida à base de muita teimosia e aparente chantagem emocional por parte de Fidélia. O resultado é que a inimizade entre as famílias, que já era estabelecida, contamina também a relação entre os pais e os filhos, acentuando a ruptura.

Mas o mais curioso talvez seja observar o que a história de Fidélia nos mostra a partir do momento em que a jovem é observada pelo Conselheiro. Como assinalado anteriormente, quando Aires a conhece ela contava dois anos de viuvez. No período de pouco mais de um ano e meio em que acompanhamos os seus escritos, vemos surgir da Europa, Tristão, afilhado dos Aguiares, casal bastante próximo da viúva. Fidélia,

58 Ibidem, v. 1, p. 1232 e 1233.

60 MACHADO E SHAKESPEARE

contrariando a expectativa de que seria uma viúva convicta, se envolve com o rapaz, casa-se com ele e retorna para Portugal. A opção da viúva, bastante diferente da de Julieta, que opta pelo suicídio após a morte do amado, deixa entrever a ironia de Machado para com a tragédia de Shakespeare. Esta é trazida para o texto de forma tal a desconstruir toda uma ideia de amor eterno e sofrimento amoroso, aspecto culturalmente muito presente quando se alude a essa peça.

O narrador, um fino observador das pessoas, não se mostra surpreso com a redescoberta do amor por parte de Fidélia. Em 1889, estando no cemitério, o Conselheiro se depara com a viúva, então já envolvida com Tristão, em visita ao túmulo do marido. Aires registra a seguinte reflexão em seu diário:

Se eu a visse no mesmo lugar e postura, não duvidaria ainda assim do amor que Tristão lhe inspira. Tudo poderia existir na mesma pessoa, sem hipocrisia da viúva nem infidelidade da próxima esposa. Era o acordo ou o contraste do indivíduo e da espécie. A recordação do finado vive nela, sem embargo da ação do pretendente; vive com todas as doçuras e melancolias antigas, com o segredo das estreias de um coração que aprendeu na escola do morto. Mas o gênio da espécie faz reviver o extinto em outra forma, e aqui lho dá, aqui lho entrega e recomenda.[59]

Aires parece ser o portador de uma determinada visão do envolvimento amoroso, bastante diferente, diga-se de passagem, da que se observa em *Romeu e Julieta*. Em *Memorial de Aires*, não há espaço para o sofrer e o padecer por amor. O finado que, subitamente, transforma-se em extinto na passagem que citamos acima, mostra que Eduardo ocupa, no presente da narrativa, o lugar que lhe é reservado: a recordação e o passado.

MACBETH: O HOMEM E SEU DESTINO

A primeira citação que Machado faz de *Macbeth* encontra-se em uma crônica escrita na ocasião em que Adelaide Ristori esteve no Brasil, no ano de 1869, dez anos depois, portanto, da primeira referência que o autor faz ao dramaturgo inglês em

---

59   Ibidem, p. 1310.

DIÁLOGOS MACHADIANOS COM SHAKESPEARE

sua obra. Trata-se da ocasião em que Machado discorre sobre a atuação de Ristori como Medeia e especula como seria a atriz como Lady Macbeth ou Stuart: "Vede como ela aparece com todos os seus dons no difícil papel de Medeia; poderá ter outros lances felizes e igualmente admiráveis no papel de Stuart ou Lady Macbeth."[60] Em seguida, uma nova referência à tragédia encontra-se em uma poesia publicada em *Falenas* (1870), "La Marchesa de Miramar", na qual faz menção à profecia das bruxas sobre o futuro do herói shakespeariano; nela, lê-se: "Então surge dos tronos / A profética voz que anunciava / Ao crédulo esposo: / Tu serás rei, Macbeth!"[61]

As citações que Machado faz de *Macbeth* remetem geralmente a três situações da tragédia: à já citada profecia das bruxas, na cena 3 do ato I, à cena do banquete e ao fantasma de Banquo, na cena 4 do ato III, e ao remorso de lady MacBeth, que, delirando, não consegue limpar o sangue das mãos.

Macbeth não conta com muitas referências na produção crítica do escritor. São poucas citações, na maioria das vezes feitas com o propósito de ilustrar uma situação mais geral, ou seja, sem relação direta com o conteúdo da tragédia. Esse é o caso das crônicas a respeito da presença de Ristori e, mais tarde, de Rossi, no Rio de Janeiro, como vemos no exemplo a seguir, extraído de um texto publicado na ocasião em que o ator italiano esteve no Brasil: "Ernesto Rossi continua a exibir Shakespeare. Depois de *Hamlet, Otelo, Julieta e Romeu,* apresentou ao público *Macbeth*. Não para aqui; segundo me dizem, vamos ouvir *King Lear* e *Coriolano,* e talvez *O Mercador de Veneza*."[62]

Uma das poucas exceções ao tipo de citação generalizadora que Machado faz da tragédia nos textos críticos se dá em "Histórias de Quinze Dias" do dia 1º de outubro de 1876, na qual vemos referência ao fantasma de Banquo. Trata-se de uma crônica em que Machado aborda uma questão polêmica que vinha sendo discutida durante as duas semanas que antecedem a publicação de seu texto, segundo nota à edição da Unicamp dessas crônicas: o abastecimento de carnes verdes na Corte. No artigo, lemos:

60 *Do Teatro: Textos Críticos e Escritos Diversos*, p. 492.
61 *Obra Completa em Quatro Volumes*, v. 3, p. 431.
62 Ibidem, p. 1189.

MACHADO E SHAKESPEARE

Não reinaram só as vozes líricas nesta quinzena última; fez-lhe concorrência o boi.

O boi, substantivo masculino, com que nós acudimos às urgências do estômago, pai do rosbife, rival da garoupa, ente pacífico e filantrópico, não é justo que viva... isto é, que morra obscuramente nos matadouros. De quando em quando, dá-lhe para vir perfilar-se entre nossas preocupações, como uma sombra de Banquo, e faz bem. Não o comemos? É justo que o discutamos.[63]

Trata-se, obviamente, de um escrito irônico e meio brincalhão, em que Machado integra, mais uma vez, o alto e o baixo, o canônico ao comezinho ao misturar a grandiosidade trágica de *Macbeth* com a preocupação cotidiana do fornecimento de carnes na cidade. O exagero da comparação parece servir ao propósito de mostrar que algo tão banal como a carne de todos os dias pode, por vezes, atormentar, à semelhança do que faz o fantasma de Banquo. Afinal, trata-se, também, de um ato de morte, que não deixa completamente impune aquele que o exerce: o homem. O comentário é curioso, não apenas pela citação de *Macbeth*, mas pelo estilo praticado pelo autor, que, ao relacionar contextos díspares, atualiza e atribuí significados renovados a um texto e a uma situação consagrada.

Lembramos que, ainda em seus textos críticos, Machado cita Lady Macbeth em "A Nova Geração", artigo publicado na *Revista Brasileira*, em 1º de setembro de 1879. Nesse artigo, o escritor mostra opinião semelhante à que evidenciara em publicação de 1869, quando chamou a personagem de "uma das mais profundas criações de Shakespeare"[64]. É o que percebemos quando alude a "um coração profundo como o abismo": "o Sr. Carvalho Júnior [...], faz uma profissão de fé exclusivamente carnal; não podia seguir o seu modelo, alcunhado realista, que confessa um *rouge ideal*, e que o encontra em Lady Macbeth, para lhe satisfazer o coração, *profond comme um abîsme*"[65].

No que diz respeito à obra lírica e ficcional do autor, a tragédia *Macbeth* aparece em uma única poesia, a já citada "La

---

63 Ibidem, v. 4, p. 323.
64 Trata-se de uma passagem do IV artigo publicado na ocasião em que Adelaide Ristori esteve no Brasil. O texto completo pode ser encontrado em *Do Teatro: Textos Críticos e Escritos Diversos*, p. 506-512.
65 *Obra Completa em Quatro Volumes*, v. 3, p. 1266.

DIÁLOGOS MACHADIANOS COM SHAKESPEARE 63

Marchesa de Miramar", publicada em *Falenas*, em 1870, em sete contos, que são "Quem Não Quer Ser Lobo..." (1872), "Aurora Sem Dia" (1873), "Muitos Anos Depois" (1874), "Um Almoço" (1877), "Último Capítulo" (1883), "Uma Senhora" (1883) e "Pobre Finoca" (1891), e em cinco romances, *Iaiá Garcia*, *Memórias Póstumas de Brás Cubas*, *Quincas Borba*, *Dom Casmurro* e *Esaú e Jacó*. Deve ser assinalado que a referência à tragédia aparece na publicação de *Quincas Borba* apenas em folhetim, tendo sido, portanto, retirada da versão final do romance. Trata-se da passagem em que Rubião, já no início de seu delírio, entra no carro de Sofia, sem ser convidado. Na ocasião, a esposa de Palha sente asco frente a um possível contato físico com a personagem e lembra-se da cena no jardim em que Rubião lhe havia beijado a mão: "Já lhe beijara a mão um dia, quando ela lhe tapava a boca para que não gritasse; mas não era o caso da mão homicida de lady Macbeth."[66]

A presença mais constante de *Macbeth* na ficção de Machado alude à problemática do destino. Em "Aurora Sem Dia", publicado originalmente no *Jornal das Famílias*, em 1870, e mais tarde recolhido em *Histórias da Meia-Noite* (1873), temos, nos contos do autor, a primeira referência às bruxas e às suas profecias. Luís Tinoco "possuía a convicção de que estava fadado para grandes destinos"[67]. Em princípio, a personagem acreditava piamente que seu sucesso estava na poesia. No entanto, as tentativas de fazer um nome no campo da literatura, apesar de quase incansáveis, foram vãs. Luís Tinoco se convence de que estava em um caminho equivocado, desiste do projeto e passa, então, a trabalhar como escrevente na casa de um advogado. Depois de algum tempo, o jovem passa a crer que seu futuro brilhante estaria, de fato, na política. Dedica-se, então, de corpo e alma ao projeto e "à força de muita luta e muito empenho pôde ter a honra de ser incluído na lista de vencedores"[68]. No entanto, seu passado como poeta medíocre é utilizado pelos adversários como prova da inabilidade do político, o que o leva a novo fracasso. No final do conto, encontramos Luís Tinoco dissuadido das ideias de grandeza que predominavam anteriormente e

66 Apêndice, *Quincas Borba*, p. 186.
67 *Obra Completa em Quatro Volumes*, v. 2, p. 203.
68 Ibidem, p. 214.

64 MACHADO E SHAKESPEARE

trabalhando como lavrador na roça: "Eu era um ridículo poeta e talvez ainda mais ridículo orador. Minha vocação era esta. Com poucos anos mais estou rico. Ande agora beber o café que nos espera e feche a boca, que as moscas andam no ar."[69]

A referência a *Macbeth* surge ainda no início do conto, quando Luís Tinoco fala sobre os seus planos ao Dr. Lemos. É então que este o aconselha: "Vejo que é modesto e não duvido que alguma voz interior o esteja convidando a queimar as suas asas de poeta. Mas, cuidado! Há de ter lido *Macbeth*... Cuidado com a voz das feiticeiras, meu amigo."[70] Mas a citação não é o único índice que evidencia a intertextualidade. O próprio destino grandioso a que Luís Tinoco sente-se predestinado deixa ver que a tragédia está no argumento do conto e contamina a narrativa. Diferente de Macbeth, no entanto, Luís Tinoco percebe que estava em um caminho equivocado e descobre que a crença de que teria um destino grandioso, se não era falsa, pelo menos tinha um significado diferente daquele primeiramente imaginado por ele.

No conto "Um Almoço", publicado originalmente no *Jornal das Famílias*, em 1877, a referência às bruxas retorna à narrativa machadiana. Germano Seixas pensava em se matar devido à sua má sorte e pobreza, quando o encontra José Marques, no Passeio Público. Este lhe oferece um almoço, roupas e um emprego junto a um amigo. Seixas aceita a ajuda, coloca ordem na sua vida e ganha um amigo orgulhoso de seu ato – havia salvado um homem do suicídio. No entanto, com o passar do tempo, Seixas vai pouco a pouco se aborrecendo de Marques e, se não fosse sua ingênua insistência, teria cortado relações com o amigo que lhe ajudara. No final do conto, Seixas, bem de vida, numa atitude ingrata (e irônica), deixa o amigo morrer praticamente sozinho, sem resquícios de gratidão ou reconhecimento.

A citação de *Macbeth* se dá quando a personagem percebe que pode ser convidada para sócio do amigo de Marques, com quem trabalhava:

Seixas compreendia perfeitamente que a sua sorte era ainda mais precária que os recursos. Mas ao mesmo tempo uma esperança vaga lhe

69 Ibidem, p. 217.
70 Ibidem, p. 211.

DIÁLOGOS MACHADIANOS COM SHAKESPEARE 65

falava no coração, voz consoladora ou pérfida, a última felicidade dos desamparados. Era esta voz que lhe contava antecipadamente as alegrias do futuro, dizendo-lhe à guisa das feiticeiras de Macbeth: – Tu serás sócio do Madureira!
A predição não era extravagante. Madureira tratava-o com tanta benevolência e distinção, que a ideia de o fazer seu sócio podia nascer-lhe um dia de manhã, sem pasmo para ninguém.[71]

A predição não era, de fato, extravagante. Nosso Macbeth teve sucesso; não apenas foi feito sócio, como, posteriormente, herdeiro do antigo patrão. A situação patética em que Marques é colocado, após salvar o amigo e servir a um determinado propósito, deixa ver o egoísmo que marca a natureza humana no convívio com o outro. Por essa perspectiva, a ascensão social do protagonista não evidencia exatamente uma história de sucesso, como parece em princípio, e o desfecho impressiona mais do que o próprio suicídio pretendido pela personagem de início.

Uma das referências explícitas à cena do banquete da tragédia de *Macbeth* está em "Pobre Finoca", publicado em *A Estação*, em 31 de dezembro de 1891. Nessa narrativa, a intertextualidade se faz, de acordo com Eugênio Gomes, "de maneira imprevista e curiosa"[72]. As palavras do crítico talvez se devam à temática do conto, que aparentemente não se relaciona com a tragédia de Shakespeare, o que torna a citação, de fato, inusitada. Finoca é uma donzela, cujo pretendente, Macedo, não lhe interessa. O rapaz, no entanto, é insistente e a surpreende em vários lugares. No início da narração, a jovem está na companhia da melhor amiga, Alberta, em uma loja de armarinhos na rua do Ouvidor. A loja está cheia e Macedo segue as moças até lá:

E o sr. Queirós vai buscar a caixa das fitas, enquanto a dama, que as espera, examina de esguelha outra dama que entrou agora mesmo, e parou no meio da loja. Todas as cadeiras estão ocupadas. *The table is full*, como em *Macbeth*; e, como em *Macbeth*, há um fantasma, com a diferença que este não está sentado à mesa, entra pela porta; é o idiota, perseguidor de Finoca, o suposto fiscal de teatro, um rapaz que não é bonito nem elegante, mas simpático e veste com asseio.[73]

---

71 Ibidem, p. 1513.
72 E. Gomes, *Shakespeare no Brasil*, p. 180.
73 *Obra Completa em Quatro Volumes*, v. 3, p. 282.

66 MACHADO E SHAKESPEARE

A cena é dinâmica e movimentada. Em meio a ela, Finoca e seu pretendente, que a segue feito um fantasma. Ou seja, dentre as muitas pessoas que estão na loja, há uma que não deveria estar lá, pelo menos aos olhos da protagonista. O movimento da cena deixa ver que Finoca, em meio a tantas mulheres, é a que atraiu a atenção do rapaz. O leitor poderá perceber que o narrador demonstra certa condescendência para com o pobre fantasma: não era bonito e elegante, mas simpático e vestia com asseio. O dado tem relação com os rumos que a história toma. Com o desenrolar do conto, veremos que Alberta acaba por se interessar por Macedo e, por fim, se casa com ele. A protagonista, por sua vez, depois de muito desprezar o moço, se descobre interessada pelo rapaz, mas então era tarde. Finoca, cega pela insistência do moço, não teve o "refinamento" para perceber que ele poderia ser um bom pretendente.

Memórias Póstumas de Brás Cubas conta com duas citações da tragédia. Destacamos, aqui, a passagem em que a peça surge como alusão ao remorso vivido por Lady MacBeth. Trata-se do capítulo cxxix, no qual Brás Cubas encontra-se na câmara, ouvindo um discurso de Lobo Neves. O capítulo, que transcrevemos a seguir na íntegra, mostra o narrador refletindo sobre a relação adúltera que mantinha com a esposa do político. Leiamos:

Não tinha remorsos. Se possuísse os aparelhos próprios, incluía neste livro uma página de química, porque havia de decompor o remorso até os mais simples elementos, com o fim de saber de um modo positivo e concludente por que razão Aquiles passeia à roda de Troia o cadáver do adversário, e *lady* Macbeth passeia à volta da sala a sua mancha de sangue. Mas eu não tenho aparelhos químicos, como não tinha remorsos; tinha vontade de ser ministro de Estado. Contudo, se hei de acabar este capítulo, direi que não quisera ser Aquiles nem *lady* Macbeth; e que, a ser alguma coisa, antes Aquiles, antes passear ovante o cadáver do que a mancha; ouvem-se no fim as súplicas de Príamo, e ganha-se uma bonita reputação militar e literária. Eu não ouvia as súplicas de Príamo, mas o discurso do Lobo Neves, e não tinha remorsos.[74]

O título do capítulo é, por si só, significativo, quando levamos em consideração a referência a Lady Macbeth: "Sem Remorsos". A leitura da passagem nos leva a perceber que a personagem

74 Ibidem, v. 1, p. 740.

DIÁLOGOS MACHADIANOS COM SHAKESPEARE 67

de Shakespeare, que passeia pela sala do palácio sem conseguir se livrar do sangue de suas mãos, experimenta uma sensação que Brás Cubas, dentro de sua acomodação e pouca preocupação ética, não encontra espaço para experimentar. O ato de Aquiles, que ostenta o cadáver do adversário como um troféu, por outro lado, é, de acordo com sua postura frente aos fatos e às pessoas, mais apropriado: antes a vitória do que a culpa. A retomada da tragédia shakespeariana ajuda a caracterizar uma personagem que pouco se preocupa com a natureza de seus atos, e, mais interessante, nem teria a energia maligna de lady Macbeth em persuadir o marido a matar o rei Duncan. O posto de "rei" pode ficar com Lobo Neves...

Em *Esaú e Jacó* (1904), a intertextualidade com *Macbeth* começa a ser traçada já no primeiro capítulo do romance: "Coisas Futuras!" É certo que a tragédia não é, então, citada, mas a situação narrada leva a uma inevitável comparação com a peça inglesa. Assim como ocorre em *Macbeth*, há uma "profecia", feita ainda no início da história, e que acompanhará o desenrolar da trama. No capítulo referido, Natividade e Perpétua vão ao Morro do Castelo consultar a cabocla em busca de predições para o futuro de Pedro e Paulo, filhos gêmeos de Natividade. A atmosfera criada é interessante. Primeiramente, observamos que são as duas mulheres que vão em busca da predição, ao contrário do que ocorre na tragédia shakespeariana. O cenário tampouco se mostra assustador:

Velho caboclo, pai da adivinha, conduziu as senhoras à sala. Esta era simples, as paredes nuas, nada que lembrasse o mistério ou incutisse pavor, nenhum petrecho simbólico, nenhum bicho empalhado, esqueleto ou desenho de aleijões. Quando muito um registro da Conceição colado à parede podia lembrar um mistério, apesar de encardido e roído, mas não metia medo.[75]

As predições, por sua vez, são pouco reveladoras: "coisas futuras!" A insistência da mãe – "coisas feias?" – leva a cabocla a acrescentar: "Oh! Não! Não! Coisas bonitas, coisas futuras!"[76] A retomada da tragédia shakespeariana se faz, assim, de maneira irônica. Natividade passará toda a infância e juventude dos

75 Ibidem, p. 1076.
76 Ibidem, p. 1077.

filhos especulando sobre as tais belas coisas futuras previstas para eles, tentando, ela, adivinhar de que se tratariam. A fala mais reveladora da cabocla, no entanto, é sobre o passado das crianças, não sobre o futuro: os irmãos brigavam na barriga da mãe. Eis aí um fato importante para que se pense nessas "coisas futuras" presentes no destino dos filhos de Natividade.

A referência a *Macbeth* e às bruxas retorna no capítulo "Terpsícore". Nele, Batista, com ambições políticas, também parece ouvir predições:

> Ao som da música, à vista das galas, ouvia umas feiticeiras cariocas, que se pareciam com as escocesas; pelo menos, as palavras eram análogas às que saudaram Macbeth: "Salve, Batista, ex-presidente de província!", "Salve, Batista, próximo presidente de província!", "Salve, Batista, tu serás ministro um dia!". A linguagem dessas profecias era liberal, sem sombra de solecismo. Verdade é que ele se arrependia de as escutar, e forcejava por traduzi-las no velho idioma conservador, mas já lhe iam faltando dicionários. A primeira palavra ainda trazia o sotaque antigo: "Salve, Batista, ex-presidente de província!", mas a segunda e a última eram ambas daquela outra língua liberal, que sempre lhe pareceu língua de preto. Enfim, a mulher, como lady Macbeth, dizia nos olhos o que esta dizia pela boca, isto é, que sentia em si aquelas futurações. O mesmo lhe repetiu na manhã seguinte, em casa. Batista, com um sorriso disfarçado, descria das feiticeiras, mas a memória guardava as palavras da ilha: "Salve, Batista, próximo presidente!". Ao que ele respondia com um suspiro: "Não, não, filhas do Diabo…"[77]

Muito mais do que a presença das bruxas, o que parece soar aos ouvidos de Batista é o desejo de ascensão política, visto como possível caso esteja do lado dos liberais e não dos conservadores. O limite entre ser "ex-presidente" ou "futuro presidente" de província é tênue; depende da música que toca… A mulher, comparada a Lady Macbeth, não diz nada, "dizia nos olhos", no entanto, acaba por reforçar para Batista o que este já se mostrava predisposto a pensar. A passagem mostra um embate entre as ambições pessoais e a ética. Trata-se de uma espécie de tentação diabólica, como se Batista estivesse prestes a vender a alma para conseguir realizar suas ambições…

---

77 Ibidem, p. 1137.

OUTRAS TRAGÉDIAS DE SHAKESPEARE NA OBRA DE MACHADO: *ANTÔNIO E CLEÓPATRA, JÚLIO CESAR E REI LEAR*

Machado mostra predileção absoluta pelas tragédias de Shakespeare, que, como sabemos, são as peças mais conhecidas e apreciadas do dramaturgo. Das 21 peças que citou, oito são tragédias, as demais se dividem entre comédias, dramas históricos e peças romanescas. A tabela anexa a este trabalho mostra que o número de referências que o escritor faz de *Hamlet*, por exemplo, só na sua produção enquanto cronista e crítico, é superior à que faz de todas as comédias e peças romanescas juntas. As tragédias mais citadas por Machado foram abordadas nas páginas anteriores. *Antônio e Cleópatra, Júlio César, Rei Lear* e *Coriolano*, apesar de pouco aludidas nos escritos do autor, não devem, no entanto, ser esquecidas. Vejamos como elas se fazem presentes na obra do escritor brasileiro.

A tragédia histórica *Antônio e Cleópatra* é algumas vezes mencionada por Machado, principalmente em sua produção crítica e em seus escritos diversos. A primeira referência que encontramos à tragédia nesse tipo de texto é em "O Ideal do Crítico", artigo publicado em 8 de outubro de 1858, no *Diário do Rio de Janeiro*, e a última em uma crônica da série "A Semana", em 26 de abril de 1896. Essas referências são, no geral, breves e generalizadoras, ou seja, não recuperam elementos do entrecho da tragédia a ponto de propiciarem interpretações mais extensas. Chamamos a atenção, no entanto, para a figura da Cleópatra de Shakespeare que pareceu fascinar Machado de alguma maneira. Na última referência que o autor faz à tragédia, na referida crônica de "A Semana", ele pergunta: "O próprio Egito, ainda que os ingleses cheguem a possuí-lo, que pode valer ao pé do Egito da adorável Cleópatra?"[78] Trata-se de uma situação na qual Machado comenta as comemorações do aniversário de Shakespeare, na Inglaterra. O escritor aproveita a ocasião para exaltar a figura do autor e se referir a algumas de suas peças, caso da que citamos aqui. Na referência acima, o Egito da "adorável Cleópatra" construído por Shakespeare está distante de qualquer esforço

---

78 Ibidem, v. 4, p. 1274.

70 MACHADO E SHAKESPEARE

humano de conquista: que pode valer aos ingleses possuir esse espaço frente ao sublime da construção do poeta?

É esse ar de admiração pela rainha criada pelo dramaturgo que parece guiar Machado ao aludir à tragédia em "Último Capítulo", conto publicado em 1883, na *Gazeta de Notícias*. Nessa narrativa, temos o relato de um suicida, que, ao referir-se às adversidades enfrentadas ao longo de sua vida e que o estariam levando, enfim, a lhe dar cabo, descreve a esposa a partir da comparação com personagens femininas de tragédias shakespearianas:

> Rufina não dispunha, é verdade, de certas qualidades brilhantes e elegantes; não seria, por exemplo, e desde logo, uma dona de salão. Tinha, porém, as qualidades caseiras, e eu não queria outras. A vida obscura bastava-me; e, contanto que ela ma enchesse, tudo iria bem. Mas esse era justamente o agro da empresa. Rufina (permitam-me esta figuração cromática) não tinha a alma negra de *lady* Macbeth, nem a vermelha de Cleópatra, nem a azul de Julieta, nem a alva de Beatriz, mas cinzenta e apagada como a multidão dos seres humanos.[79]

Apesar de Rufina aparentemente não contar com o cálculo negro de Lady MacBeth, a placidez de Julieta e, finalmente, a paixão de Cleópatra, o marido descobrirá, logo após ficar viúvo, que ela o traiu com um amigo do casal, frequentador de sua casa. As tragédias de Shakespeare trazidas para o conto parecem ilustrar o quanto se esconde, por trás de cada um, as emoções e os sentimentos trabalhados pelo dramaturgo inglês. Rufina não era brilhante ou elegante e prometia a vida obscura que bastava ao narrador, no entanto, por trás de uma existência aparentemente monótona e banal esconde-se uma mulher cujas atitudes são calculadas, dissimuladas e apaixonadas, o que tinge sua imagem póstuma das cores negras, azuis e vermelhas das heroínas shakespearianas.

Esse caráter universal e atemporal das emoções despertadas pela tragédia shakespeariana é retomado por Machado no tocante a *Rei Lear* em uma carta a José de Alencar publicada a 1º de março de 1868, no *Correio Mercantil*. Trata-se de uma apreciação do drama *Gonzaga ou A Revolução de Minas*, do jovem poeta Castro Alves: "Por isso, quando no terceiro ato

79 Ibidem, v. 2, p. 360-361.

DIÁLOGOS MACHADIANOS COM SHAKESPEARE   71

Luís encontra a filha já cadáver, e prorrompe em exclamações e soluços, o coração chora com ele, e a memória, se a memória pode dominar tais comoções, nos traz aos olhos a bela cena do rei Lear carregando nos braços Cordélia morta. Quem os compara não vê nem o rei nem o escravo; vê o homem."[80]

Rei Lear aparece poucas vezes na obra de Machado, sempre em textos críticos, e, curiosamente, as alusões a essa tragédia concentram-se no fim da década de sessenta e começo da década de setenta do século XIX. Com exceção da referência citada acima, as demais retomam a peça de maneira geral, a título de ilustrar o todo da obra do autor inglês, como vemos na seguinte passagem de "Macbeth e Rossi", na qual Machado indaga com curiosidade sobre as encenações do ator italiano: "O que não será Rossi no *King Lear*? O que não será no *Mercador de Veneza*? O que não será no *Coriolano*?"[81]

Júlio Cesar e *Coriolano* são lembradas com pouca frequência por Machado. No que diz respeito à última, ressaltamos que ela é citada quando o autor escreve sobre a presença de Rossi nos palcos cariocas. A passagem que transcrevemos no parágrafo anterior é um exemplo disso. *Júlio César* também é uma peça com poucas referências na obra do escritor. A tragédia, no entanto, impressionou Machado de alguma maneira. Aliás, a figura de César parece ter provocado alguma impressão mais forte no autor, que o cita várias vezes. Quem não se lembra do quadro com o retrato do imperador romano na sala de Dona Glória, a impressionar Capitu com todo o seu poder? A peça aparece no conto "Decadência de Dois Grandes Homens", publicado no *Jornal das Famílias*, em maio de 1873. Nessa história surpreendente, o leitor é lembrado que o dramaturgo inglês fez do evento histórico uma tragédia: "Apenas lhe direi que eu entrara naquela sinceramente, porquanto, como muito bem disse um poeta inglês, que depois me meteu em cena, eu matei César, não por ódio a César, mas por amor da República."[82] Em crônica de "A Semana", publicada em 23 de abril de 1893, dia do aniversário de Shakespeare, Machado chama a atenção para as "belas figuras" construídas pelo dramaturgo e cita justamente

80 Ibidem, v. 3, p. 1175.
81 Ibidem, p. 1190.
82 Ibidem, v. 2, p. 1193.

72 MACHADO E SHAKESPEARE

Júlio César. Chama a atenção do cronista "a eterna multidão forte e movediça, que execra e brada contra César, ouvindo a Bruto, e chora e aclama César, ouvindo a Antônio, toda essa humanidade real e verdadeira"[83]. Trata-se de recuperar um pouco da dinâmica enérgica dessa tragédia, cheia de figuras, para usar as próprias palavras do escritor, terríveis, heroicas, melancólicas, ternas, apaixonadas...

AS COMÉDIAS ROMÂNTICAS DE SHAKESPEARE NA OBRA DE MACHADO

Em vários de seus escritos, Machado cita as comédias e as ditas peças romanescas ou comédias românticas de Shakespeare. Muitas dessas citações, no entanto, não repercutem, quando consideramos a intertextualidade que o escritor traça com a obra do dramaturgo em sua obra. Esse é o caso de *Medida Por Medida*, *Noite de Reis*, *Cimberlino*, *Sonho de uma Noite de Verão*, *Muito Barulho Para Nada* e *As Alegres Comadres de Windsor*. Uma primeira exceção talvez esteja em *Bem Está o Que Bem Acaba*, que, apesar de ser pouco citada, lembra o leitor sempre por meio de seu título e mais ou menos em tom de brincadeira, como ocorre em *A Mão e a Luva* (1874), que "Bem Está o Que Bem Acaba, disse um poeta nosso, homem de juízo"[84]. *Medida Por Medida*, por sua vez, chama a atenção pela conhecida referência em *Ressurreição* (1872), indicando ao leitor que teria inspirado a escrita do romance. Mas a presença de algumas peças desse gênero se destaca dentro da produção de Machado. *A Tempestade, O Mercador de Veneza* e *Como Gostais* originam processos intertextuais produtivos e que devem ser olhados de maneira mais detida.

"A Tempestade" *e Seu Mundo Distante*

A Tempestade começa a surgir nos escritos de Machado no final da década de setenta do século XIX, quando o escritor

83 Ibidem, v. 4, p. 979.
84 Ibidem, v. 1, p. 331.

DIÁLOGOS MACHADIANOS COM SHAKESPEARE 73

publica "*O Primo Basílio*" n'*O Cruzeiro*, em 30 de abril de 1878. A partir de então, a peça aparece nove vezes em sua produção, sendo a última no ano de 1896, também em um texto não ficcional. Trata-se de uma publicação da série "A Semana", de 26 de abril daquele ano, quando o escritor comenta a chegada de um telegrama que anunciava as comemorações do aniversário do dramaturgo na Inglaterra. Machado aproveita, então, a ocasião para tecer comentários elogiosos a Shakespeare. *A Tempestade* surge para lembrar o final da carreira do escritor e o caráter universal de sua produção:

> Dizem comentadores de Shakespeare que uma de suas peças, a *Tempest*, é um símbolo da própria vida do poeta e a sua despedida. Querem achar naquelas últimas palavras de Próspero, quando volta para Milão, "onde de cada três pensamentos um será para a sua sepultura", uma alusão à retirada que ele fez do palco, logo depois. Realmente, morreu daí a pouco, para nunca mais morrer. [...]. Terminaram as festas da alma humana.[85]

Diversas situações e personagens de *A Tempestade* são trazidas à tona, sem predomínios evidentes: Miranda, Calibã, Ariel e Próspero são sempre lembrados. Na série "A Semana", em 25 de fevereiro de 1894, Machado comenta a movimentação político-eleitoral que teria tido espaço naqueles dias. "Toda a semana foi dada à literatura eleitoral"[86], segundo afirma, "escreveram-se muitos nomes, surgiram candidaturas novas e novíssimas, organizaram-se chapas e contrachapas [...] quase não se leu outra coisa"[87]. O cronista comenta ironicamente os acontecimentos, uma vez que, como nos diz, não se discutiu largamente a matéria, pelo contrário, o tempo foi ocupado com movimentações especulativas. Após comparar as eleições a uma loteria, sendo que a única diferença talvez estivesse no fato de que "no caso da urna eleitoral sempre se há de saber quem tirou a sorte grande", o cronista termina por conclamar o povo para as eleições, em tom mais desiludido do que esperançoso ("é na quarta que anda a roda"): "Trata-se de teu dia, povo soberano, rei sem canoa nem herdeiro, porque és continuamente rei, é o dia em

85 Ibidem, v. 4, p. 1274.
86 Ibidem, p. 1049.
87 Ibidem.

74 MACHADO E SHAKESPEARE

que tens de escolher os teus ministros, a quem confias, não o princípio soberano, que esse fica sempre em ti, mas o exercício do teu poder"[88]. A referência a *A Tempestade* vem logo em seguida e finaliza a crônica:

Certo, o teu reino não é como a ilha de Próspero; não tens a força de criar tempestades, por mais que te arguam delas. Serás o mar, quando muito; o vento é outro. Mais depressa seria eu o Próspero do poeta; não qual este o criou, acabando por tornar ao seu ducado de Milão e mandando embora os ministros das suas mágicas. Eu ficaria na ilha, com os bailados e mascaradas. Quando muito, diria à velha política: "Vai, Calibã, tartaruga, venenoso escravo!" E a Ariel: "Tu ficas, meu querido espírito." E não sairia mais da ilha, nem por Milão, nem pelas milanesas. Comporia algumas peças novas; diria à bela Miranda que jogasse comigo o xadrez, um jogo delicioso, por Deus! imagem da anarquia, onde a rainha come o peão, o peão come o bispo, o bispo come o cavalo, o cavalo come a rainha, e todos comem a todos. Graciosa anarquia, tudo isso sem rodas que andem, nem urnas que falem![89]

Ao conversar com o seu leitor, o escritor faz uma analogia entre o reino de Próspero e o contexto político-eleitoral do Rio de Janeiro. Chamar a atenção para a importância do voto deixa de ser, assim, o ponto principal do cronista e torna-se quase que um pretexto para que discorra sobre a sua rejeição a certo modelo político. A preferência pela reclusão na ilha em companhia de Miranda e Ariel bem demonstra isso. A imagem da suposta anarquia do jogo de xadrez com papéis invertidos e realidades inesperadas, por sua vez, é preferível à anarquia política que não quer presenciar.

No que diz respeito à ficção, *A Tempestade* aparece em três textos: na poesia "No Alto", publicada em 15 de janeiro de 1880, na *Revista Brasileira*, no conto "Duas Juízas", publicado em 1883, em que o nome "Próspero" é usado para assinar o texto, e em *Quincas Borba* (1886). A título de ilustração, selecionamos a última narrativa.

No capítulo LXXXI do romance, Rubião, já entregue aos seus delírios, mostra-se decidido a casar-se. Apesar de ainda não ter uma noiva, a decisão está tomada e ele imagina a festa:

88 Ibidem, p. 1051.
89 Ibidem.

DIÁLOGOS MACHADIANOS COM SHAKESPEARE 75

Antes de cuidar da noiva, cuidou do casamento. Naquele dia e nos outros compôs de cabeça as pompas matrimoniais, os coches – se ainda os houvesse antigos e ricos, quais ele via gravados nos livros de usos passados. Oh! Grandes e soberbos coches! [...].

Um desses outros, ou ainda algum menor, podia servir-lhe às bodas, se toda a sociedade não estivesse já nivelada pelo vulgar cupê. Mas, enfim, iria de cupê; imaginava-o forrado magnificamente, de quê? De uma fazenda que não fosse comum, que ele mesmo não distinguia, por ora; mas que daria ao veículo o ar que não tinha. Parelha rara. Cocheiro fardado de ouro. Oh! mas um ouro nunca visto. Convidados de primeira ordem, generais, diplomatas, senadores, um ou dois ministros, muitas sumidades do comércio; e as damas, as grandes damas? Rubião nomeava-as de cabeça; via-as entrar, ele no alto da escada de um palácio, com o olhar perdido por aquele tapete abaixo – elas atravessando o saguão, subindo os degraus com os seus sapatinhos de cetim, breves e leves, – a princípio, poucas –, depois mais, e ainda mais. Carruagens após carruagens... Lá vinham os condes de Tal, um varão guapo e uma singular dama... "Caro amigo, aqui estamos", dir-lhe-ia o conde, no alto; e, mais tarde, a condessa: "Senhor Rubião, a festa é esplêndida..."[90]

A referência a Shakespeare vem no capítulo seguinte, quando o narrador assim comenta as fantasias de Rubião:

Esses sonhos iam e vinham. Que misterioso Próspero transformava assim uma ilha banal em mascarada sublime? "Vai, Ariel, traze aqui os teus companheiros, para que eu mostre a este jovem casal alguns feitiços da minha feitiçaria." As palavras seriam as mesmas da comédia; a ilha é que era outra, a ilha e a mascarada. Aquela era a própria cabeça do nosso amigo; esta não se compunha de deusas nem de versos, mas de gente humana e prosa de sala. Mais rica era. Não esqueçamos que o Próspero de Shakespeare era um duque de Milão; e eis aí, talvez, por que se meteu na ilha do nosso amigo.[91]

A ilha do mágico Próspero ilustra o isolamento de Rubião em seus delírios de riqueza e poder, fazendo desfilar, em seus pensamentos, generais, diplomatas, senadores, ministros, grandes damas..., enfim, agregando nobreza e requinte a seu cotidiano. No caso da personagem de Machado, não apenas a ilha é outra – a própria mente de Rubião –, como nos aponta o narrador, mas é irônica a referência reiterada a Próspero. Dentro

90   Ibidem, v. 1, p. 832.
91   Ibidem.

de sua loucura e ilhamento, a personagem está cada vez mais distante da prosperidade, afinal está ficando gradativamente destituída de suas riquezas, "amigos", e, por fim, de sua sanidade. Ficamos, assim, face ao destino miserável de Rubião, que, dentro de sua ingenuidade no convívio social, não possui meios para compreender as situações em que se vê envolvido – interesses, falsidades, sedução…. – e identificar e driblar as armadilhas cotidianas. É apenas em seus delírios que ele consegue nobreza e poder, na realidade em que vive está à margem e só.

"O Mercador de Veneza":
O Ser, a Alma e o Poder do Dinheiro

O Mercador de Veneza conta com algumas citações nas crônicas e nos escritos diversos de Machado. São referências que vão de 1871, quando o escritor publica o artigo em que tece considerações sobre as representações de Rossi no Brasil, até o ano de 1897, em que a peça aparece em uma carta escrita a Magalhães de Azeredo. A única referência que encontramos a O Mercador de Veneza na ficção do autor é no conto "O Espelho", publicado na Gazeta de Notícias no ano de 1882. É curioso observar que, em praticamente todas as situações nas quais a peça é mencionada, figura a personagem Shylock. Este parece atrair a atenção de Machado, que sempre o atrela a questões relativas ao poder do dinheiro e à configuração do eu frente a esse elemento tão poderoso em um mundo capitalista, cujos primórdios Shakespeare soube delinear tão bem.

O Mercador de Veneza é citada em várias crônicas de Machado. Na coluna "Notas Semanais", em 28 de julho de 1878, por exemplo, a peça é lembrada quando o escritor comenta o empréstimo de um milhão de libras feito pela casa bancária de Rothschild ao Brasil. Leiamos a passagem:

A semana começou com Rothschild e acaba como Poliuto, um judeu e um cristão, ambos dignos do nosso respeito, e certamente não fáceis de imitar. Não é vulgar morrer hoje pela fé; nem vulgar, nem raro. Quanto a emprestar um milhão de libras esterlinas, sem ônus, e ir jogar o *whist* no clube, tomar chá e dormir, como faria qualquer outra pessoa que acabasse de emprestar cinco mil-réis, é tão raro como o caso de Poliuto.

DIÁLOGOS MACHADIANOS COM SHAKESPEARE 77

E foi o que fez o banqueiro. Abriu-nos o crédito a sorrir, sem se lhe alterar uma fibra do rosto; desmentiu Shylock e todos os seus correligionários, e deixou-se estar na impassibilidade olímpica de um Creso. Já vale alguma coisa ser judeu... e rico.[92]

Rothschild e *Poliuto* são duas referências importantes para que possamos compreender o que diz Machado. *Poliuto*, ópera de autoria de Gaetano Donizetti (1797-1848) baseada em uma peça de Corneille, intitulada *Polyeucte* (1643), havia sido representada no Rio de Janeiro, no sábado, dia 27 de julho de 1878. Na ópera, Poliuto é um fidalgo armênio, que morre condenado à morte pelo imperador romano Décio (201-251), em decorrência de profunda admiração pelo cristianismo. Rothschild, segundo nota explicativa da edição das *Notas Semanais*, publicadas pela Unicamp em 2008, diz respeito a uma notícia bastante comentada no jornal *O Cruzeiro*, em 21 de julho de 1878. Trata-se da abertura de crédito na casa do banqueiro Rothschild de Londres de aproximadamente um milhão de libras esterlinas por intermédio do Barão de Penedo. Assim, a semana começa com Rothschild, devido à notícia veiculada em 21, e termina com Poliuto, devido à representação em 27.

O Mercador de Veneza contém elementos que interligam de maneira irônica os eventos. Ao citar Shylock, que empresta dinheiro em troca de uma libra do cristão Antônio, caso este não arque com a dívida, Machado evidencia o quão difícil é, em um mundo capitalista, atitudes como as da casa Rothschild, que empresta um milhão de libras esterlinas como quem empresta cinco mil-réis. Quando afirma que é raro emprestar tal soma de dinheiro sem ônus, assim como é raro um destino como o de Poliuto, Machado mostra não crer em atitudes tão puras e desinteressadas, o que deixa o segundo parágrafo de sua crônica ainda mais irônico: "o dinheiro é um termômetro. [...] e se ele é um deus de nosso tempo e Rothschild o seu profeta, [...] alegremo-nos com a confiança do profeta; é o caminho da graça divina". A ideia do dinheiro como um deus de nosso tempo é, como sabemos, defendida por Karl Marx, que, ao discorrer sobre o assunto, cita Shakespeare tanto em *O Poder do Dinheiro* (1844) quanto em *O Capital* (1864). Não sabemos se

92 Ibidem, v. 4, p. 444.

Machado havia lido Marx então[93], mas é interessante observar que ao retomar *O Mercador de Veneza* e, principalmente, a personagem Shylock, o escritor mostra crer que não apenas tudo é intercambiável, como também o dinheiro configura o centro em torno do qual giram os interesses, o que limita o espaço para profetas desinteressados da casa Rothschild ou atitudes nobres como as de Poliuto.

É com ironia, também, que acolhemos as considerações de Machado em crônica da série "A Semana", de 11 de setembro de 1892. No texto, o autor se mostra a par das práticas econômicas no Brasil de então e comenta, aludindo à comédia de Shakespeare:

Os níqueis voltam certamente; mas há de ser difícil. Ou estarão sendo desamoedados, como suspeita o governo, ou andam nas mãos de alguma tribo, que pode ser a dos narcotizadores, e também pode ser a de Shylock. Creio antes em Shylock. Se assim for, ó níqueis, não há para vós *habeas corpus*, nem tomadas da Bastilha. Não perdeis com a reclusão, meus velhos; ficais luzindo, fora das mãos untadas do trabalho, que vos enxovalham. Para sairdes à rua, é preciso alguma coisa mais que boas razões ou necessidades públicas; e não saireis em tumulto, nem todos, mas devagarinho e aos poucos, conforme a taxa. "Trezentos ducados, bem!"[94]

Machado se refere a uma medida econômica tomada pelo governo e que incluía a autorização de emissões expansivas da base monetária. A presença de Shylock deixa implícito o teor especulativo que o escritor vê em torno da medida. Simulando uma espécie de conversa com os níqueis, o cronista alude à saída do dinheiro para circulação de acordo com as taxas, o que o distanciaria das "boas razões", das "necessidades públicas" e do "trabalho", elementos que seriam, em princípio, o que deveria movimentar o dinheiro na economia. Há, assim, uma espécie de inversão nos valores econômicos, o que fica claro pela ironia com que o cronista fala aos níqueis, advertindo-lhes que não perdem com a reclusão, pois ficam luzindo distantes do

---

93 Em "La Bibliothèque de Machado de Assis", da *Revista do Livro*, organizada por Jean-Michel Massa, não há referência a nenhuma obra de Marx na biblioteca do escritor. Lembramos que, quando Machado escreveu essa crônica, Marx já havia publicado *O Poder do Dinheiro* há 34 anos e *O Capital* há catorze.

94 *Obra Completa em Quatro Volumes*, v. 4, p. 917.

DIÁLOGOS MACHADIANOS COM SHAKESPEARE

trabalho, que os deformam. A alusão a *O Mercador de Veneza*, por sua vez, mostra o quanto são atuais as questões discutidas pelo dramaturgo, que captou com genialidade alguns dos mecanismos da sociedade que começava a se delinear em sua época.

A comédia é retomada por outra perspectiva em "O Espelho", publicado originalmente na *Gazeta de Notícias*, em 1882, e, posteriormente, recolhido em *Papéis Avulsos* (1882). No conto, a peça de Shakespeare mostra-se, mais uma vez, atrelada à figura de Shylock e é citada quando Jacobina narra aos companheiros a sua teoria sobre a alma humana:

casos há, não raros, em que a perda da alma exterior implica a da existência inteira. Shylock, por exemplo. A alma exterior daquele judeu eram os seus ducados; perdê-los equivalia a morrer. "Nunca mais verei o meu ouro, diz ele a Tubal; é um punhal que me enterras no coração." Vejam bem esta frase; a perda dos ducados, alma exterior, era a morte para ele. Agora, é preciso saber que a alma exterior não é sempre a mesma...[95]

Em *Machado de Assis: O Enigma do Olhar*, Alfredo Bosi tece considerações sobre o conto, que nos auxiliam na reflexão sobre a intertextualidade, apesar de não ser esse o ponto abordado pelo crítico. Para Bosi, "O Espelho" mostra que:

não há nenhuma unidade prévia da alma. A consciência de cada homem vem de fora, mas este "fora" é descontínuo e oscilante, porque descontínua e oscilante é a presença física dos outros, e descontínuo e oscilante o seu apoio. Jacobina só conquistará a sua alma, ou seja, a autoimagem perdida, quando fizer um só todo com a farda de alferes que o constitui como tipo. A farda é símbolo e é matéria de status. O eu, investido do papel, pode sobreviver; despojado, perde o pé, dispersa-se, esgarça-se, esfuma-se[96].

Observamos que, assim como a farda de Jacobina é símbolo e matéria de status, o ouro de Shylock também o era. Em um ambiente de intenso antissemitismo, a riqueza do judeu era o que lhe garantia certa posição social. À margem da sociedade veneziana, Shylock tinha no dinheiro e na lei elementos que, em princípio, o colocariam em relação de igualdade com os outros membros

95 Ibidem, v. 2, p. 323. (Grifos do autor.)
96 A. Bosi, *Machado de Assis: O Enigma do Olhar*, p. 99.

daquela sociedade. No entanto, é justamente pelo "rigor" da lei que vê frustrada sua intenção de vingar humilhações sofridas e ser, em última instância, "igual". Shylock resigna-se frente à lei. No entanto, o espectador sabe que esta foi exercida por um todo dominante que se traveste na defesa dos interesses dessa maioria. Assim, retomando o conto "O Espelho", Shylock perde sua alma exterior e se perde em meio ao domínio e controle da maioria. O caminho que Jacobina percorre é o oposto: este consegue integrar as duas faces. Para Bosi, "Machado conduz a narrativa de tal modo que se torne um ato de sobrevivência a entrega da vida interior ao estado civil"[97]. Tal entrega, no entanto, não é possível no caso do judeu, que não é acolhido naquela sociedade, o que reforça ainda mais a ideia proposta pelo conto, de que é impossível viver fora das determinações sociais.

"Como Gostais", *Entre a Melancolia e a Ironia*

Como Gostais conta com poucas mas interessantes citações na obra de Machado. A primeira referência à comédia se dá em uma crônica publicada em 15 de setembro de 1862, em *O Futuro*. A peça retornaria aos seus textos críticos mais de 25 anos depois, em publicação da série "Bons Dias", em 16 de setembro de 1888: "Não bastando o drama, deram-se ainda uma comédia de Shakespeare, *As You Like It* – ou, como diríamos em português, *Como Aprouver a Vossa Excelência*. Posto que inteiramente desconhecida do público, pareceu agradar bastante."[98] Na ficção, a comédia é citada em duas ocasiões, no conto "História de uma Fita Azul", publicado no *Jornal das Famílias* entre dezembro de 1875 e fevereiro de 1876, e no romance *Memórias Póstumas de Brás Cubas*, de 1880.

A presença de *Como Gostais* em "História de uma Fita Azul" é curiosa e inusitada. O conto, que remete à comédia pela referência ao "Pobre Jacques", possui uma curiosa relação em termos de homologia com as comédias de Shakespeare, o que merece ser comentado. Diferenciando-se do estilo geralmente usado

---

97 Ibidem, p. 101.
98 *Obra Completa em Quatro Volumes*, v. 4, p. 833.

por Machado no gênero, "História de uma Fita Azul" mostra um enredo repleto de logros e peripécias. No conto, Marianinha ama Gustavo e, querendo agradar o namorado, borda o nome de ambos em uma fita azul e lhe dá para que ele não se esqueça dela. O rapaz, que a essa altura não amava a jovem, acaba por se esquecer da fita. No entanto, alguns meses mais tarde, apaixonado e disposto a pedir a donzela em casamento, é questionado por ela sobre a recordação. É então que Gustavo percebe que não sabia do paradeiro do presente. Depois de muito procurar e receber um ultimado da namorada – ou apresentava a fita em três dias ou tudo estava acabado –, o criado sugere que ela pudesse estar no bolso do paletó que ele vestia na ocasião. Gustavo e o criado dão início, então, a uma série de tentativas de encontrá-lo, pois o paletó havia sido dado ao serviçal, que o vendera à casa do Pobre Jacques, que o repassara ao dono da casa de pasto. Este, no entanto, tendo encontrado a fita, a dera ao procurador Alvarenga, que a entregara à filha do desembargador, que a havia dado a uma prima, moça de vinte anos, que se recusa a devolver a fita... No final da história, Gustavo, decidido a matar-se caso o fim do namoro ocorresse, tenta enganar a namorada, dizendo que o presente está com ele, mas só lhe entrega caso ela aceite o seu pedido de casamento. É então que Marianinha revela que a fita está com ela. Ficamos sabendo que esta lhe havia sido entregue pela prima da filha do desembargador, que era sua amiga e sabia de seu namoro com Gustavo.

O enredo é repleto de desencontros e mostra a mulher no controle da situação. O banal serve de pano de fundo para ilustrar a situação, que se quer no mínimo curiosa, e que encontra paralelo em comédias de Shakespeare, caso, por exemplo, de *O Mercador de Veneza*. Nela, Pórcia, após se travestir de juiz e salvar Antônio da fúria de Shylock, pede a Bassânio o anel que lhe dera na ocasião do casamento e que fizera lhe prometer guardar para sempre consigo. O rapaz, não tendo o anel, pois o entregara ao "juiz", se vê em apuros. Esse logro, que pode ter sido inspirado na comédia shakespeariana, no caso de "História de uma Fita Azul" mostra, por meio de uma situação cômica, o domínio feminino em um contexto regulado por homens. Quem esperaria de Marianinha, cujo nome denota tanta fragilidade e meninice, tal manipulação e controle sobre Gustavo?

Já *Memórias Póstumas de Brás Cubas* apresenta citações diferentes da peça, de acordo com a edição. Quando foi publicado em folhetim, na *Revista Brasileira*, a partir de março de 1880 até o final daquele ano, *Memórias Póstumas* era iniciado por uma epígrafe tirada da cena 2 do ato III da peça. Trata-se de uma fala da personagem Orlando, citada a partir do original de Shakespeare e em tradução de Machado na própria epígrafe: "I Will chide no breather in the world but myself; against whom I know most faults (Não é meu intento criticar nenhum fôlego vivo, mas a mim somente, em quem descubro muitos senões.)"[99]

Na edição de 1881, a epígrafe sai do romance e é substituída pela famosa dedicatória que o autor faz ao verme que primeiro roeu as frias carnes de seu cadáver. Em "As Correções de Machado de Assis", Eugênio Gomes interpreta a citação como sendo, em tom de autopiedade, uma referência ao próprio narrador/protagonista, que oscila entre melancólico e irônico, como se atribuísse à sua própria personalidade o peso de uma existência banal[100]. Regina Zilberman, no artigo "Shakespeare nas Trincheiras de Brás Cubas", no entanto, pontua que:

A autopiedade [...], pode dizer respeito ao próprio escritor, que, introduzindo uma prosa menos convencional – comparada tanto à sua trajetória literária anterior, quanto ao então encontrável na ficção brasileira – pedia, antecipadamente, perdão aos leitores, sugerindo que os eventuais defeitos do texto a seguir dever-se-iam tão somente às suas imperfeições.[101]

As observações de Gomes e Zilberman poderiam se complementar uma a outra, e a referência a *Como Gostais* integrar, assim, as duas interpretações sugeridas. No entanto, poderíamos acrescentar que a posterior retirada da epígrafe e a inserção da dedicatória aos vermes poderia servir ao intuito de reforçar no leitor a ideia de "divórcio" entre a narração/narrativa de Brás Cubas e o mundo dos vivos. A dedicatória daria ao narrador ainda maior liberdade para se colocar de maneira crítica frente à sociedade retratada, inserido que está no "undiscovered country de Hamlet".

---

99 Machado de Assis apud E. Gomes, *Shakespeare no Brasil*, p. 159.
100 E. Gomes, As Correções de Machado de Assis, *Espelho Contra Espelho*, p. 104.
101 R. Zilberman, Shakespeare nas Trincheiras de Brás Cubas, *Letras*, n. 24, p. 101.

DIÁLOGOS MACHADIANOS COM SHAKESPEARE   83

A segunda referência a *Como Gostais* em *Memórias Póstumas* se dá quando a personagem se encontra de luto pela morte da mãe e, reclusa na chácara da Tijuca, lê a comédia. A peça, que não é citada nominalmente, assim aparece no texto:

Renunciei tudo; tinha o espírito atônito. Creio que por então é que começou a desabotoar em mim a hipocondria, essa flor amarela, solitária e mórbida, de um cheiro inebriante e sutil. "Que bom que é estar triste e não dizer coisa nenhuma!" Quando esta palavra de Shakespeare me chamou a atenção, confesso que senti em mim um eco, um eco delicioso. Lembra-me que estava sentado, debaixo de um tamarineiro, com o livro do poeta aberto nas mãos, e o espírito ainda mais cabisbaixo do que a figura – ou jururu, como dizemos das galinhas tristes. Apertava ao peito a minha dor taciturna, com uma sensação única, uma coisa a que poderia chamar volúpia do aborrecimento. Volúpia do aborrecimento: decora esta expressão, leitor; guarda-a, examina-a, e se não chegares a entendê-la, podes concluir que ignoras uma das sensações mais sutis desse mundo e daquele tempo.[102]

A fala citada pelo narrador pertence à personagem Jacques, apresentado ao espectador como um melancólico. A citação é da cena 1 do ato IV, cujo trecho citamos a seguir:

ROSALINDA: Dizem que sois um sujeito melancólico.
JAQUES: De fato; prefiro isso a rir.
ROSALINDA: As pessoas que se entregam ao excesso, em qualquer caso, se tornam detestáveis, sendo muito mais passíveis de censura do que os bêbedos.
JAQUES: Ora! É bom a gente ficar triste e não dizer nada.[103]

A conversa, em situação risível, para citar a expressão de Zilberman, devido aos apartes de Rosalinda e à sua aparência, pois encontrava-se travestida de homem, faz com que a melancolia de Brás Cubas se esvazie da carga densa que parece pretender. Segundo Zilberman, "a sua melancolia, a do viajante que vagou pela Europa e só foi trazido de volta ao Brasil por causa dos

---

102 *Obra Completa em Quatro Volumes*, v. 1, p. 658.
103 Trad. Carlos Alberto Nunes. No original, lê-se: Rosalind: They say you are a melancholy fellow. / Jacques: I am so: I do love it better than laughing. / Rosalind: Those that are in extremity of either are abominable fellows, and betray themselves to every modern censure worse than drunkards. / Jacques: Why, 'tis good to be sad and say nothing.

apelos do pai, quando a mãe do rapaz já estava desenganada, é a do homem sem propósito, fadado à hipocondria e à flagelação interior"[104]. A referência a Shakespeare torna-se, assim, um caminho promissor para a leitura da personagem, que, por meio da citação, parece distanciar-se da melancolia hamletiana para se aproximar da melancolia de Jacques, mais gratuita e fugaz.

A maneira pela qual *Como Gostais* se faz presente nas *Memórias Póstumas* possui elementos comuns ao modo como Machado integra peças como *A Tempestade* e *O Mercador de Veneza* a seus textos. Essas comédias são trazidas à reflexão por uma perspectiva que visa, em geral, explorar a posição de um sujeito – Brás Cubas, Rubião, Jacobina... – à mercê de situações que expõem sua condição solitária e melancólica frente a um todo que o isola em seus conflitos, à luz, obviamente, do olhar cético e irônico do autor. Nesse ponto, a tomada das peças shakespearianas por parte de Machado parece se igualar, quase independentemente do gênero, acomodando-se a uma determinada perspectiva machadiana a respeito dos fatos do mundo.

MACHADO E SHAKESPEARE

A admiração de Machado pelo dramaturgo inglês é inquestionável e já se manifesta no início de sua carreira: "Não se comenta Shakespeare, admira-se"[105], afirmaria em crônica do periódico *O Espelho*, no final da década de cinquenta do século XIX. A relação intensa que manteria com a obra do dramaturgo se reflete no número de citações e alusões que faz de sua produção ao longo de toda a carreira e que talvez o coloque como a presença mais sistemática na obra do autor brasileiro. Mas como poderíamos compreender essa identificação tão grande de Machado com Shakespeare?

Essa questão não é nova e, mais do que a uma suposta resposta, ela conduz o crítico a um exercício renovado de reflexão. É o que passamos a fazer, a partir de agora, e, para tanto, pegamos de empréstimo o pensamento de Eric Auerbach.

---

104 R. Zilberman, op. cit., p. 103.
105 *Do Teatro: Textos Críticos e Escritos Diversos*, p. 175.

DIÁLOGOS MACHADIANOS COM SHAKESPEARE

* * *

No conhecido ensaio "O Príncipe Cansado", o autor alemão afirma que o estilo de Shakespeare "mistura o sublime e o baixo, o trágico e o cômico, numa inesgotável plenitude de modulações; o quadro fica ainda mais rico quando se lhe juntam as feericamente fantásticas comédias, nas quais também, por vezes, ressoam elementos trágicos"[106]. É certo que o dramaturgo estava inserido em um contexto cultural propício a rupturas, mas não há dúvidas de que soube, como nenhum outro de seu tempo, captar e nos explicar a dinâmica que move o ser em suas relações com o outro e com o todo. Mas Auerbach nos lembra ainda:

> Não é só a grande quantidade de fenômenos e a mistura entre o alto e o baixo, o sublime e o quotidiano, o trágico e o cômico, apresentada sempre em novas tonalidades e extremamente humana, devem ser assinaladas aqui, mas também aquela concepção dificilmente exprimível com palavras claras, mas que opera em toda parte, segundo a qual há uma base universal que se tece constantemente a si própria, se renova e está internamente ligada em todas as suas partes, de onde tudo isto flui e que torna impossível isolar um acontecimento ou um nível estilístico.[107]

Essa "base universal", um todo orgânico que movimenta cada uma de suas criações, nos coloca frente a uma dinâmica que agrega as mais diferentes e surpreendentes experiências e sensações e mostra a força enérgica da vida humana em um mundo que se quer muitas vezes enigmático e incompreensível. A experiência de criação estética, por sua vez, deixa ver o sublime da arte em congregar tudo isso.

Machado, à semelhança do dramaturgo, capta e expressa com genialidade essa "base universal que se tece constantemente a si própria", o que torna a sua obra tão atual e surpreendente, à altura dos grandes escritores do cânone ocidental. Um dos pontos que iguala Shakespeare e Machado, nesse exercício, é a liberdade ousada, um desrespeito autêntico à norma e ao que é usual, que se perfaz em um escrito lúcido e consciente. A maneira pela qual os dois escritores mostram perceber o

106 E. Auerbach, *Mimesis*, p. 282.
107 Ibidem, p. 291.

MACHADO E SHAKESPEARE

mundo possui pontos comuns. Para discorrer sobre isso, retomamos, mais uma vez, as palavras de Auerbach.

Quando compara a concepção shakespeariana de mundo, em contraposição à de Dante, o teórico afirma:

A figuralidade comum, claramente delimitada, de Dante, dentro da qual tudo chegará a prestar contas no além, no reino definitivo de Deus, e no qual as pessoas só no além atingem a sua plena realidade, não mais existe; já no terreno as personagens trágicas atingem a sua plenitude final, quando, pesadas dos seus destinos, amadurecem, como Hamlet, Macbeth e Lear; e contudo, não estão presas somente ao destino que coube a cada um, mas estão todos unidos como atores naquela peça que foi escrita pelo desconhecido e inescrutável poeta do universo, que está ainda sendo escrita por ele; uma peça, cuja verdadeira significação e realidade nem eles nem nós conhecemos.[108]

Como vemos, para Auerbach, a produção shakespeariana não tem aquela espécie de conforto, garantido pela crença na suposta resposta divina, em um plano definitivo e abstrato, como mostrava a obra de Dante. O sujeito shakespeariano vive uma experiência individualizada e única, cuja relação com Deus se faz de maneira distante e impessoal. No entanto, é importante assinalar, a Sua presença ainda se faz sentir. Afinal, citando palavras de Steiner, a tragédia "requer o peso intolerável da presença de Deus"[109]. Esse peso, no caso do gênero moderno, se faz sentir pela presença de um Ser que ainda está lá, embora como espectador. Há, desse modo, um sentimento de abandono e de orfandade, que assusta o herói e o espectador. A morte da tragédia, ainda nos dizeres de Steiner, teria se dado justamente a partir da ausência desse Ser: Deus teria se retirado de nossa cena no século XVII[110].

Diríamos, no entanto, que, no teatro de Shakespeare, mais do que o peso da figura de Deus, pesa um Mistério. Isso, obviamente, se manifesta de maneira diversa em momentos diferentes de sua trajetória. Em *Romeu e Julieta*, por exemplo, uma de suas primeiras tragédias, há a força de algo desconhecido e assustador, que Frei Lourenço capta e assim expressa, em uma

108 Ibidem, p. 291-292.
109 G. Steiner, *A Morte da Tragédia*, p. 200.
110 Ibidem.

DIÁLOGOS MACHADIANOS COM SHAKESPEARE

de suas cenas finais: "Uma potência / por demais forte para que a vençamos / frustrou nossos intentos."[111] (ato v, cena 3) Em *Macbeth*, tragédia da maturidade de Shakespeare, há algo de sinistro e diabólico que assombra o protagonista e o espectador, algo que Lady Macbeth não consegue suportar. Hamlet, por sua vez, oscila entre querer viver ou morrer, se vê como uma espécie de títere de algo maior e incompreensível, jogado dentro de uma peça e de uma história na qual não gostaria de atuar; sabe que há mais coisas entre o céu e a terra do que sonha a filosofia...

O mundo de Machado, à semelhança do que ocorre em Shakespeare, pauta-se no plano terreno. O escritor brasileiro não parece crer que exista algo transcendente ou que seja possível atingir qualquer plenitude em outro "lugar". Mas, mais do que isso, o universo machadiano, como pontuaria Sérgio Buarque de Holanda, é sem começo e sem paraíso[112]. Desse modo, o Mistério que paira no mundo shakespeariano parece ausente da obra do autor. Para ilustrar essa questão, retomamos, aqui, uma crônica publicada na série "A Semana" em 16 de junho de 1895. Trata-se de um texto conhecido no qual Machado fala sobre um caso ocorrido em Porto Alegre e noticiado nos jornais da época: o abandono do menino Abílio, de dois anos, pelos pais em uma estrebaria, onde passou três dias sem comer nem beber, recebendo bicadas de galinha até morrer.

Em sua crônica, Machado explica a notícia por meio da "Metafísica do Amor", teoria de Schopenhauer, presente no segundo volume de *O Mundo Como Vontade e Como Representação*. Para o filósofo, o amor não é função do espírito, mas um engenhoso artifício da natureza para alcançar o importante objetivo da preservação da existência da vida humana. O que atrai dois indivíduos de sexos diferentes é a vontade de vida, que se manifesta no impulso sexual. Desse modo, o amor seria uma espécie de ilusão, um estratagema biológico e um meio de a natureza atingir o seu fim. Dentro desse contexto, o envolvimento de dois amantes seria a vontade de vida de outro indivíduo que eles podem procriar. Isso justifica a história que

111 Trad. Carlos Alberto Nunes. No original, lê-se: "A greater Power than we can contradict / Hath thwarted our intents."
112 Cf. *Cobra de Vidro*, p. 56.

Machado imagina para explicar o caso acontecido em Porto Alegre. Trata-se de uma narrativa que mostra uma concepção da vida humana como algo essencialmente governado pela matéria, uma espécie de fenômeno da natureza cujo motor seria uma força instintiva e inconsciente. Vamos a ela.

Cristina e Guimarães se conheceram: "Os olhos de um e de outro trocaram-se, e o coração de ambos bateu fortemente. Guimarães achou em Cristina uma graça particular, alguma coisa que nenhuma outra mulher possuía. Cristina gostou da figura de Guimarães, reconhecendo que entre todos os homens era um homem único. E cada um disse consigo: 'Bom consorte para mim!'"[113]

Essa atração irresistível, que leva Cristina e Guimarães a se acharem únicos um para o outro, seria proveniente da vontade de preservação da espécie. Desse modo, "o autor de tudo, segundo o nosso filósofo, foi unicamente Abílio", a força vital que se manifesta, "as cartas eram ditadas por ele. Abílio andava no pensamento de ambos, mascarado com o rosto dela, quando estava no dele, e com o dele, se era no pensamento dela"[114]. Shakespeare não poderia deixar de figurar nessa reflexão:

creio que Abílio teve momentos de Hamlet. Uma ou outra vez haverá hesitado e meditado, como o outro: "Ser ou não ser, eis a questão. Valerá a pena sair da espécie para o indivíduo, passar deste mar infinito a uma simples gota d'água apenas visível, ou não será melhor ficar aqui, como outros tantos que se não deram ao trabalho de nascer? Nascer, viver, não mais. Viver? Lutar, quem sabe?" *It is the rub*, continuou ele em inglês, nos termos do poeta, tão universal é Shakespeare, que os próprios seres futuros já o trazem de cor[115].

Apesar dos dilemas hamletianos, Abílio nasceu. Como a criança chegou aos dois anos não se sabe, mas:

Chagado, encaixotado, foi levado à estrebaria, onde, por um desconcerto das coisas humanas, em vez de burros havia galinhas. Sabeis já que estas, mariscando, comiam ou arrancavam somente pedaços da carne de Abílio. Aí, nesses três dias, podemos imaginar que Abílio, inclinado aos monólogos, recitasse esse outro de sua invenção: "Quem mandou

---

113 *Obra Completa em Quatro Volumes*, v. 4, p. 1182.
114 Ibidem.
115 Ibidem.

DIÁLOGOS MACHADIANOS COM SHAKESPEARE   89

aqueles dois casarem-se para me trazerem a este mundo? Estava tão sossegado, tão fora dele, que bem podiam fazer-me o favor de me deixarem lá. Que mal lhes fiz eu antes, se não era nascido? Que banquete é este em que a primeira coisa que negam ao convidado é pão e água?[116]

Nos dizeres do cronista, se Schopenhauer fosse vivo e estivesse em Porto Alegre, presenciando o sofrimento da criança,

bradaria com a sua velha irritação: "Cala a boca, Abílio. Tu não só ignoras a verdade, mas até esqueces o passado. Que culpa podem ter essas duas criaturas humanas, se tu mesmo é que os ligaste? Não te lembras que, quando Guimarães passava e olhava para Cristina, e Cristina para ele, cada um cuidando de si, tu é que os fizeste atraídos e namorados? Foi a tua ânsia de vir a este mundo que os ligou sob a forma de paixão e de escolha pessoal. Eles cuidaram fazer o seu negócio, e fizeram o teu. Se te saiu mal o negócio, a culpa não é deles, mas tua, e não sei se tua somente... Sobre isto, é melhor que aproveites o tempo que ainda te sobrar das galinhas, para ler o trecho da minha grande obra, em que explico as coisas pelo miúdo. É uma pérola. Está no tomo II, livro IV, capítulo XLIV... Anda, Abílio, a verdade é verdade ainda à hora da morte[117].

A vida de Abílio se afirma pela dor, que a explicação de Schopenhauer, fria e direta, não ajuda a aplacar. Há, no entanto, uma ironia com relação ao alemão. A fala que Machado atribui a ele: "Cala a boca, Abílio. [...] Que culpa podem ter essas duas criaturas humanas, se tu mesmo é que os ligaste?", coloca em cena a frieza de sua filosofia, que, apesar de elucidativa, se esquece de que a vida humana agrega a razão. Ela não é só fenômeno natural, na medida em que, se não há Deus, deve haver responsabilidade. Desse modo, a pergunta que Schopenhauer faria a Abílio convoca o leitor a uma reflexão, que vem sugerida no suposto diálogo entre a criança e o filósofo: "— Será verdade o que dizes, Artur; mas é também verdade que, antes de cá vir, não me doía nada, e se eu soubesse que teria de acabar assim, às mãos dos meus próprios autores, não teria vindo cá."[118]

A crônica de Machado expõe uma concepção cruel dos fatos do mundo; seríamos instrumentos de um fenômeno, em um mundo regulado pelo impulso e pelo instinto de conservação da

116 Ibidem, p. 1183.
117 Ibidem.
118 Ibidem.

espécie. Note-se que o primeiro nome do filósofo aparece grafado de maneira diferente do que tinha: "Artur" e não "Arthur", como se o próprio pensador fosse uma espécie de personagem nesse teatro da existência, dando a sua contribuição para compor um drama que o desengano regula e orienta. Shakespeare, citado de passagem, no texto, parece, aos olhos do cronista, dramatizar como poucos as contraditoriedades e as tensões dessa composição. Apesar de a obra de Machado estar distante do peso de Deus ou de qualquer Mistério, ela se aproxima da produção do dramaturgo pelo fato de o mundo de ambos estar abandonado a si, carente de significado, independente da maneira como se constrói o seu caráter sinistro, enigmático e, por vezes, diabólico. Ficamos, assim, com os ecos das palavras de Machado ao comentar o aniversário natalício do dramaturgo inglês: "Respiremos, amigos; a poesia é um ar eternamente respirável."[119]

119 Ibidem, p. 979.

3. A Presença de Otelo em Dom Casmurro: **O Trágico em Machado de Assis**

Dom Casmurro conta com uma das mais conhecidas intertextualidades com Shakespeare na obra de Machado de Assis. O paralelo com *Otelo* é feito pelo próprio narrador do romance, Bento Santiago, que sugere ao leitor perceber a semelhança entre as situações. A diferença entre as histórias ficaria por conta da culpa de Capitu, que não seria inocente como Desdêmona, mas, sim, pérfida e dissimulada. Por essa perspectiva, Bento Santiago conta, na maturidade, a tragédia que foi sua vida: a (suposta) traição da esposa com o amigo Escobar teria arruinado sua felicidade e seria responsável pela casmurrice que ostenta até a idade madura. Desse modo, a alusão a *Otelo* parece recobrir a intenção de intensificar o caráter trágico de sua experiência, que caminha da perspectiva de um futuro promissor e feliz para a desgraça.

No entanto, ao estabelecermos o paralelo proposto pelo narrador, percebemos que, se as semelhanças são evidentes, os elementos que compõem as duas tramas, incluindo aí o desfecho, diferem de forma significativa e atuante na composição de sentidos do romance. As perspectivas que vários elementos assumem no texto de Machado nos levam a questionar até que ponto a intertextualidade com a tragédia de Shakespeare teria como resultado uma situação e um efeito que poderiam ser considerados trágicos, como o narrador, ao que parece, quer fazer crer. Chegamos, assim, ao objetivo desta seção de nosso estudo crítico, que é discutir de que maneira a intertextualidade de *Dom Casmurro* com *Otelo* retoma o caráter trágico da experiência humana presente na tragédia renascentista e quais as implicações que isso teria na configuração do sujeito delineado por Machado. Dentro dessa perspectiva, que explora diferenças, mais do que semelhanças com o texto inglês, interessa-nos, ainda, discutir de que maneira a manipulação de elementos da tragédia ajuda na caracterização do contexto estético e sociocultural contemporâneo ao escritor brasileiro.

DOM CASMURRO, OTELO E A QUESTÃO DO TRÁGICO

Bento e a Queda do Herói

Parece consenso entre a crítica – pelo menos aquela posterior ao estudo de Helen Caldwell, *O Otelo Brasileiro de Machado de Assis*, publicado em 1960, nos Estados Unidos –, que a narrativa empreendida por Bento é parcial e unilateral, fruto de uma "vivência" acima de tudo "pessoal" e comprometida com dados ambíguos e passíveis de diferentes interpretações. O sujeito enunciador do discurso que lemos, por sua vez, merece desconfiança quanto a seus objetivos com o romance que escreve.

Os dois primeiros capítulos da história possuem um papel importante para que se perceba a artimanha do narrador. O tom e a ordem deles são, como diria John Gledson, calculados "para desfazer suspeitas", o que distancia o romance de Bento Santiago do de Brás Cubas, por exemplo, em que, ainda nos dizeres de Gledson, o leitor é avisado das armadilhas que o texto lhe prepara. Em *Dom Casmurro*, os avisos são cuidadosamente removidos e substituídos por um convite para que nos sentemos com todo o conforto[1].

---

1 J. Gledson, *Machado de Assis: Impostura e Realismo*, p. 24.

A PRESENÇA DE *OTELO* EM *DOM CASMURRO* 93

O narrador tenta, assim, não deixar o leitor perceber que o que lerá é fruto de um acontecimento que o perturbou e ainda o perturba profundamente, e que a narrativa é, do princípio ao fim, articulada para atingir um objetivo que tenta esconder. Lembramos aqui Silviano Santiago em "Retórica da Verossimilhança", ensaio em que afirma ser fundamental perceber o apriorismo da retórica do narrador-advogado, que sabe de antemão o que quer provar e conduz a narração do modo que lhe parece mais adequado para seus objetivos[2]. O dado é curioso: o narrador acusa Capitu de dissimulação e cálculo enquanto mostra de maneira indireta que também se vale desses atributos para convencer o leitor de sua versão dos fatos.

Os dois primeiros capítulos do romance apontam para essas questões. No primeiro deles, que explica o título do livro e a alcunha auferida pelo narrador, vemos um sujeito tentando mostrar que não é indiferente ou arrogante, como interpretou o vizinho que leu versos para ele no trem da Central. O interlocutor de Dom Casmurro, cujo pacto ficcional nos leva a entender como sendo os próprios cariocas contemporâneos a ele, uma vez que há a intenção de publicar o livro assim que terminado, tem o seu comportamento justificado. Dessa maneira, ele tenta dissolver a antipatia alheia, evidenciada pelo próprio apelido ganho. É necessário conquistar o leitor: Bento é esquivo, solitário, fechado para o mundo, mas tem um motivo para isso, que o livro tratará de mostrar.

É nesse sentido que trabalham outras colocações do narrador. A afirmação de que escrever o livro surgiu como uma tentativa de escapar à monotonia, no segundo capítulo, recobre mais uma vez o cálculo: "Ora, como tudo cansa, esta monotonia acabou por exaurir-me também. Quis variar, e lembrou-me escrever um livro."[3] O pretenso motivo para a composição da obra não resiste à afirmação de que a inspiração teria vindo de uns medalhões que se encontravam nas paredes e "entraram a falar-me e a dizer-me que, uma vez que eles não alcançavam reconstituir-me os tempos idos, pegasse da pena e contasse alguns"[4]. Trata-se de César, Augusto, Nero e Massinissa, figuras

2   S. Santiago, *Uma Literatura nos Trópicos*, p. 34.
3   *Obra Completa em Quatro Volumes*, v. 1, p. 932.
4   Ibidem, p. 932-933.

94 MACHADO E SHAKESPEARE

ligadas à traição, como apontou John Gledson em *Machado de Assis: Impostura e Realismo*.

Como se trata de uma narrativa com um narrador protagonista marcado pela densidade psicológica, é impossível ao leitor encontrar os limites entre o que seria consciente, estratégia de embuste ou "verdade pessoal". No entanto, independentemente dessa questão, observamos que não se trata, como o narrador insiste em afirmar, de contar fatos idos pura e simplesmente, mas, sim, assuntos e eventos escolhidos, o que as figuras das paredes acabam por denunciar: "Sim, Nero, Augusto, Massinissa, e tu, grande César, que me incitas a fazer os meus comentários, agradeço-vos o conselho, e vou deitar ao papel as reminiscências que me vierem vindo."[5]

A descontinuidade formal entre a primeira e a segunda parte do romance, abordada pela crítica em diversos momentos, dramatiza a parcialidade do olhar do narrador. Bento não compõe uma narrativa estruturalmente equilibrada, em que todos os acontecimentos possuem peso semelhante na narração, mas enfatiza o que quer enfatizar. Esse dado, ao evidenciar a parcialidade com que ele vê os acontecimentos e os traduz para seu leitor, produz um efeito não apenas interessante, mas muito coerente com o estilo de Machado. O escritor, como sabemos, não mostra, em seus escritos, crer que a verdade possa se subordinar à experiência humana, em diálogo com preceitos estéticos e científicos de seu tempo, o que instaura um realismo muito particular decorrente de uma espécie de recusa de propor causas unívocas para a ação. A verdade não se submete ao leitor nem a Bento, embora este pareça convencido de sua tragédia pessoal. A narração, da maneira como é estruturada, denuncia o seu controle, colocando foco no idílio com Capitu, o que intensifica o erro da mulher e a consequente queda do casal.

Se tomarmos o texto como um todo, veremos que a narração mostra uma clara passagem da felicidade para a infelicidade, um dos elementos primordiais para a composição da tragédia, lembrando-nos de Aristóteles em sua *Poética*. O idílio dos anos de juventude entre Bento e Capitu, as dificuldades em driblar o seminário, o abandono do projeto eclesiástico com o

5   Ibidem, p. 933.

A PRESENÇA DE *OTELO* EM *DOM CASMURRO*   95

consentimento da mãe e do protonotário Cabral, a graduação em direito, o apoio de todos à união com a namorada, formosa, discreta, prendada. Tudo parecia indicar um futuro feliz para Bento, que, iludido ou não, viveu alguns anos de felicidade ao lado da esposa. É certo que o período feliz parece meio embaçado aos olhos do narrador no momento da enunciação narrativa; julgando-se enganado, Dom Casmurro vê a felicidade dos anos de casado, anteriores à suposta descoberta da traição, como tendo sido um engodo.

A passagem em que narra o episódio das libras esterlinas é um exemplo. O dinheiro economizado por Capitu das despesas domésticas aumentou sua admiração por ela naquele momento, tornando a esposa ainda mais cuidadosa e prendada aos seus olhos. No entanto, o acontecimento seria, mais tarde, um motivo gerador de desconfianças por parte de Bento, afinal assegurava que Capitu havia tido algum contato com Escobar oculto aos seus olhos, uma vez que ele fora o corretor na compra das tais libras. O discurso por meio do qual narra o episódio aponta para a felicidade do casamento ao mesmo tempo que deixa implícito, principalmente para uma segunda leitura do texto, que havia ali motivo para desconfiança.

A verdade é que fiquei mais amigo de Capitu, se era possível, ela ainda mais meiga, o ar mais brando, as noites mais claras, e Deus mais Deus. E não foram propriamente as dez libras esterlinas que fizeram isto, nem o sentimento de economia que revelavam e que eu conhecia, mas as cautelas que Capitu empregou para o fim de descobrir-me um dia o cuidado de todos os dias. Escobar também se me fez mais pegado ao coração. As nossas visitas foram-se tornando mais próximas, e as nossas conversações mais íntimas.[6]

A passagem é discreta, mas irônica. O que inspira Bento a ficar mais amigo da esposa: "as cautelas que Capitu empregou para o fim de descobrir-me um dia o cuidado de todos os dias" é não apenas o que gerará desconfiança mas também o que deixará implícito ao leitor a capacidade de a esposa ocultar de maneira bem-sucedida o que quer dele; Bentinho só descobriu sobre as libras esterlinas porque ela lhe disse. A relação entre

6   Ibidem, p. 1039.

Capitu e Escobar, sugerida pela negociação, é, como a leitura da passagem leva a constatar, acompanhada pela aproximação de Escobar e Bento. Mas é preciso perceber que o narrador enfatiza a afeição que o amigo lhe inspirava, valendo-se da expressão "pegado ao coração", o que tornaria a suposta traição ainda mais cruel e Bento ainda mais vitimado. Desse modo, aos olhos envenenados do narrador, para utilizar a expressão de Roberto Schwarz em seu estudo *Duas Meninas*, a felicidade existiu, mas foi pontuada pelo engano.

O capítulo C, cujo título faz referência a *Macbeth*, "Tu serás feliz Bentinho!", faz uma clara alusão à suposta queda do herói, que citamos anteriormente. Nele, Bento acabava de retornar de São Paulo bacharel em direito, o casamento com Capitu estava bem encaminhado e era do agrado de todos. Tudo conspirava a favor de um futuro promissor. A referência às bruxas da tragédia *Macbeth*, considerada a mais negra de Shakespeare, no entanto, parece funcionar como prenúncio dos dissabores futuros, já anunciando para o leitor o futuro negro que aguardava a personagem. O narrador, pelo paralelo que faz, deixa implícito que o destino feliz que a vida parecia lhe indicar sofreria uma queda. Afinal, também Macbeth contou com indicativos positivos para seu destino, que se mostraram desastrosos.

A queda de Bento é aludida por ele próprio, em vários momentos da narrativa. É o que ocorre, por exemplo, no capítulo CXXXII, "O Debuxo e o Colorido", em que o narrador concretiza na sua mente a imagem da traição da esposa, vendo no filho um debuxo que se coloria à imagem de Escobar. O termo que Bento utiliza para a sua condição é o do naufrágio pessoal e, para isso, se vale de uma metáfora que envolve a ele, Capitu, Escobar e o mar: "Releva-me estas metáforas; cheiram ao mar e à maré que deram morte ao meu amigo e comborço Escobar. Cheiram também aos olhos de ressaca de Capitu. Assim, posto sempre fosse homem de terra, conto aquela parte da minha vida, como um marujo contaria o seu naufrágio."[7]

Não se trata apenas de narrar o seu naufrágio. A metáfora usada pelo narrador sugere o conluio entre Capitu e Escobar, aproximados pela imagem do mar. Esta, por sua vez, termina

7   Ibidem, p. 1060.

A PRESENÇA DE *OTELO* EM *DOM CASMURRO* 97

por enfatizar a distância do suposto casal para com o narrador, "homem de terra". A essa altura da narrativa estamos perto do ponto culminante do conflito vivido pelo protagonista. A tempestade que assolou seu relacionamento, para usar a metáfora do próprio narrador, é narrada no mesmo capítulo:

O que se passava entre mim e Capitu naqueles dias sombrios, não se notará aqui, por ser tão miúdo e repetido, e já tão tarde que não se poderá dizê-lo sem falha nem canseira. Mas o principal irá. E o principal é que os nossos temporais eram agora contínuos e terríveis. Antes de descoberta aquela má terra da verdade, tivemos outros de pouca dura; não tardava que o céu se fizesse azul, o sol claro e o mar chão, por onde abríamos novamente as velas que nos levavam às ilhas e costas mais belas do universo, até que outro pé-de-vento desbaratava tudo, e nós, postos à capa, esperávamos outra bonança, que não era tardia nem dúbia, antes total, próxima e firme.[8]

Se as bruxas de *Macbeth* funcionam como prenúncio da queda de Bento, assistir a *Otelo* no teatro parece acentuar o fato, funcionando como um elemento desencadeador para que a situação de conflito se encaminhe para um fim. É nítido que a representação da peça o conduz a um enorme abalo emocional, que beira a alucinação e o leva a tomar decisões momentâneas e apaixonadas que não se concretizam, mas mostram não haver mais retorno.

Otelo, como bem sabemos, é citado em quatro capítulos: "Uma Ponta de Iago"; "Uma Reforma Dramática"; "Otelo"; e "A Xícara de Café". Tais referências não funcionam como alusões isoladas, mas criam uma teia intertextual complexa e aberta às significações. Percebe-se que *Otelo* e o próprio *Macbeth*, como veremos logo mais, surgem como aliados à argumentação do narrador, enquanto textos potencialmente ligados à queda de um relacionamento que poderia ser feliz, mas que resultou em desastre. Isso se dá, de maneira clara, com Otelo e Desdêmona, que se amavam, mas caíram em infelicidade devido ao veneno de Iago e à fraqueza do herói; se dá, também, com o casal Macbeth, nos dizeres de Harold Bloom, em *Shakespare: A Invenção do Humano*, um dos mais felizes de Shakespeare, que tem o relacionamento e as vidas destruídas devido às ambições desmedidas.

8 Ibidem.

98 MACHADO E SHAKESPEARE

Cabe ressaltar que, independentemente de Bento ser um turrão com pretensões de mostrar que a esposa o traiu, ou um ser recluso e amargurado justamente devido à traição, enigma que a crítica já tratou de mostrar insolúvel, o que se deve perceber é que *Dom Casmurro* trata da narração de uma experiência de perda de referências devido ao fracasso da relação amorosa, ao naufrágio de uma determinada expectativa de vida anunciada desde a adolescência. Nesse sentido, para lembrar os dizeres de Antonio Candido, importa pouco que a convicção de Bento seja falsa ou verdadeira, pois a consequência é a mesma nos dois casos: Capitu "destrói a sua casa e a sua vida"[9]. Por trás do discurso há alguém que se julga traído e enganado e responsabiliza a mulher pela infelicidade que dominou sua existência. O erro trágico, aos olhos desse sujeito, referindo-nos novamente à *Poética*, teria sido o de não perceber que a Capitu menina, oblíqua e dissimulada, "estava dentro da outra, como a fruta dentro da casca"[10]. Nesse sentido, a queda de Bentinho parece inquestionável, o que faz com que sua história adquira, por esse prisma, ressonâncias trágicas. No entanto, o caráter trágico de sua experiência se sustenta em outros níveis?

"Tu Serás Feliz, Bentinho!"

A presença de *Macbeth* em *Dom Casmurro* parece ofuscada pela óbvia intertextualidade que o romance faz com *Otelo*. A alusão à mais negra e sangrenta das tragédias de Shakespeare é, de fato, discreta e silenciosa quando comparada à que faz à tragédia do mouro de Veneza; no entanto, pode render comentários bastante produtivos, em uma reflexão que se soma à empreendida até agora. A citação de *Macbeth* domina todo o capítulo de número c, já referido aqui, que começa assim:

No quarto, desfazendo a mala e tirando a carta de bacharel de dentro da lata, ia pensando na felicidade e na glória. Via o casamento e a carreira ilustre, enquanto José Dias me ajudava, calado e zeloso. Uma fada

9 A. Candido, Esquema de Machado de Assis, *Vários Escritos*, p. 25.
10 *Obra Completa em Quatro Volumes*, v. 4, p. 1072.

A PRESENÇA DE *OTELO* EM *DOM CASMURRO*

invisível desceu ali e me disse em voz igualmente macia e cálida: "Tu serás feliz, Bentinho; tu vais ser feliz."
– E por que não seria feliz? – perguntou José Dias, endireitando o tronco e fitando-me.
– Você ouviu? – perguntei eu erguendo-me também, espantado.
– Ouviu o quê?
– Ouviu uma voz que dizia que eu serei feliz?
– É boa! Você mesmo é que está dizendo…[11]

O prenúncio, como já observamos, permite ao narrador plantar o aviso de que caminho o seu destino tomará. À semelhança do que ocorre com Macbeth, Bentinho não teria o sucesso que vislumbrava: Macbeth foi rei, Bentinho foi feliz, mas ambos por pouco tempo e de maneira insatisfatória, uma vez que a tragédia dominou suas vidas.

É curioso perceber que, no curto período em que Macbeth reinou na Escócia, seu poder era, até certo ponto, fruto de uma ilusão, apesar de algo instituído e reconhecido. Desde o assassinato do rei Duncan, Malcolm e Donalbain percebem que estão em meio a uma conspiração e tratam de fugir para buscar ajuda. O mesmo se dá, em certo grau, com Macduff, que percebe o desajuste da situação. Desvendar o crime é uma questão de tempo. Macbeth não se dá conta disso, quer eliminar a todos que acha que podem ameaçá-lo, originando uma sequência de crimes sangrentos, o que deixa sua situação ainda mais vulnerável. É curioso traçar um paralelo entre a posição de Bento e a de Macbeth: assim como Macbeth, o "reinado" de Bento seria, pelo menos em sua perspectiva, fictício e fruto de uma ilusão à qual não perceberia.

A referência a *Macbeth* é limitada ao capítulo citado, mas dá margem a um paralelo mais amplo. Se tomarmos a perspectiva do narrador, veremos que a aproximação com essa tragédia pode servir ao propósito de caracterizar Capitu de maneira tendenciosa. À semelhança de Lady Macbeth, personagem não mencionada na narrativa, Capitu aparece como a grande articuladora do casal, imaginando meios de alcançar o objetivo de ambos. Aliás, é curioso perceber que tanto o casal de Machado quanto o de Shakespeare buscam ascender dentro da célula

11   Ibidem, v. 1, p. 1032.

em que se encontram. Bento e Macbeth querem ser "reis" e as esposas trabalham em função desse objetivo de seus parceiros, pois serão também recompensadas.

Atendo-nos à questão da articulação feminina, lemos em *Macbeth*:

Ato i, Cena 7

MACBETH: Se falharmos...
LADY MACBETH: Falharmos?
    Bastará aparafusardes
    Vossa coragem até o ponto máximo,
    Para que não falhemos. Quando Duncan
    Se puser a dormir – e a rude viagem
    De hoje o convidará para isso mesmo –
    Ambos os camareiros de tal modo
    Dominarei com vinho, que a memória,
    Essa guarda do cérebro, fumaça
    Tão somente será e o receptáculo
    Da razão, alambique. E quando os corpos
    Nesse sono de porco se encontrarem,
    Como se mortos fossem, que de coisas
    Não faremos em Duncan indefeso,
    Que culpas não imputaremos a esses
    Servidores-esponjas, por que fiquem
    Responsáveis por nosso grande crime?[12]

É claro que o plano de crime e morte distancia a personagem de Shakespeare de Capitu. No entanto, o domínio da situação e a capacidade de articulação que o narrador quer mostrar que Capitu possui servem para aproximar as duas. O dado é interessante e pode nos levar a perceber que o diálogo com *Macbeth* poderia caracterizar Capitu como um ser meio demoníaco, à semelhança do que supostamente dizem seus olhos de cigana oblíqua e dissimulada, mesmo quando trabalhando a favor de

---

12   Trad. Carlos Alberto Nunes. No original, lê-se: Macbeth: If we should fail / Lady Macbeth: We fail! / But screw your courage to the sticking place, / And we'll not fail. When Duncan is asleep / – Whereto the rather shall his day's hard journey / Soundly invite him –, his two chamberlains / Will I with wine and wassail so convince / That memory, the warder of the brain, / Shall be a fume and the receipt of reason / A limbeck only. When in swinish sleep / Their drenched natures lie, as in death, / What cannot you and I perform upon / Th'unguarded Duncan? What not put upon / His spongy officers, who shall bear the guild / Of our great quell?

A PRESENÇA DE *OTELO* EM *DOM CASMURRO* 101

interesses do próprio casal. O capítulo "Um Plano" permite perceber isso, aliás, pelo próprio título que tem. A articulação de Capitu e seu domínio sobre o parceiro ficam evidentes:

– Que tem José Dias?
– Pode ser um bom empenho.
– Mas se foi ele mesmo que falou...
– Não importa – continuou Capitu –; dirá agora outra coisa. Ele gosta muito de você. Não lhe fale acanhado. Tudo é que você não tenha medo, mostre que há de vir a ser dono da casa, mostre que quer e que pode. Dê-lhe bem a entender que não é favor. Faça-lhe também elogios; ele gosta muito de ser elogiado. D. Glória presta-lhe atenção; mas o principal não é isso; é que ele, tendo de servir a você, falará com muito mais calor que outra pessoa.
– Não acho, não, Capitu.
– Então vá para o seminário.[13]

Os diálogos que selecionamos mostram não apenas a já citada capacidade de articulação das personagens femininas, mentoras intelectuais dos planos, mas seu domínio sobre os parceiros, que são estimulados a terem coragem de agir e, assim, levar a cabo o que é delineado calculadamente por elas.

Curiosamente, *Dom Casmurro* possui traços comuns em aspectos composicionais à tragédia *Macbeth*. Como observou A.C. Bradley em *Shakespearean Tragedy*, *Macbeth* possui uma desproporção entre a primeira e a segunda parte da peça, sendo que, na primeira, Lady Macbeth aparece mais do que na segunda e, além disso, na primeira metade da peça ela possui influência decisiva na ação[14].

É relevante lembrar que Capitu, quando percebe a iminência do seminário, trata de agir com determinação e precisão, como ficou explícito na passagem citada acima, à semelhança do que faz a personagem de Shakespeare quando é informada pelo marido das previsões sobre o futuro de ambos, na primeira parte da peça. Capitu é parte atuante e importante para que Bento consiga no futuro sair do seminário, o que se dá, em parte, por intermédio de José Dias, apontado pela jovem como peça essencial nesse jogo com Dona Glória. Por fim, cabe

13 *Obra Completa em Quatro Volumes*, v. 1, p. 951.
14 Cf. A.C. Bradley, *Shakespearean Tragedy*, p. 336.

102 MACHADO E SHAKESPEARE

perguntar: a descontinuidade entre a primeira e a segunda parte do romance teria tido alguma inspiração na tragédia *Macbeth*?

A suposta traição de Capitu faz com que o narrador mergulhe em uma situação que não encontra fim. Bentinho não consegue superar o que supõe acontecido; resta a ele conviver com fantasmas que a alusão a Goethe, no capítulo II, trata de enfatizar: "Aí vindes outra vez, inquietas sombras...?"[15] A escrita do livro é uma maneira de exorcizar os fantasmas com os quais convive. Mas não se trata apenas dos fantasmas do passado que atormentam o narrador no presente da enunciação. Quando a situação vivida por Bento está perto do limite e a convivência com Capitu e o filho lhe parece insuportável, o fantasma de Escobar, assim como o de Banquo para Macbeth, se faz presente a seus olhos para atormentá-lo ainda mais, seja na foto que se encontra na biblioteca: "lá estava ele, com a mão nas costas da cadeira, a olhar ao longe..."[16], ou na figura do próprio filho, que fazia ressurgir o antigo amigo: "Escobar vinha assim surgindo da sepultura, do seminário e do Flamengo para se sentar comigo à mesa, receber-me na escada, beijar-me no gabinete de manhã, ou pedir-me à noite a bênção do costume."[17]

Os fantasmas de Bento, ao mesmo tempo que reafirmam seu "pesadelo" sem fim, apontam, por outro lado, para sua grande capacidade imaginativa. Esse caráter quase alucinatório da personagem a aproxima, mais uma vez, de Macbeth, cuja capacidade de fantasiar, nos dizeres de Harold Bloom, não encontra semelhante intensidade em peça alguma de Shakespeare: "Em *Macbeth*, embora ubíqua, a bruxaria não é capaz de alterar os fatos, mas a alucinação é capaz de fazê-lo – e o faz."[18] Como já sugeriu a crítica, a imaginação de Bentinho/Dom Casmurro poderia ter ajudado o narrador a compor a traição na própria mente e a crer nela. É o próprio narrador quem chama a atenção para essa sua característica em vários momentos da narrativa, como, por exemplo, na famosa passagem em que, vendo o imperador passar, imagina-se pedindo seu auxílio para que intercedesse a favor de si e de Capitu junto à mãe. Quando José Dias

15 *Obra Completa em Quatro Volumes*, v. 1, p. 933.
16 Ibidem, p. 1063.
17 Ibidem, p. 1060.
18 H. Bloom, *Shakespeare: A Invenção do Humano*, p. 632.

A PRESENÇA DE *OTELO* EM *DOM CASMURRO*   103

insinua que Capitu anda às voltas com rapazes da vizinhança, Bento sai fora de si: "Separados um do outro pelo espaço e pelo destino, o mal aparecia-me agora, não só possível, mas certo. E a alegria de Capitu confirmava a suspeita; se ela vivia alegre é que já namorava a outro, acompanhá-lo-ia com os olhos na rua, falar-lhe-ia à janela, às ave-marias, trocariam flores e…"[19]

Percebe-se que o que é uma hipótese passa a ser rapidamente uma realidade quase concreta para o narrador, que usa dados perceptíveis – a felicidade de Capitu – para construir uma versão pessoal dos fatos em que começa a crer a ponto de se distanciar por completo da conversa com o agregado. O devaneio o leva longe e Bento perde a noção do que o interlocutor lhe dizia: "Quando tornei a mim, José Dias concluía uma frase, cujo princípio não ouvi, e o mesmo fim era vago."[20]

A imaginação é também uma realidade para Bento quando adulto. A já citada ida ao teatro para assistir *Otelo* é um exemplo disso: durante a exibição da peça, Bento se convence de que Capitu deve morrer; finalizada a exibição, passa a vagar pelas ruas do Rio até o amanhecer, imaginando a sua própria morte, em uma sequência de pensamento nitidamente desconexa. Esse dado contrasta com a precisão de raciocínio de Capitu, ao mesmo tempo reforçando sua capacidade articulatória – esta podendo estar a serviço da argumentação do narrador contra a suposta esposa adúltera – e acentuando o caráter impreciso de seu relato: até que ponto sua percepção dos fatos é ou não é fantasia? Quais os limites entre o que se vê e o que, de fato, existe?

No entanto, deve-se perceber que se em *Macbeth* a morte, o crime e o assassinato são concretos, em *Dom Casmurro* são simbólicos. Essa perspectiva, condizente com a sociedade burguesa carioca do século XIX, soa menos violenta do que a que se dá em Shakespeare, mas talvez não menos cruel. Bentinho indiretamente "mata" a esposa e o filho, banindo-os de sua vida. Aos olhos da sociedade carioca, Bento e Capitu se mantêm casados, ostentam uma aparência que só ele e a esposa isolada na Europa sabem que não condiz com a realidade. Percebe-se que nem o filho Ezequiel tem conhecimento da situação real dos pais. As viagens de Bento à Europa são declaradamente uma

19 *Obra Completa em Quatro Volumes*, v. 1, p. 998.
20 Ibidem, p. 999.

MACHADO E SHAKESPEARE

maneira de enganar a opinião e salvar as aparências perante a sociedade. Desse modo, percebemos que, se há sofrimento, Bento aprendeu a conviver com ele. Macbeth, como assinalou Jan Kott, "assassinou o sono"[21], mas Bento rumina o seu terror pessoal, ato que parece ter aprendido ao longo de sua existência. Vejamos um exemplo.

Numa das primeiras crises de ciúme que tem de Capitu, quando vê um *dandy* passar em seu cavalo baio e supõe ter visto um olhar suspeito, Bento fica profundamente abalado. O narrador, em retrospectiva, afirma no capítulo "Explicação": "Não ceei e dormi mal."[22] A fome e o sono, que aparecem várias vezes em sua narração, parecem funcionar como termômetros de seu autocontrole. Não deve passar despercebida a afirmação do narrador Dom Casmurro no capítulo II do romance, ao pontuar sua condição atual: "como bem e não durmo mal"[23]. Embora assombrado pelos fantasmas do passado, o narrador convive com seus pesadelos, lidando com razoável dose de frieza e amargura com a situação que se instalou em sua vida.

O sangue viscoso que inunda *Macbeth*, para utilizarmos novamente uma expressão de Jan Kott, encontra-se ausente do romance de Machado. Bentinho quer matar e morrer, mas não consegue. O contraste não diminui a intertextualidade, pelo contrário, provoca o leitor a refletir sobre a atenuação da corrente de violência no romance de Machado, que chega a atingir pormenores cômicos.

No capítulo CXI, que leva o título "Contado Depressa", por exemplo, o narrador relata que, quando Capitu estava convalescendo do parto, tendo Sancha como enfermeira, três cães latiam na rua toda a noite. Como o fiscal, para quem foi pedir ajuda, não tomou nenhuma atitude, Bento resolveu matá-los:

comprei veneno, mandei fazer três bolas de carne, e eu mesmo inseri nelas a droga. De noite, saí; era uma hora; nem a doente, nem a enfermeira podiam dormir, com a bulha dos cães. Quando eles me viram, afastaram-se, dois desceram para o lado da praia do Flamengo, um ficou a curta distância, como que esperando. Fui-me a ele, assobiando e dando estalinhos com os dedos. O diabo ainda latiu, mas fiado nos

21 J. Kott, *Shakespeare Nosso Contemporâneo*, p. 93.
22 *Obra Completa em Quatro Volumes*, v. 1, p. 1011.
23 Ibidem, p. 932.

A PRESENÇA DE *OTELO* EM *DOM CASMURRO*   105

sinais de amizade, foi-se calando, até que se calou de todo. Como eu continuasse, ele veio a mim, devagar, mexendo a cauda, que é o seu modo de rir deles, eu tinha já na mão as bolas envenenadas, e ia deitar-lhe uma delas, quando aquele riso especial, carinho, confiança ou o que quer que seja, me atou a vontade; fiquei assim não sei como, tocado de pena e guardei as bolas no bolso[24].

A narração é muito curiosa não apenas pelo fato de Bento não conseguir matar os cachorros, mas pela maneira como a cena é construída frente aos nossos olhos. O narrador nos fornece pormenores, fazendo com que visualizemos a situação com certa expectativa; tudo foi cuidadosamente preparado e está sendo colocado em prática com perícia e determinação. No entanto, Bentinho falha no momento decisivo, fazendo com que a cena desande aos olhos do leitor.

Se tomarmos o fato em paralelo com a violência que predomina em *Macbeth*, veremos que a passagem assume uma veia cômica. Somos, ainda, levados a refletir sobre outra questão: a capacidade de decisão e de ação que caracteriza o herói trágico, tão presente na peça shakespeariana. Percebe-se que Bento tem dificuldade em agir. O plano delineado por Capitu na adolescência, por exemplo, é seguido pelo jovem, mas com insegurança e hesitação, ao contrário do que ocorre com Macbeth, que, com coragem, coloca em prática o plano elaborado pela esposa. O exemplo acima é apenas um dos inúmeros que a narrativa fornece. Aprofundemos a discussão.

Bento e a Ação Trágica

A leitura de *Dom Casmurro* leva o leitor a perceber que é um traço característico de Bentinho não conseguir potencializar suas ações a ponto de materializar planos e intenções. O exemplo dos cachorros, citado acima, é apenas um de vários que ilustram uma característica que perpassa a personagem por toda a narrativa.

No início do romance, temos uma situação que exemplifica essa quase inércia de Bentinho adolescente. No capítulo "Ideia Sem Pernas e Ideia Sem Braços", o jovem namorado de Capitu

---

24 Ibidem, p. 1044.

encontra-se em seu quarto. Ele quer levantar-se e ir até a casa de Capitu reviver os momentos do penteado e do beijo, vividos pouco antes, mas não consegue se mover. Quando, ao lado de Capitu, pouco mais tarde, ele quer pegá-la, puxá-la e beijá-la, seus braços ficam "caídos e mortos". Assim que consegue ter uma atitude, narrada no capítulo seguinte, "A Alma é Cheia de Mistérios", não consegue dar prosseguimento ao que inicia: "Peguei-lhe levemente na mão direita, depois na esquerda, e fiquei assim pasmado e trêmulo. Era a ideia com mãos. Quis puxar as de Capitu, para obrigá-la a vir atrás delas, mas ainda agora a ação não correspondeu à intenção."[25]

Ainda no início do romance, Bentinho, resolvido a colocar um fim na situação que envolvia o seminário e o namoro com Capitu, decide ter uma conversa a sós com a mãe, confessar a ausência de vocação para a carreira eclesiástica e o namoro com a vizinha e, assim, acabar com o conflito em que ele e a namorada se encontravam. A decisão é narrada no capítulo XL, "Uma Égua", em que o narrador Dom Casmurro discorre sobre sua imensa capacidade de imaginação e fantasia. Na passagem, o narrador compara sua imaginação a uma égua ibera, que concebia pelo vento. Nos seus dizeres,

A fantasia daquela hora foi confessar a minha mãe os meus amores para lhe dizer que não tinha vocação eclesiástica. A conversa sobre vocação tornava-me agora toda inteira, e, ao passo que me assustava, abria-me uma porta de saída: "Sim, é isto", pensei; "vou dizer a mamãe que não tenho vocação, e confesso o nosso namoro; se ela duvidar, conto-lhe o que se passou outro dia, o penteado e o resto ..."[26]

Mas o resultado da conversa é frustrante. O diálogo atrapalhado que tem com Dona Glória mostra um jovem intimidado que não consegue se afirmar e acaba por dizer "só gosto de mamãe", quando, na verdade, ironicamente, estava prestes a confessar o amor que tinha por Capitu. Bento reafirma, ainda, sua submissão como filho: "Como eu buscasse contestá-la, repreendeu-me sem aspereza, mas com alguma força, e eu tornei ao filho submisso que era."[27] A intenção é ousada, mas colocada

25 Ibidem, p. 971.
26 Ibidem, p. 975.
27 Ibidem, p. 977.

A PRESENÇA DE *OTELO* EM *DOM CASMURRO*

pelo próprio narrador como uma fantasia. Dom Casmurro sabe que Bentinho não possuía coragem para assumir uma posição decisiva e que afrontasse a vontade e as expectativas da mãe.

Quando adolescente, a veleidade de Bentinho o deixa à mercê da mãe e de Capitu. Curioso observar que a sociedade carioca da época é tipicamente patriarcal e o romance mostra o destino de Bento, futuro representante daquele modelo social, nas mãos de forças femininas, que travam um duelo invisível por decisões sobre o seu futuro. Bento, por sua vez, mostra-se inerte e passivo. Aliás, mais do que isso, a personagem parece ter dificuldade em conhecer seus próprios sentimentos e vontades. Ele descobre que ama Capitu ao ouvir a conversa do agregado com a família atrás da porta: "a denúncia de José Dias, meu caro leitor, foi dada principalmente a mim. A mim é que ele me denunciou"[28]. A conversa desastrosa com a mãe nos leva a questionar até que ponto a desistência do projeto de ir para o seminário ocorre por vontade própria. Foi ele quem optou por não ir ou foi Capitu quem fez a escolha por ele da mesma maneira que Dona Glória optara pela carreira religiosa anteriormente? Afinal, como pontua a mãe: "Mas tu gostavas tanto de ser padre [...]; não te lembras que até pedias para ir ver sair os seminaristas de São José, com suas batinas? Em casa, quando José Dias te chamava reverendíssimo, tu rias com tanto gosto! Como é que agora...?"[29]

Bento se define enquanto sujeito a partir do que é imputado a ele, seja pelo destino, seja pelo outro. O namoro com Capitu, por exemplo, parece mais fruto de uma contingência do que de uma escolha. O mesmo se dá quanto a estudar direito. Para sair do seminário, Bento aceitaria estudar leis ou medicina, aceitaria até mesmo ser cocheiro de ônibus, segundo nos diz. Mas o que ele quer de fato? Ele sabe?

É bastante feliz a expressão de Kathrin Rosenfield: "Bentinho se parece com uma larva de borboleta, o estômago e o cérebro embrulhados em sentimentos e ponderações difusas."[30] Ele não consegue alçar voos próprios, tomar o centro das situações nas quais se encontra. Ele precisa ouvir de José Dias que está apaixonado, de Capitu sobre como driblar o seminário, precisa que a

28   Ibidem, p. 941.
29   Ibidem, p. 976.
30   K.H. Rosenfield, A Ironia de Machado em *"Dom Casmurro"*, *Letras*, v. 32, p. 80.

mãe decida e dê as ordens sobre o seu destino e, mais tarde, que Escobar sugira a D. Glória indicação de um substituto para que possa sair do seminário. Quando mostra domínio sobre situações, este não é autêntico. Ele "manipula" José Dias não por habilidade própria, mas porque ouve e põe em prática o que Capitu lhe disse para fazer. Seu "eu" está pensando no Imperador indo até sua casa e pedindo a Dona Glória que ele estude medicina ou preocupado em comer cocadas enquanto Capitu pensa.

O conjunto é decisivo quando voltamos para a personagem na idade adulta. Ao passo que Bento cresce e torna-se um homem, a veleidade que o domina passa a afetar sua relação com o mundo externo de maneira mais ampla e decisiva. Bento vai assumindo a posição de homem em uma sociedade patriarcal. É ele quem deve tomar decisões, ser o centro em torno do qual gravitam os outros componentes de sua casa. Mas ele continua sendo o filho de Dona Glória, tentando reencontrar o menino da infância e da adolescência, em busca de um eu que não conseguiu se transformar em borboleta – para dar continuidade à metáfora de Rosenfield –, mas que se retrai e se refugia nas fantasias, repositórios de seus sentimentos íntimos e, por vezes, confusos. A característica é, mais de uma vez, reafirmada pelo narrador: "Ficando só, refleti algum tempo, e tive uma fantasia. Já conheceis as minhas fantasias. Contei-vos a da visita imperial; disse-vos a desta casa do Engenho Novo, reproduzindo a de Matacavalos…"[31]

Coerente com esse traço de sua personalidade, Bentinho, apesar de corroído pelo ciúme, mostra-se incapaz de uma ação apaixonada. Sua paixão é contida, ele não é um Otelo capaz de uma atitude extrema, suas atitudes são violentas apenas nas intenções, que ficam guardadas para si. No capítulo LXII, por exemplo, ele, ainda um seminarista, ouve de José Dias que Capitu acabará se casando com algum peralta da vizinhança. Bento, que até então não havia considerado tal hipótese, tem uma reação apaixonada, mas limitada à imaginação. Sua emoção não consegue vazar os limites da fantasia, apesar de esta se mostrar vigorosa a ponto de tirá-lo de si. Examinemos a passagem:

Sabes o que é que trocariam mais; se o não achas por ti mesmo, escusado é ler o resto do capítulo e do livro, não acharás mais nada, ainda

---

31 *Obra Completa em Quatro Volumes*, v. 1, p. 975.

A PRESENÇA DE *OTELO* EM *DOM CASMURRO*   109

que eu o diga com todas as letras da etimologia. Mas se o achaste, compreenderas que eu, depois de estremecer, tivesse um ímpeto de atirar-me pelo portão fora, descer o resto da ladeira, correr, chegar à casa do Pádua, agarrar Capitu e intimar-lhe que me confessasse quantos, quantos, quantos já lhe dera o peralta da vizinhança. Não fiz nada.[32]

Podemos perceber que Bento convida o leitor a compartilhar de sua fantasia, como que assumindo que seu ciúme tem origem na imaginação. O que sobressai, no entanto, é o contraste entre o ímpeto da ação e a ausência de atitude, o que é evidenciado, mais uma vez, pela maneira de narrar. O decisivo "Não fiz nada" marca sua inércia enquanto personagem, mas curiosamente mostra que o narrador conhece o caráter relutante de seu próprio ser.

Essa questão é muito evidente quando a personagem encontra-se no auge de sua dúvida sobre a traição de Capitu e decide dar cabo à própria vida. A situação é precedida pela famosa ida de Bento ao teatro, quando assiste a uma encenação de *Otelo*. Na ocasião, o espetáculo causa forte efeito na personagem e, voltado que estava para a situação da traição, seus pensamentos atingem os limites da alucinação. Bento conclui que Capitu é de fato culpada e é quem deve morrer, vaga a noite toda pelas ruas do Rio e, por fim, imerso em sentimentos confusos, prepara-se para se matar ao chegar em casa na manhã seguinte. A situação é confusa e mostra o desnorteamento do herói. Mas devem ser percebidas as circunstâncias em que o plano de morte é elaborado e o desfecho que ele tem. Para isso, vamos retroceder alguns capítulos.

O plano de se matar surge aos poucos, em forma de uma ideia que batia asas em sua cabeça, numa sexta-feira. No dia seguinte, essa ideia toma forma e ele compra a substância que seria usada no domingo. Em meio a isso, Bentinho visita a mãe em despedida e escreve duas cartas para Capitu, a primeira, longa e sem o efeito desejado, é substituída por uma segunda, clara e breve.

Percebe-se que a maturação do plano, que, como sabemos, não será colocado em prática, acaba por diluir não apenas o ímpeto suicida que o narrador supostamente tem, mas também o efeito catártico da morte no trágico. O paralelo da situação

32 Ibidem, p. 998.

de Bentinho com a de Otelo é sugestivo. Otelo, envenenado por Iago, acaba por matar Desdêmona asfixiada. Consciente do terrível engano, descoberto logo em seguida, o mouro se apunhala. A atitude de Bento, quando contraposta à de Otelo, no entanto, parece hilária, uma vez que sua veleidade contraria as expectativas que ele mesmo levanta ao trazer para a narração um herói trágico que vive à sua semelhança uma situação extrema de dúvida quanto à fidelidade da esposa.

O herói, em *Dom Casmurro*, encontra-se envolto todo o tempo pelo ambiente exterior, que contamina e fragiliza seu projeto. Com a morte no bolso, citando as palavras do próprio narrador, Bentinho visita a mãe em despedida: "Fui à casa de minha mãe, com o fim de despedir-me, a título de visita. Ou de verdade ou por ilusão, tudo ali me pareceu melhor nesse dia, minha mãe menos triste, tio Cosme esquecido do coração, prima Justina da língua. Passei uma hora em paz. Cheguei a abrir mão do projeto."[33]

A situação amena e cotidiana que encontra em casa de Dona Glória faz com que a ideia de matar-se perca força, dissolvida pela banalidade da situação, em que tudo parece contrariar e até mesmo anular seu conflito. É relevante citar as palavras de Staiger, para quem "o trágico surpreende o herói dramático inesperadamente. Este preocupa-se com o seu problema, seu deus ou sua ideia. Abandona o que não se relaciona com essa ideia"[34]. Essa entrega do herói ao conflito que enfrenta e que leva à sua suspensão – o que geralmente se dá por força da morte – se desfaz na narrativa machadiana. Bentinho encontra-se em constante simbiose com o meio, que amortece e ameniza seus ímpetos. Dessa forma, o desfecho dramático e grandioso que Bentinho pretende para sua própria história, dilui-se, assim como a substância mortífera que dissolve na xícara de café, que pensa em tomar:

O copeiro trouxe o café. Ergui-me, guardei o livro, e fui para a mesa onde ficara a xícara. Já a casa estava em rumores; era tempo de acabar comigo. A mão tremeu-me ao abrir o papel em que trazia a droga embrulhada. Ainda assim tive ânimo de despejar a substância na xícara, e comecei a mexer o café, os olhos vagos, a memória em Desdêmona inocente; o espetáculo da véspera vinha intrometer-se na realidade da

33 Ibidem, p. 1061-1062.
34 E. Staiger, *Conceitos Fundamentais da Poética*, p. 149.

A PRESENÇA DE *OTELO* EM *DOM CASMURRO*   111

manhã. Mas a fotografia de Escobar deu-me o ânimo que ia faltando; lá estava ele, com a mão nas costas da cadeira, o olhar ao longe...

"Acabemos com isto", pensei.

Quando ia a beber, cogitei se não seria melhor esperar que Capitu e o filho saíssem para a missa; beberia depois; era melhor. Assim disposto, entrei a passear pelo gabinete.[35]

Não pode passar despercebida a semelhança que a cena possui com a já citada passagem em que Bento coloca em prática o plano de matar os cachorros que atormentavam a família quando Capitu deu a luz a Ezequiel. O paralelo é curioso: o plano é delineado, colocado em prática, mas desaba aos olhos do leitor, frente à hesitação do herói. A passagem acima deixa o leitor perceber que Bentinho parece querer para si um drama de teor trágico e repleto de grandeza, ao estilo da tragédia shakespeariana, mas sua atitude frente ao impasse não apenas anula seu projeto como evidencia o abismo que separa a estrutura da tragédia de Otelo do dramalhão que encena.

A escrita das cartas mostra o preparo da ação, que visa a produzir um efeito. Diferentemente de Otelo, Bento não tem uma atitude que parte de seu âmago; matar a si ou ao outro não se liga a uma necessidade proveniente de seu desespero pessoal, mas a algo preparado para produzir um efeito que ele quer trágico.

Lembrando as palavras de Schelling, ao herói trágico não importa o exterior, este é apenas matéria, a ação provém unicamente dele, não cabendo dúvidas sobre como age[36]. Otelo não hesita, Bentinho titubeia todo o tempo, é influenciado por tudo que está ao seu redor e não tem coragem de levar seus planos adiante. Suas atitudes não são apaixonadas e espontâneas, mas construídas. Desse modo, não pode levar à catarse do herói e à purgação dos elementos que o oprimiam.

A cena que Bentinho faz, ou seja, o teatro que monta, nos remete a uma passagem anterior do romance, que merece ser citada. Trata-se de uma representação teatral que o narrador menciona ter assistido na juventude e que parece ilustrar a situação que vivencia:

35 *Obra Completa em Quatro Volumes*, v. 1, p. 1063.
36 Cf. F.W.J. von Schelling, *Filosofia da Arte*, p. 321-322.

MACHADO E SHAKESPEARE

Quando eu era moço, representou-se aí, em não sei que teatro, um drama que acabava pelo juízo final. O principal personagem era Ashaverus, que no último quadro concluía um monólogo por esta exclamação: "Ouço a trombeta do arcanjo!" Não se ouviu trombeta nenhuma. Ashaverus, envergonhado, repetiu a palavra, agora mais alto, para advertir o contrarregra, mas ainda nada. Então caminhou para o fundo, disfarçadamente trágico, mas efetivamente com o fim de falar ao bastidor, e dizer em voz surda: "O pistão! O pistão! O pistão!" O público ouviu esta palavra e desatou a rir, até que, quando a trombeta soou deveras, e Ashaverus bradou pela terceira vez que era a do arcanjo, um gaiato da plateia corrigiu cá debaixo: "Não senhor, é o pistão do arcanjo."[37]

A peça representada poderia remeter ao próprio romance que lemos. Ambas, a narrativa de Bentinho e a peça teatral, são feitas para serem trágicas, mas não conseguem o efeito desejado. O final grandioso que se quer para o que é encenado falha, pois as circunstâncias o denunciam como encenação. A nós, que lemos a narrativa de Dom Casmurro, como para o público que assiste à peça de teatro, fica o efeito cômico, contrário ao pretendido.

Otelo explode o seu mundo em busca de sua verdade e, ao final, purgado do que o oprimia, não pode mais viver sozinho consigo mesmo. Mas toda a névoa que obscurecia sua alma é varrida de si. Bentinho, por sua vez, não possui a paixão necessária para buscar a sua verdade, receia que Capitu procure sua mãe quando ela sai para a missa após lhe confessar o que pensa (com a xícara de café envenenada nas mãos), resolve contar os fatos em livro depois que todos estão mortos e, finalmente, aprende a conviver com tudo o que o oprime. Ao final da tragédia, Otelo está perdido, mas encontrou a si mesmo. Bentinho parece nunca ter encontrado a si.

Bentinho, Otelo e a Definição de Si Mesmo

Bentinho e Otelo se aproximam enquanto sujeitos que se desconhecem e que possuem uma autoimagem construída por situações e pessoas externas a eles. A afirmação é ampla e merece uma discussão detalhada.

37 *Obra Completa em Quatro Volumes*, v. 1, p. 1009.

A PRESENÇA DE *OTELO* EM *DOM CASMURRO* 113

Otelo, como sabemos, é um guerreiro mercenário, um comandante vitorioso, um mito da guerra. Tais traços o definem perante Veneza e perante a si mesmo. Ele se vê como um mito, o que o fato de se referir a si mesmo em terceira pessoa e em linguagem elaborada deixa evidente. Otelo fala de si como se falasse de um herói, se vê de longe. O mouro, como nos lembra Harold Bloom, não está habituado a transitar em outros domínios, ou seja, conhece pouco mais do que a guerra e seus limites e, pior do que isso, desconhece que sabe pouco. Iago sabe disso e, nos dizeres de Bloom, "a tragédia de Otelo é, precisamente, o fato de Iago conhecê-lo melhor do que ele próprio se conhece"[38].

Bento, por sua vez, não é um mito nem no presente da enunciação narrativa, nem no passado. Longe disso. A personagem machadiana carece de dimensões heroicas, o que o prosaísmo de seus dias deixa evidente. Mas compartilha com Otelo o fato de não possuir um profundo conhecimento de si próprio. Como dito anteriormente, Bento se define a partir de imputações alheias, é movido por uma característica veleidade, que impede que desbrave a si mesmo, e, na maturidade, ainda tenta atar as pontas de uma existência que parece sem sentido, encontra-se vinculado de maneira doentia à mãe, "uma santa", assombrado pela suposta felicidade do casamento de seus pais, cujo retrato na parede parece confirmar todo o tempo, e pelo fracasso de sua própria experiência de casamento.

Tanto Otelo quanto Bento encontram-se numa situação privilegiada dentro do sistema social de que fazem parte: são homens em uma organização patriarcal, possuem poder e/ou força financeira ou de outra natureza, compõem uma elite, mas carregam um vazio na experiência ou no trato com o outro e consigo mesmos que denuncia suas fraquezas e os tornam vulneráveis a si próprios.

No entanto, se Bento e Otelo se aproximam por esse "auto-desconhecimento", se distanciam pela bagagem pessoal que cada um carrega: Desdêmona se apaixona por Otelo devido às histórias que ele lhe conta. O que Bento tem a contar para Capitu, no entanto, seja na adolescência ou na idade adulta, é desinteressante e mostra a banalidade de seus dias e o vazio de sua vivência.

38 H. Bloom, op. cit., p. 551.

Na adolescência, por exemplo, Capitu narra para Bentinho os sonhos que tem com o casal. Uma passagem do capítulo XII, "Na Varanda", ilustra o que foi dito:

Quando me perguntava se sonhara com ela na véspera, e eu dizia que não, ouvia-lhe contar que sonhara comigo, e eram aventuras extraordinárias, que subíamos ao Corcovado pelo ar, que dançávamos na lua, ou então que os anjos vinham perguntar-nos pelos nomes, a fim de os dar a outros anjos que acabavam de nascer. Em todos esses sonhos andávamos unidinhos. Os que eu tinha com ela não eram assim, apenas reproduziam a nossa familiaridade, e muita vez não passavam da simples repetição do dia, alguma frase, algum gesto. Também eu os contava. Capitu um dia notou a diferença, dizendo que os dela eram mais bonitos que os meus.[39]

Já casados, Bentinho gosta de narrar coisas para Capitu, suas "lições de astronomia", por exemplo, mas, ao contrário do que ocorria com os fatos narrados a Desdêmona por Otelo, os que conta para a esposa não possui qualquer efeito de encantamento na amada, muito pelo contrário. Vejamos um exemplo:

A nossa vida era mais ou menos plácida. Quando não estávamos com a família ou com amigos, ou se não íamos a algum espetáculo ou serão particular (e estes eram raros), passávamos as noites à nossa janela da Glória, mirando o mar e o céu, a sombra das montanhas e dos navios, ou a gente que passava na praia. Às vezes, eu contava a Capitu a história da cidade, outras dava-lhe notícias de astronomia; notícias de amador que ela escutava atenta e curiosa, nem sempre tanto que não cochilasse um pouco.[40]

Há elementos curiosos de serem observados. Bentinho, ao contrário de Otelo, não fala de si. Dentro das noites apreciativas do casal, que ficava à janela olhando o céu e o mar, Bento discorre sobre astronomia, coisas amadoras, pois era advogado e não astrônomo e nunca manifestou na narrativa qualquer interesse maior pelo assunto. Trata-se de falar sobre algo distante de seu mundo e de seu domínio e marcado pela impessoalidade. As estrelas e os astros, que povoaram os textos românticos, caracterizando cenários melancólicos e sentimentalistas, aparecem aqui

39 *Obra Completa em Quatro Volumes*, v. 1, p. 943.
40 Ibidem, p. 1036-1037.

A PRESENÇA DE *OTELO* EM *DOM CASMURRO*   115

travestidos pela ciência. Bento não fala dos astros, ele dá *notícias de astronomia*. No entanto, o amadorismo de seus conhecimentos científicos não parece suficiente para manter o interesse de Capitu, que escuta atenta e curiosa, mas acaba cochilando.

Bento se ocupa também em contar para Capitu a história da cidade. O dado é interessante, visto que Capitu sempre viveu no Rio, vizinha de Bento e muito pegada a ele, tendo, portanto, uma experiência até certo ponto próxima à dele. Por qual motivo ele conta a história da cidade para ela? Bento obviamente teve acesso a conhecimentos provenientes de uma educação formal que Capitu não teve. Capitu estudou no colégio desde os sete anos, como sabemos, mas não frequentou uma faculdade, como Bentinho. Mas, independentemente disso, o dado acaba por tornar evidente o controle discursivo de Bento, enquanto homem em uma sociedade estruturada em torno do poder masculino. É ele quem está no controle e transmite a história para a mulher, evidenciando o seu domínio da palavra, o que vemos no próprio formato do livro que lemos: Bento conta sua versão da história que viveu. No entanto, se isso demonstraria um suposto controle do narrador sobre a situação, a maneira com que essa narração se faz dá margem para que o leitor perceba que esse controle é mais aparente do que real, pois Capitu se submete a ouvir suas histórias, mas nem sempre se mostra interessada, por vezes cochila e se mostra distante, o que evidencia a vulnerabilidade do controle de Bento sobre a situação.

Otelo, ao narrar suas histórias para Desdêmona, não encanta apenas a ela, mas acaba por encantar a si também. Bento, por outro lado, se depara com o desencanto de sua pessoa, confrontado pela própria namorada. Na adolescência, Capitu lhe chama a atenção para a simplicidade de seus sonhos. Na idade adulta, demonstra tédio durante as "lições de astronomia", sendo que chega, em dada ocasião, a sonhar com as libras esterlinas compradas com economias domésticas enquanto ele lhe fala sobre as estrelas, numa clara preferência aos próprios pensamentos, vazando os limites da vivência imposta pelo marido.

Capitu demonstra um vigor de espírito que a distancia de Bento. Os sonhos que tem na adolescência são um exemplo disso; eles extrapolam a banalidade cotidiana. Capitu sonha que ela e Bentinho são especiais: em seu sonho os anjos vinham perguntar pelos seus nomes, a fim de os darem a outros anjos que acabavam de nascer. Sonha que está vivendo aventuras extraordinárias enquanto Bentinho prende-se ao factual: seus sonhos reproduzem fatos do dia.

O capítulo de número xxxi, "As Curiosidades de Capitu", ainda na primeira parte do romance, fornecem dados interessantes para essa discussão. É nele que, ao afirmar que Capitu era mais mulher do que ele homem, Dom Casmurro nos diz que a jovem "era também mais curiosa". Vejamos:

> As curiosidades de Capitu dão para um capítulo. Eram de vária espécie, explicáveis e inexplicáveis, assim úteis como inúteis, umas graves, outras frívolas; gostava de saber tudo. No colégio onde, desde os sete anos, aprendera a ler, escrever e contar, francês, doutrina e obras de agulha, não aprendeu, por exemplo, a fazer renda; por isso mesmo, quis que prima Justina lho ensinasse. Se não estudou latim com o padre Cabral foi porque o padre, depois de lho propor gracejando, acabou dizendo que latim não era língua de meninas. Capitu confessou-me um dia que esta razão acendeu nela o desejo de o saber. Em compensação, quis aprender inglês com um velho professor amigo do pai deste ao solo, mas não foi adiante. Tio Cosme ensinou-lhe gamão.[41]

Os interesses de Capitu vão além do que lhe é oferecido, ela é aberta ao mundo e à experiência. Trata-se de uma situação inversa à que ocorre em *Otelo*: é ela e não ele quem possui um horizonte ampliado. Desdêmona possui uma atitude contemplativa e passiva, ao contrário da heroína machadiana. No entanto, Capitu, enquanto mulher e parte de uma sociedade que confere autonomia ao homem, ponto que, de certa forma, aproxima os dois momentos, não pode vazar os muros do casamento e permanece confinada a momentos de tédio, limitada ao sonho e ao domínio financeiro do marido.

A admiração que a jovem Capitu demonstra ao mirar o retrato de César na casa de Dona Glória ainda no capítulo sobre suas curiosidades é propícia para que possamos discutir a questão. Na ocasião, Capitu admira César dentro da distância que há entre eles e, apesar de não achar seu perfil bonito, permanece por longo tempo com o rosto virado para ele.

---

41 Ibidem, p. 963.

A PRESENÇA DE *OTELO* EM *DOM CASMURRO*   117

Um dia, Capitu quis saber o que eram as figuras da sala de visitas. O agregado disse-lho sumariamente, demorando-se um pouco mais em César, com exclamações e latins:
– César! Júlio César! Grande homem! Tu quoque, Brute?
Capitu não achava bonito o perfil de César, mas as ações citadas por José Dias davam-lhe gestos de admiração. Ficou muito tempo com a cara virada para ele. Um homem que podia tudo! que fazia tudo! Um homem que dava a uma senhora uma pérola no valor de seis milhões de sestércios![42]

Capitu obviamente não conhecia Júlio César e o contato que teve com sua história foi por meio do discurso inflado de José Dias, com suas "exclamações e latins". Chama a atenção, como dito acima, que a jovem se detivesse no retrato sem achar o perfil de César belo, o que leva a crer que o longo tempo em que ficou "com a cara virada para ele" a tivesse feito refletir sobre algo, não sendo, portanto, uma contemplação da figura em si, pura e simplesmente. A observação que vem a seguir: "Um homem que podia tudo! Que fazia tudo" parece reveladora, pois denuncia que a jovem estava admirada com a figura de um homem que, apesar de nunca ter ouvido falar, gozava de poderes que lhe pareciam ilimitados.

É importante perceber que a palavra "homem" ganha ênfase na passagem. Ela é primeiramente referida por José Dias: "Grande homem!", para ser retomada por Capitu em duas frases na mesma passagem: "Um homem que podia tudo!" e "Um homem que dava a uma senhora uma pérola no valor de seis milhões de sestércios." A referência repetida à palavra confere foco ao termo e, consequentemente, enfatiza o poder masculino, uma vez que aparece ligada à capacidade de ação e realização de César.

Bentinho, mais adiante, afirma que "a pérola de César acendia os olhos de Capitu"[43] justificando, assim, a mudança de assunto da jovem, que, logo em seguida, passou a indagar Dona Glória sobre as joias que ela usava no retrato pendurado na parede. A colocação do narrador é, evidentemente, ambígua, pois a pérola de César que acende os olhos de Capitu pode tanto referir-se à questão financeira e, assim, apontar para uma

42 Ibidem, p. 964.
43 Ibidem.

atitude possivelmente interesseira de Capitu, o que parece ser a intenção do narrador, ou aludir, em outro caminho interpretativo, para o poder do imperador romano, que acendia seus olhos, pois este podia comprar uma pérola cujo valor escapava à sua capacidade de dimensionamento. Há, ainda, uma terceira possibilidade: a observação de Dom Casmurro poderia apontar para as duas situações, pois poder e dinheiro caminham muito próximos um do outro. Nesse sentido, a pérola que acendia os olhos da menina poderia indicar seu interesse financeiro e o poder que vem com ele e confere uma tentadora liberdade a quem está de sua posse.

Voltando ao aludido vigor de espírito de Capitu, não é exagerar dizer que Bentinho percebe a diferença que o separa da jovem. Ele sabe, também, que não tem controle sobre sua mente e que esta é inacessível a ele, o que fatalmente gera insegurança e dúvida. O fato é perceptível em diversos momentos da narrativa, como no que se segue, em que o narrador chega a ficar com ciúmes de seus pensamentos: "Sabes que alguma vez a fiz cochilar um pouco. Uma noite perdeu-se em fitar o mar, com tal força e concentração, que me deu ciúmes."[44]

É importante matizar a relação de Bento com o mar. Na passagem citada anteriormente, Bento admira o mar junto com a esposa (mas parece haver um mar que os separa); em outros momentos mostra-se completamente envolto pelos olhos de ressaca de Capitu (como se tragado por seu mar interior); narra sua queda como um marujo narra seu naufrágio (se perde no mar). Tendo *Otelo* como paralelo, é difícil não observar que Bento se mantém à margem do mar, que é destemidamente enfrentado pelo mouro. As histórias de Otelo provêm dos perigos enfrentados, das batalhas ganhas, das terras conquistadas e que têm no mar e no seu enfrentamento um ponto essencial.

A audácia e a coragem de enfrentamento do herói trágico – tendo *Otelo* como paralelo, mas aplicável de maneira abrangente dentro do gênero – parecem ausentes em Bentinho. Não se trata apenas da motivação e da efetivação da ação, discutida na seção anterior, mas de uma personagem esvaziada de uma vivência e de um perfil que o coloquem à altura de um Otelo. Longe de

44 Ibidem, p. 1037-1038.

A PRESENÇA DE *OTELO* EM *DOM CASMURRO* 119

tomar as referências à tragédia como parâmetro para análises de comportamento, cabe comparar e observar, por outro lado, as duas situações na busca por elementos que nos ajudem a entender o herói machadiano.

Tomando esse paralelo, podemos dizer que Bento é um sujeito marcado pela reclusão em uma existência banal, à margem de uma vida mais autêntica, o que as aventuras e os perigos vividos por Otelo acabam por evidenciar. É certo que essas aventuras, essa vivência do herói shakespeariano, não garantem o conhecimento necessário para que enfrente todos os ângulos da existência, mas o definem enquanto um ser que se lança para a vida, o que o próprio desfecho de sua tragédia pessoal evidencia. O vazio do herói machadiano é preenchido com significativas narrações sobre os astros e as estrelas. A distância e a impessoalidade do tema, no entanto, apenas enfatizam o caráter precário de seu momento presente, fato que lhe passa despercebido. Afinal, Bento não se cansa de dar lições de astronomia para Capitu.

Parte da elite carioca, Bento atende a uma condição que tradicionalmente se espera do herói trágico. No entanto, suas atitudes e a dimensão de seu caráter subvertem o que se poderia esperar dele, enquanto tal. Bento não possui traços que o impulsionem a se atirar em combate, tomando o termo em sentido figurado, é claro. O seu caráter recluso, apreciativo e ameno o distancia da energia de ação que o trágico requer. Segundo Schelling, a motivação, no trágico, é uma "necessitação ou fundamentação da ação no sujeito"[45], sendo que a necessidade empírica "tem de aparecer como instrumento da necessidade superior absoluta"[46]. Se o herói carece de motivação e necessidade de ação que o impulsionem a agir, o caráter trágico de sua ação enfraquece ou deixa de existir.

Capitu, nesse aspecto, se distancia do marido. Ela possui uma capacidade de ação visivelmente superior à dele e se diferencia do amado por uma espécie de impulso vital, que faz com que a personagem se expanda na narrativa. A esposa de Bentinho possui uma paixão enérgica que a atira à ação, fazendo-a vivenciar os fatos com uma intensidade que Bento desconhece.

45 F.W.J. von Schelling, op. cit., p. 321.
46 Ibidem.

Um bom exemplo disso se dá nos capítulos XLII e XLIII, respectivamente "Capitu Refletindo" e "Você Tem Medo?". No primeiro, Bento vai até a casa de Capitu e lhe conta a resposta decisiva da mãe após a conversa que tiveram: "dentro de dois ou três meses iria para o seminário". A reação de ambos é curiosa.

> Caímos no canapé, e ficamos a olhar para o ar. Minto; ela olhava para o chão. Fiz o mesmo logo que a vi assim... Mas eu creio que Capitu olhava para dentro de si mesma, enquanto eu fitava deveras o chão, o roído das fendas, duas moscas andando e um pé de cadeira lascado. Era pouco, mas distraia-me da aflição. Quando tornei olhar para Capitu, vi que não se mexia, e fiquei com tal medo que a sacudi brandamente.[47]

Capitu parece absorta em seus pensamentos. Ao mesmo tempo que Bento a sente distante a ponto de sacudi-la, o leitor sabe, pela própria observação do narrador, "creio que Capitu olhava para dentro de si mesma", que a jovem refletia, como, aliás, o próprio título do capítulo expõe. Enquanto isso, Bento se distrai de sua aflição, prestando atenção nas fendas do chão, nas moscas e no pé de cadeira lascado. A contradição na maneira de ambos vivenciarem o conflito é evidente: Bento não vive com paixão o próprio drama, mantém-se à espera e passivo, enquanto Capitu vive a agonia de ver os planos de ambos desandarem. A fala da jovem, que dá título ao capítulo seguinte, "Você tem medo?", mostra os limites dentro dos quais ambos se encontram. A passagem é longa, mas merece ser citada:

> De repente, cessando a reflexão, fitou em mim os olhos de ressaca, e perguntou-me se tinha medo.
> – Medo?
> – Sim, pergunto se você tem medo.
> – Medo de quê?
> – Medo de apanhar, de ser preso, de brigar, de andar, de trabalhar...
> Não entendi. Se ela me tem dito simplesmente: "Vamos embora!", pode ser que eu obedecesse ou não; em todo caso entenderia. Mas aquela pergunta assim, vaga e solta, não pude atinar o que era.
> – Mas... não entendo. De apanhar?
> – Sim.
> – Apanhar de quem? Quem é que me dá pancada?

---

47 *Obra Completa em Quatro Volumes*, v. 1, p. 978.

A PRESENÇA DE *OTELO* EM *DOM CASMURRO*   121

Capitu fez um gesto de impaciência. Os olhos de ressaca não se mexiam e pareciam crescer. Sem saber de mim, e, não querendo interrogá-la novamente, entrei a cogitar donde me viriam pancadas, e por quê, e também por que é que seria preso, e quem é que me havia de prender.[48]

O desconcerto com que Bentinho recebe a pergunta de Capitu e a ingenuidade espontânea com que se coloca mostram que o jovem não entende a dramaticidade da fala de Capitu nem seu espírito comporta a paixão que ela pede dele na situação. De acordo com Kathrin Rosenfield: "Encaixado, desde o nascimento, na teia dos mimos e dos medos maternos e acostumado a eles, ao ponto de perder todo ímpeto que poderia gerar atritos, Bentinho não consegue se representar nem sequer entender o sentido da pergunta da amada."[49] As aspirações e as ações desmedidas que movimentam a tragédia parecem, de alguma forma, ajudar a compor o perfil da jovem Capitu, mas não o de Bentinho. Sua paixão não é nem jamais será a de um Otelo que destrói o bem pelo excesso da paixão.

Bentinho carece de uma experiência autêntica. A passagem na qual ele pensa em compor um soneto, ainda na época do seminário, pode ilustrar isso. O relato, que aparece no capítulo LV, leva o leitor a perceber que a intenção de escrever o poema veio de um verso que surgiu na cabeça do narrador como uma exclamação solta: "Oh! flor do céu! oh! flor cândida e pura!"[50] Portanto, o suposto verso e a ideia de compor um soneto não partiram de uma reflexão que o narrador queria desenvolver e ver escrita. Ao contrário, a exclamação, que tinha a medida de verso e surgiu do nada, quando ele estava na cama, originou a intenção de compor o texto. Como não conseguia dar sequência ao verso, resolveu pensar na chave de ouro, que saiu novamente em forma de exclamação: "Perde-se a vida, ganha-se a batalha!"[51] Após novos e frustrados esforços para preencher o centro da poesia, o último verso termina por ser invertido: "Ganha-se a vida, perde-se a batalha!"[52] Nos dizeres do "autor", ficou faltando apenas "uma ideia e encher o

48 Ibidem, p. 979.
49 Op. cit., p. 80.
50 *Obra Completa em Quatro Volumes*, v. 1, p. 989.
51 Ibidem, p. 990.
52 Ibidem, p. 991.

centro que falta"[53], ou seja, do soneto não há nada. Sua produção é um vácuo, não apenas pelo texto não conter a ideia e os doze versos restantes, mas pelo que o procedimento construtivo evidencia: a retórica vazia (à semelhança da de José Dias), marcada pelo convencionalismo de exclamações que parecem importantes, mas que nada dizem. Desse modo, tanto faz que o último verso seja transformado em seu contrário, pois ambos não produzem significados.

No entanto, se os versos nada significam, inclusive porque o poema não existe, são muito interessantes de serem observados mais de perto. Afinal, é na própria ausência do centro, ou seja, do que dá corpo ao soneto, que seus sentidos se fazem presentes e, assim, o primeiro e o último verso passam a carregar possibilidades curiosas de abordagem.

Rosenfield assinala que a primeira opção para a chave de ouro do soneto: "Perde-se a vida, ganha-se a batalha!" repete ou plagia o núcleo do trágico[54]. A pesquisadora tem como referência a tragédia antiga. Nela, o herói extrapola suas forças finitas ao confrontar o perigo e a morte. Sua ação entra em choque com as potências cósmicas e sua vida sucumbe frente à incomensurabilidade dessas forças.

O verso de Bento retoma esse contexto, uma vez que expressa o ímpeto trágico em que a vitória reside mais na luta e no enfrentamento do que em qualquer outra coisa. No entanto, esse verso é produzido por um seminarista, cuja condição, contrária à sua própria vontade, se assenta na determinação da mãe. Ou seja, Bento não conseguiu enfrentar sequer Dona Glória. Em sua tímida tentativa de poetar na cama, envolto por um lençol, o resultado não pode ser mais do que ideia solta, pois ele aborda um conteúdo que não pertence a ele e à sua vivência. Desse modo, aos versos restam apenas serem sonoros e vazios, dotados de um efeito que, em si, não podem ter, evidenciando a timidez da experiência de Bentinho e a ausência de qualquer saber ou ímpeto que o iguale a um herói trágico. Esse caráter vazio do verso faz com que sua inversão, "Ganha-se a vida, perde-se a batalha!", não pareça absurda aos olhos narrador, apesar de contrariar o ímpeto grandioso que o move em

53 Ibidem.
54 K.H. Rosenfield, op. cit., p. 80.

A PRESENÇA DE *OTELO* EM *DOM CASMURRO*   123

sua composição, mas revela-se apenas uma nova possibilidade de criação, tão sem sentido quanto a anterior. Desse modo, o resultado é o mesmo: um soneto por fazer.

A (Irônica) Dialética da Duplicidade

Bento e Otelo vivem a dialética da dúvida. Por trás dela, há o ciúme, cuja essência reside no conflito: o amor destrói, querendo proteger. A situação vivida por eles é essencial para a configuração do trágico, que, como afirma Peter Szondi, é um modo determinado de aniquilamento iminente ou consumado, sendo que a forma dialética é sua expressão mais genuína: "é trágico apenas *o* declínio que ocorre a partir da unidade dos opostos, a partir da transformação de algo em seu oposto, a partir da autodivisão. Mas também só é trágico o declínio de algo que não pode declinar, algo cujo desaparecimento deixa uma ferida incurável"[55].

Otelo é um mouro de linhagem nobre e um chefe vitorioso. É um guerreiro importante e admirado por sua bravura e por suas conquistas. Nesse aspecto, ele é considerado um cidadão na sociedade veneziana. Embora a condição de chefe vitorioso o colocasse à altura de Desdêmona, ele constata, na prática, que não goza da mesma consideração que os outros. O pai da jovem não o julga digno dela, mostra-se incrédulo e convencido de que a filha não pode amar um mouro, mas que esse amor só pode ser fonte de algum encantamento ou de um capricho da filha que, mais cedo ou mais tarde, irá vitimar o próprio amante. Apesar de o doge conceder a Otelo o comando da frota de Veneza em Chipre e dar o seu consentimento para a união com Desdêmona, o mouro carrega essa duplicidade, que se mantém inoculada em sua alma. Ela torna-se, assim, terreno fértil para a maldade de Iago. Portanto, por trás da dialética da dúvida e do ciúme reside uma situação de duplicidade dialética, que se mostra potencialmente irônica.

A situação vivida por Bentinho pode ser comparada à de Otelo. O filho de Dona Glória acredita que será feliz se se casar com Capitu, no entanto, é essa união que o torna infeliz; Escobar,

---

55 P. Szondi, *Ensaio Sobre o Trágico*, p. 84-85. (Grifo do autor.)

o "amigo do coração", é o mesmo que o teria traído e enganado; Ezequiel, o filho tão desejado, acaba sendo, para Bento, a prova de que Capitu foi infiel e, desse modo, o que era para ser fonte de felicidade e certeza de sua continuação se configura, aos seus olhos, a marca da infelicidade e da quebra de sua linhagem.

A condição de desigualdade social entre Capitu e Bentinho é um motivo gerador de dúvidas e retoma, na medida em que distorce, a tragédia de *Otelo*. Na peça de Shakespeare, é o herói quem é de um patamar inferior; no romance de Machado, é Capitu quem não estaria à altura de Bentinho. A diferença que existe entre ambos não é, no entanto, suplantada pelo mérito da jovem, como ocorre com Otelo, que possui uma história pessoal que o eleva aos olhos dos outros. Em *Dom Casmurro*, esse descompasso social desaparece ao longo do tempo, amortizado pelo contato entre as famílias, pela proximidade crescente entre Capitu e Dona Glória, pelas intrigas miúdas e pelos interesses mutáveis e intercambiáveis. Desse modo, a diferença fomenta o duplo na medida em que torna os atos de Capitu potencialmente suspeitos e sua figura ainda mais ambígua e enigmática: ela ama ou é movida apenas pelo interesse? Ela une o interesse à afeição? Ou é apenas uma jovem apaixonada?

A situação vivida por Otelo e Bentinho possui em comum o fato de ambos vivenciarem uma realidade que parece promissora, mas que se transforma em seu oposto. Ambos enfrentam o declínio a partir da unidade que se duplica e, desse modo, passam a ter que conviver em meio a esses opostos. Trata-se de uma situação potencialmente tensa, marcada pelo conflito, pelo declínio e pela dor que este lhes causa. Nesse sentido, o herói vive uma situação de desnorteamento que o deixa sem rumo, o que abre espaço para o trágico.

É pertinente retomar as considerações de Emil Staiger que afirma que a desgraça trágica é aquela que "rouba ao homem seu pouso, sua meta final, de modo que ele passa a cambalear e fica fora de si"[56]. Ao discorrer sobre esse sentimento/relacionamento do homem com o mundo, o estudioso afirma que o sofrimento trágico é de natureza metafísica e, extrapolando o domínio estético, afirma que este pode ligar-se a: "um cético que

56 Op. cit., p. 148.

A PRESENÇA DE *OTELO* EM *DOM CASMURRO*   125

fracassa em sua verdade [quando] leva seu ceticismo a sério, e desesperado dá cabo de sua existência; ou um crente que vê seu amor a Deus escarnecido por algo terrível [...] e por isso não consegue mais se aprumar; ou ainda um amante como Werther para quem a paixão é o valor supremo e que chega à conclusão de que sua paixão destrói a ele e aos outros[57]".

Essas figuras trágicas, de acordo com o filósofo alemão, mostram o eu em uma situação limite. Bento e Otelo, dentro do contexto de cada um, vivenciam um conflito que os encaminha a uma situação de grande tensão. No entanto, o destino de cada um deles conta com peculiaridades.

É relevante perceber que ambos buscam prova da infidelidade das amadas e não da fidelidade, o que pode sugerir que o que está em jogo nesse conflito é, acima de tudo, o orgulho de cada um. Eles querem saber se foram ou não traídos; se a honra está ou não ferida, antes ainda de saber se são ou não amados/desprezados. A dúvida, no caso de ambos, mexe com a honra do herói e, de certa forma, com sua vaidade masculina. Enquanto polos de um sistema – Otelo uma referência na guerra, Bento um dos vértices do sistema patriarcal –, a convivência com esse conflito torna-se insustentável.

A reputação de Otelo está em jogo: como ser traído, enquanto mito da guerra, pela esposa junto a um subordinado? Como deixar a traição de Desdêmona ferir uma imagem de vitórias construída a duras penas? Otelo possui um ego grandioso em termos de magnitude e, enquanto sujeito essencialmente voltado para a prática militar, é, nos dizeres de Harold Bloom, "incapaz de confrontar o vazio que existe no centro de seu ser"[58]. Esse vazio, que será, de certa forma, preenchido por Iago com suas mentiras, mostra-se um espaço aberto à insegurança, uma vez que, como já foi dito, Otelo não possui intimidade no trato com questões amorosas. Estas estão fora de seu domínio, o que o torna vulnerável às calúnias de Iago.

Bentinho, por sua vez, enquanto sujeito coberto por mimos e proteção e, até certo ponto, castrado pela força dominadora da mãe, não consegue ver o filho como um produto seu. Quando Ezequiel nasce, Bento afirma que não parava de observá-lo e

57 Ibidem.
58 Op. cit., p. 552.

126 MACHADO E SHAKESPEARE

mirá-lo, "a perguntar-lhe donde vinha"[59]. Mais tarde se indagará a respeito da data da concepção da criança, vendo-a como produto de uma relação entre a esposa e o amigo e não da esposa consigo. Esse traço do narrador justifica, em certo grau, a admiração que demonstra pela masculinidade de Escobar, como vemos na passagem que segue: "Apalpei-lhe os braços, como se fossem os de Sancha. Custa-me essa confissão, mas não posso suprimi-la; era jarretar a verdade. Não só os apalpei com essa ideia, mas ainda senti outra cousa: achei-os mais grossos e fortes que os meus, e tive-lhes inveja; acresce que sabiam nadar."[60]

Trata-se de traços de sua personalidade que denunciam a insegurança que marca sua relação com a esposa e com o amigo. Não é nosso objetivo aqui tomar qualquer caminho psicanalítico para análise, mas parece claro que Bento vê a mãe, a quem acaba por considerar uma "santa" na maturidade, como uma referência da qual não consegue se libertar. Desse modo, Bentinho tem dificuldade em se ver como um ser independente dela e completo sem ela. Em meio a isso, Capitu não se configura como uma mulher à altura de Dona Glória, mas se faz um ser meio demoníaco, enganador por natureza, distante daquele modelo. É coerente, assim, que o narrador se pergunte de onde vem Ezequiel e posteriormente duvide que vem dele assim como duvide da fidelidade de Capitu.

Como sabemos, a figura do herói é de extrema importância dentro do trágico; o conflito gira em torno dele e requer sua ação. Cabe lembrar que, na tragédia moderna – ao contrário do que ocorria tragédia antiga, em que havia uma relativa porção de passividade no indivíduo, o que o fazia assemelhar-se, por vezes, a uma marionete à mercê de forças superiores – a subjetividade tornou-se autorreflexiva e o herói um sujeito essencialmente agente. Sobre isso, Arnold Hauser observa:

A tragédia moderna do caráter distingue-se em geral da tragédia antiga do destino, e o destino, que no drama grego era transcendente, no drama moderno é tido como imanente, ou seja, está implícito no caráter do herói e não depende dos deuses ou dos poderes acima dos deuses. O herói vai ao desastre por causa de seu caráter desregrado, suas paixões desenfreadas, os excessos de sua natureza; de fato, seu caráter

59 *Obra Completa em Quatro Volumes*, v. 1, p. 1040.
60 Ibidem, p. 1051.

A PRESENÇA DE *OTELO* EM *DOM CASMURRO*   127

é que é sua ruína. A força propulsora da ação não é um poder externo, mas um conflito interno; o herói está em guerra consigo mesmo e assim todo o drama é interiorizado e torna-se um drama da alma.[61]

O estudo da intertextualidade de *Dom Casmurro* com *Otelo* permite alguns paralelos com o gênero. Pensando no herói, vemos que Bento e Otelo vivem uma situação semelhante à delineada por Arnold Hauser. Há um conflito interno, vivido de maneira intensa e sofrido pelo herói cujo desfecho depende dele. Não se trata de um eu sujeito a um destino que o transcende, mas de um eu responsável pelas suas ações e que deve arcar com o peso de seus atos.

Otelo é um homem inserido em um mundo onde a noção de livre-arbítrio está estabelecida. O mouro tem consciência de suas ações, reconhecendo-se livre para fazer suas escolhas e responsável por elas. É o que percebemos por meio do monólogo que antecede o assassinato de Desdêmona:

Ato v, Cena 2

> Esta é a causa, minha alma. Oh! Esta é a causa!
> Não vo-la nomearei, castas estrelas!
> Esta é a causa! Não quem verter sangue,
> Nem ferir-lhe a epiderme ainda mais branca
> Do que a neve e mais lisa que o alabastro.
> Mas é fatal que morra; do contrário,
> Virá ainda a enganar mais outros homens.
> Apaga a luz! Depois... Apaga a luz!
> Se te apagar, ministro flamejante,
> Poderei restituir-te a luz primeira,
> Se vier a arrepender-me. Mas extinta
> Que seja tua luz, ó tu, modelo
> Primoroso da excelsa natureza!
> De onde o fogo trazer de Prometeu,
> Para dar nova luz à tua chama?
> Se tua rosa colher, é-me impossível
> O vital crescimento restituir-lhe:
> Fatal é que feneça.[62]

61 *Maneirismo*, p. 104.
62 Trad. Carlos Alberto Nunes. No original, lê-se: It is the cause, it is the cause, my soul, / Let me not name it to you, you chaste stars!/It is the cause. – Yet I'll not shed her blood, / Nor scar that whiter skin of hers than snow / And smooth as monumental alabaster. / Yet she must die, else she'll betray more men. / ►

MACHADO E SHAKESPEARE

O exemplo de *Otelo* citado acima ilustra um princípio básico para a configuração da dialética trágica: ela requer um sujeito que viva o conflito de maneira consciente. Albin Lesky aponta para esse dado como requisito de validade irrestrita, ou seja, independe de ligar-se à tragédia antiga (do destino) ou à tragédia moderna (do caráter). Para o teórico alemão, "Onde a vítima sem vontade é conduzida surda e muda ao matadouro não há impacto trágico"[63]. No caso específico da tragédia moderna, ela requer que o herói entre em duelo consigo mesmo e é o seu caráter que o leva ao desastre.

Bento sabe que tem diante de si uma situação de perda irreversível. Sua relação com Capitu está comprometida, a expectativa de felicidade ruiu e a queda é iminente. No entanto, duas coisas devem ser percebidas.

O conflito de Bento se enraíza em uma personalidade essencialmente ciumenta, o que diferencia seu conflito do de Otelo. Como já abordado neste estudo, o herói shakespeariano é um sujeito ligado ao campo de batalha, distante de relacionamentos pessoais e, principalmente, amorosos. Trata-se de alguém que é quase um estranho a esse domínio e chega a afirmar que, não fosse Desdêmona, não se uniria a qualquer mulher: "Porque te juro, Iago: se não fosse / O amor que voto à mui gentil Desdêmona, eu não iria pôr a minha livre / Condição de solteiro em nenhum elo / Que viesse confiná-la"[64] (ato I, cena 2). Na noite de seu casamento, é a esposa quem pede para acompanhá-lo a Chipre; ele, declaradamente, coloca sua posição de guerreiro à frente da de marido: "E não permita o céu que em vossos puros / corações a admitir venhais que eu possa / prejudicar negócios de tal monta, de tanta gravidade, só porque ela

---

▷ Put out the light, and then put out the light: / If I quench thee, thou flaming minister, / I can again thy former light restore, / Should I repent me; but once put out the light, / Thou cunning'st pattern of excelling nature, / I know not where is that Promethean heat / that can thy light relume. When I have pluck'd thy rose, / I cannot give it vital growth again, / It must needs wither: - I'll smell it on the free. - /O balmy breath, that dost almost persuade/ Justice to break her sword! – One more, one more. - /Be thus when thou art dead, and I kill thee.

63 *A Tragédia Grega*, p. 34.
64 Trad. Carlos Alberto Nunes. No original, lê-se: "for know. Iago, / But that I love the gentle Desdemona, / I would not my unhoused free condition / Put into circumscription and confine.

A PRESENÇA DE *OTELO* EM *DOM CASMURRO* 129

/ vai ficar ao meu lado"[65] (ato I, cena 3). O conflito vivido por Otelo se instala em sua alma devido à sua vulnerabilidade, mas, deve-se ressaltar, tem como mola propulsora a maldade de Iago, que o coloca frente a seu suposto comborço, um subordinado.

Além da personalidade ciumenta, Bentinho conta com uma imaginação prodigiosa – uma égua ibera. Bento tem, diante de si, apenas o fantasma de Escobar. Afinal, a dúvida sobre a traição tem início no velório do amigo. O dado parece tornar seu drama eminentemente psicológico. Ele não parte do outro – Iago –, mas de um fantasma de dentro de sua mente. Retomando as considerações de Helen Caldwell em seu estudo *O Otelo Brasileiro de Machado de Assis*, para quem a personagem machadiana integraria no próprio nome o bem e o mal – Santiago –, vemos que, no romance de Machado, há uma curiosa implicação psíquica: Bento convive com o mal todo o tempo, o que o envenena não pode ser eliminado jamais, pois é parte da composição de seu ser. A catarse do herói encontra novo empecilho: à personagem de Machado resta conviver com o conflito, pois este é intrínseco à sua alma ambivalente, imaginativa e, por vezes, confusa. É certo que José Dias, ao tecer considerações sobre Capitu, abre espaço para que Bento dê início a suspeitas, em um capítulo de título sugestivo, "Uma Ponta de Iago", no entanto, seus comentários surtem efeito por encontrar em Bento o traço do ciúme possessivo. José Dias faz um comentário aparentemente gratuito, diferente de Iago que intenciona semear a discórdia.

O outro dado importante é que na tragédia shakespeariana a verdade vem à tona: Otelo descobre as calúnias de Iago, vê Desdêmona inocentemente morta por ele, depara-se com a própria ignorância e brutalidade por meio das palavras de Emília. Para Bentinho, isso é impossível. Ele jamais saberá da verdade: Escobar já é morto, Capitu está desacreditada aos seus olhos e qualquer coisa que disser não terá efeito positivo. Machado desenha uma situação que parece ainda mais angustiante do que a de Otelo: somos todos privados da verdade e levados a perceber que esta é fruto de leituras parciais de fatos potencialmente ambíguos que embaçam a percepção que formamos do mundo.

---

65 Idem. No original, lê-se: And Heaven defend your good souls, that you think / I Will your serious and great business scant / For she is with me.

130 MACHADO E SHAKESPEARE

Otelo vive o conflito, age e, posteriormente, experiencia a culpa insolúvel, proporcionada pela descoberta da verdade e do erro. O mouro enfrenta o problema da responsabilidade e passa a ser intolerável viver consigo mesmo. Bento, apesar de viver o conflito, tem, ao final, apenas a sua verdade. Justamente por se encontrar privado de uma revelação, como ocorre com o herói shakespeariano, o narrador crê que agiu da forma como deveria. Ao que parece, Bento não se sente culpado de ter exilado a esposa na Europa e a ignorado até a morte. Ao contrário, quando Ezequiel retorna ao Rio ele reage com frieza: "– Morreu bonita – concluiu. / – Vamos almoçar. / Se pensas que o almoço foi amargo, enganas-te." [66]

No entanto, é ainda na natureza do conflito e em sua suspensão que reside o aspecto mais interessante de ser observado. Como sabemos, um dos elementos definidores do conflito trágico é o fato de ser insolúvel. O pressuposto tem origem em Goethe e mantém-se na base da discussão sobre o fenômeno. Sem pretensões sistemáticas, o alemão reconhece como essencial ao trágico um traço que o sistema idealista de Schelling e até o de Hegel não colocam: ele não permite nenhuma solução. Assim que surge uma reconciliação ou ela se torna possível, o trágico desaparece. Richard Palmer, ao abordar a tragédia do mouro de Veneza, afirma que "a morte de Desdêmona e Otelo podem, em último grau, aquietar as emoções do público pela resolução de problemas específicos criados pelo comportamento de Otelo, mas o paradoxo amor/ódio que causou a catástrofe permanece imutável"[67].

O conflito vivido por Bentinho é irreconciliável. Afinal, a situação harmoniosa com Capitu não pode mais ser recuperada. A própria impossibilidade de "revelação" da verdade para o herói contribui para que a situação seja insolúvel. Machado problematiza, com isso, uma questão bastante pertinente à corrente estética realista. O narrador protagonista vivencia e, em última instância, deixa registrado, por meio de sua narração, a distância que separa ele e nós da "verdade". Por mais que acreditemos estar em contato com ela, a ambiguidade por meio da qual as ações se tornam presentes faz com que não tenhamos

66 *Obra Completa em Quatro Volumes*, v. 1, p. 1070.
67 *Tragedy and Tragic Theory*, p. 158.

A PRESENÇA DE *OTELO* EM *DOM CASMURRO*   131

mais do que uma interpretação até certo ponto pessoal delas. A experiência de registro e de leitura do romance presentificam isso. A própria escrita do livro parece às vezes uma maneira de o narrador tentar convencer a si próprio de que sua leitura dos fatos é a que condiz com a "verdade".

Apesar de o conflito vivido por Bentinho ser insolúvel, deve ser observado com cuidado o modo como ele o conduz. A personagem de Machado não consegue chegar a uma situação limite, como Otelo, apesar da tensão entre ele e Capitu. Bento, como abordado anteriormente, planeja a morte durante dois dias. Decidido a se matar na manhã de domingo, depois de uma noite atordoante em que vagou pelas ruas do Rio de Janeiro após assistir a uma representação de *Otelo*, o seu plano, ao chegar em casa, é esperar até o café, pois tomaria a droga dissolvida na bebida. Não se trata, portanto, de um impulso irrefreado, o que se nota pelo próprio tempo de preparo da situação. Além do que, o narrador parece adiar o que está resolvido a fazer: por que esperar até o café, afinal?

É perceptível que Bentinho monta um teatro para sua morte. Nessa cena, faz parte imitar Catão, que cometeu suicídio. A imitação é, assumidamente, uma maneira de ganhar coragem, tentativa que, como sabemos, não é bem-sucedida, uma vez que Bento abandona o projeto na última hora. Desse modo, o paralelo com Catão acaba por evidenciar a falta de coragem e a veleidade do narrador, ganhando, assim, implicações ainda mais curiosas:

O meu plano foi esperar o café, dissolver nele a droga e ingeri-la. Até lá, não tendo esquecido de todo a minha história romana, lembrou-me que Catão, antes de se matar, leu e releu um livro de Platão. Não tinha Platão comigo; mas um tomo truncado de Plutarco, em que era narrada a vida do célebre romano, bastou-me a ocupar aquele pouco tempo, e, para em tudo imitá-lo, estirei-me no canapé. Nem era só imitá-lo nisso; tinha necessidade de incutir em mim a coragem dele, assim como ele precisara dos sentimentos do filósofo, para intrepidamente morrer.[68]

Catão, segundo reza a tradição, leu um livro de Platão antes de se matar. Segundo nota de Leila Guenther à edição de *Dom Casmurro* pela Ateliê (2008), o trecho do romance de Machado

---

68   *Obra Completa em Quatro Volumes*, v. 1, p. 1063.

refere-se à obra *Apologia de Sócrates*, na qual Platão traz o julgamento e a condenação de Sócrates à morte por ingestão de veneno; narra também os momentos finais do filósofo. A obra mostra que Sócrates foi condenado afirmando que tinha razão e que a sentença se dava justamente devido à sua franqueza e pudor em usar da retórica para se defender. Sócrates afirma que fez o que pensava ser justo fazer e sabia que isso podia levá-lo à morte. Sua atitude, a seu modo heroica e quase trágica, parece inspiradora ao opositor de Júlio César, famoso pela integridade moral e que optava por morrer defendendo a sua verdade.

Observa-se, no entanto, que Bento não tem o livro de Platão. Portanto, não tem contato, nesse momento, com a história de Sócrates. Tem em mãos um volume de Plutarco em que, segundo nos diz, era narrada a vida do célebre romano. Ou seja, a leitura de Bento é sobre Catão, que abriu mão de sua vida para defender sua integridade moral e seus pensamentos quando derrotado em batalha. É sabido, no entanto, que Plutarco era um filósofo que acreditava ser necessário controlar os impulsos e as paixões. Aliás, tanto Catão quanto Plutarco são afeitos ao estoicismo e mostram simpatia pelo predomínio da razão em oposição à paixão, vista como má por sua irracionalidade. A leitura que Bento diz ter realizado parece sugerir que, ao contrário do ato trágico de Sócrates, Bento teria tido contato com uma escrita que defendia a razão e o controle dos impulsos. A leitura, que em princípio era para lhe dar coragem, parece assinalar, por outro lado, que controle seus impulsos e domine suas paixões. Bento recusa o papel de mártir, prefere preservar a si e condenar Capitu a uma morte simbólica.

É certo que o teatro que arma em torno de sua morte já aponta para isso. Bento quer ser trágico, mas semelhante ato não condiz com sua disposição de espírito: que herói trágico precisa ganhar coragem pelo exemplo para agir? É importante relembrar as palavras de Staiger, para quem o trágico surpreende o herói inesperadamente, de modo que este se preocupa com o seu problema e abandona o que não se relaciona com essa ideia[69]. Essa entrega do herói ao conflito, que leva à sua suspensão, não encontra espaço na narrativa machadiana. Desse

---

69 E. Staiger, op. cit., p. 149.

A PRESENÇA DE *OTELO* EM *DOM CASMURRO*   133

modo, a morte, que marca a suspensão do conflito irreconciliável que Otelo enfrenta, é substituída em *Dom Casmurro* por uma solução paliativa. Bentinho busca uma saída para o seu problema mais conveniente para si naquele momento. É o que vemos no capítulo "A Solução":

Aqui está o que fizemos. Pegamos em nós e fomos para a Europa, não passear, nem ver nada, novo nem velho; paramos na Suíça. Uma professora do Rio Grande, que foi conosco, ficou de companhia a Capitu, ensinando a língua materna a Ezequiel, que aprenderia o resto nas escolas do país. Assim regulada a vida, tornei ao Brasil.
Ao cabo de alguns meses, Capitu começara a escrever-me cartas, a que respondi com brevidade e sequidão. As dela eram submissas, sem ódio, acaso afetuosas, e para o fim saudosas; pedia-me que a fosse ver. Embarquei um ano depois, mas não a procurei, e repeti a viagem com o mesmo resultado. Na volta, os que se lembravam dela, queriam notícias, e eu dava-lhas, como se acabasse de viver com ela; naturalmente as viagens eram feitas com o intuito de simular isto mesmo, e enganar a opinião.[70]

O capítulo permite algumas observações curiosas. Primeiramente, chama atenção a opção pela Suíça para o exílio de Capitu. Como bem observou Paulo Franchetti, em sua introdução à obra editada pela Ateliê, trata-se de um país onde dificilmente a esposa de Bento encontraria conhecidos do casal. O destino da maioria dos brasileiros em viagem à Europa incluía a França, especialmente Paris, e muito mais raro a Suíça. Levando Capitu para esse país, Bento se resguardava de surpresas indesejadas e, em princípio, salvava as aparências, evitando que a suposta traição viesse a público.

No entanto, deve ser percebido, ainda na esteira de Franchetti, que parece incoerente que Bento prime tanto por salvar as aparências e ofereça tudo em forma de livro posteriormente, ainda mais quando se percebe que é nítida a intenção do narrador de publicar o texto imediatamente após a escrita. Afinal, ele considera a hipótese de Sancha ler a narração. O zelo pela reputação e a exposição crua do suposto adultério após a morte de Capitu e Ezequiel parecem incoerentes quando contrapostos, o que nos leva a concluir, retomando a questão do trágico, que Bento evita um confronto verdadeiro, eliminando qualquer possibilidade de

70   *Obra Completa em Quatro Volumes*, p. 1067.

resposta ou argumentação contrária à sua opinião, inclusive por parte de sua própria família, cujos membros também já estavam mortos quando compôs o livro. A escrita do texto é fruto de um clamor unilateral, o pronunciamento da verdade de Bento e uma proteção contra qualquer movimentação externa a ele.

A solução que Bento encontra faz com que ele regule a sua vida, para usar a expressão do próprio narrador. Ele passa, então, a conviver com o seu conflito de maneira calculada e com sangue frio a ponto de ignorar as cartas saudosas da esposa e desejar a morte por lepra para o filho. A dialética da dúvida permanece, ao contrário do que ocorre na tragédia shakespeariana, mas a verdade de Bentinho e o seu poder estão salvos.

Capitu: Entre Duas Personagens Shakespearianas

A.C. Bradley, ao discorrer sobre *Otelo*, chama a atenção para o sofrimento de Desdêmona, segundo ele, o espetáculo mais próximo do intolerável que Shakespeare nos oferece. Trata-se de um sofrimento absolutamente passivo, de alguém que possui uma natureza infinitamente doce e um amor que é absoluto[71]. Desdêmona se resigna ao trágico e sofre vítima de quem adora.

Se tomarmos Capitu a partir do que temos sobre seu comportamento, poderemos tecer considerações no mínimo curiosas. A heroína machadiana, como costuma apontar a crítica, tem uma postura repleta de dignidade quando confrontada pelo marido acerca da suposta traição com Escobar. Além de reconhecer a natureza ciumenta de Bento, "Pois até os defuntos!"[72], ao retornar da igreja após a discussão final com o marido, ela afirma: "– Confiei a Deus todas as minhas amarguras, [...]; ouvi dentro de mim que a nossa separação é indispensável, e estou às suas ordens."[73] Há, de fato, uma dignidade altiva em sua postura ao reconhecer a impossibilidade de conciliação.

É necessário perceber, no entanto, que Capitu reconhece Bento como aquele que determinará sobre seu futuro, se submete a permanecer na Suíça calada e cria Ezequiel admirando

---

71 A.C. Bradley, op. cit., p. 70.
72 *Obra Completa em Quatro Volumes*, v. 1, p. 1065.
73 Ibidem, p. 1066.

A PRESENÇA DE *OTELO* EM *DOM CASMURRO* 135

o marido, que nunca foi ver o filho. O resultado não permite uma via interpretativa em mão única. Nota-se, por um lado, que, além da dignidade, há certa dose de passividade na esposa de Bento, que aceita o que o marido designa para ela. Como a ambiguidade permeia todo o texto, o dado pode, por um lado, apontar para uma suposta culpa da heroína, que, ficando calada e aceitando os desígnios do marido, evitaria alarde e escândalo. Mas é inevitável não comparar a sua atitude com a da heroína de Shakespeare.

Capitu, à semelhança de Desdêmona, parece sofrer resignada e adorando o marido, amado até a morte. A afirmação de Bento, ao narrar a visita de Ezequiel ao Rio, aponta para isso: "Ansiava por ver-me. A mãe falava muito em mim, louvando-me extraordinariamente, como o homem mais puro do mundo, o mais digno de ser querido."[74] Ao mesmo propósito de argumentação poderiam servir as cartas submissas e sem ódio que Capitu escreve para o marido. Bento não recua de sua posição, possivelmente por entender que a atitude da esposa condiz com seu perfil dissimulado. Mas, para o leitor, que não deve aderir ao pressuposto de Bento de maneira passiva, há aí um dado para reflexão: Capitu tem essa postura por ser uma mulher pérfida ou por, de fato, amar Bentinho?

Quando contrapomos a personagem menina e a esposa resignada, percebemos que há um evidente e curioso contraste entre a impetuosidade da personagem adolescente e a postura apaixonada e resignada da esposa futura. Onde estaria a engenhosidade calculista da jovem Capitu, que nos propiciou compará-la a Lady Macbeth, nessa última esposa?

Se tomarmos a "tese" que Bento nos apresenta: a Capitu menina "estava dentro da outra, como a fruta dentro da casca"[75], veremos que, para o narrador, a esposa foi sempre uma Lady Macbeth. É claro que, como já dissemos, essa personagem de Shakespeare não é trazida para a narrativa por Bento, mas a tragédia de Macbeth é, o que permite a alusão que, como mostrado anteriormente, subjaz à narrativa. Se uma Capitu estava dentro da outra, a articulista do início teria estado sempre presente na esposa. De acordo com essa "lógica", Capitu, quando

74 Ibidem, p. 1070.
75 Ibidem, p. 1072.

menina, trabalhava a favor da união de ambos, a qual teria um lucro certo. Tendo conseguido realizar o objetivo, dá seguimento às ações escusas e enganadoras. Essas, como não mais incluíam Bentinho, seguem à sua revelia. Em outras palavras: para o narrador, Capitu sempre foi uma mulher dissimulada e calculista, que trabalhou a favor de si.

No entanto, é necessário frisar que a Capitu menina e a Capitu do final do romance não parecem a mesma "pessoa". O espaço que a personagem ganha na primeira parte da narrativa, momento em que se expande e dá a impressão de que domina a história, parece ir progressivamente minando sob o controle narrativo de Bento. Mesmo que sejamos convencidos por Bentinho de que a esposa é uma mulher dissimulada e falsa, sua atitude final mostra que, por trás dessa mulher calculista e demoníaca, subjaz, em certa medida, uma Desdêmona.

Isso coloca Capitu em meio a duas personagens femininas de tragédias shakespearianas, que possuem traços muito díspares, se não opostos. A personagem machadiana teria o perfil de uma lady Macbeth ou de uma Desdêmona? Ou, ainda, de que maneira integraria as duas?

Apesar das distâncias, marcadas pela determinação de uma e pela passividade da outra, é fato que as duas passam da felicidade para a infelicidade, à semelhança do que ocorre com seus companheiros, e sofrem vítimas ou da ambição ou do amor desmedido. Capitu integra, de maneira enigmática, traços de ambas. Justamente pela narração parcial e pelo caráter apriorístico que a história possui, não há meios de decifrar as fronteiras entre uma e outra ou ainda assegurar-se de que a personagem estaria mesmo frente a esses extremos.

O leitor parece encontrar-se, mais uma vez, face à dramatização da parcialidade do olhar. Não se trata aqui de reafirmar aquele ponto exaustivamente observado pela crítica: *Dom Casmurro* é uma história de traição em que o fato é narrado pelo suposto marido traído, portanto, não há meios de sabermos a verdade. Frente às duas figuras shakespearianas, resta perceber que Bentinho não possui mais do que a sua verdade e, como o leitor, está isolado em um universo próprio, limitado e restrito às suas impressões, em meio a tensões opostas, desnorteado frente a uma realidade ambivalente e atordoante.

A PRESENÇA DE *OTELO* EM *DOM CASMURRO*   137

A Vida É uma Ópera

O capítulo ix de *Dom Casmurro*, intitulado "A Ópera", traz para o romance uma filosofia que, para lembrar John Gledson[76], o inunda por completo. A passagem, justamente pelo conteúdo que apresenta, permite que abordemos algumas questões pertinentes ao pensamento de Schopenhauer na narrativa.

No referido capítulo, Bentinho expõe a concepção sobre a existência humana que certa vez lhe contou um tenor italiano desempregado. Segundo lhe teria narrado Marcolini, a vida seria uma grande ópera. Nesta, Deus é o poeta e a música é de Satanás, maestro que aprendeu o que sabia no conservatório do céu. Não tolerando a precedência de Miguel, Rafael e Gabriel, Satanás tramou uma rebelião que foi descoberta e ele expulso do conservatório. No entanto, Deus havia escrito um libreto de ópera da qual abrira mão "por entender que tal gênero de recreio era impróprio da sua eternidade"[77], e Satanás o leva para o inferno. Para mostrar que era melhor do que os outros e se reconciliar com o céu, compõe a partitura da ópera e a leva ao Padre Eterno. A passagem, apesar de longa, merece ser citada:

– Senhor, não desaprendi as lições recebidas – disse-lhe. – Aqui tendes a partitura, escutai-a, emendai-a, fazei-a executar, e se a achardes digna das alturas, admiti-me com ela a vossos pés...

   – Não – retorquiu o Senhor –, não quero ouvir nada.

   – Mas, Senhor...

   – Nada! nada!

Satanás suplicou ainda, sem melhor fortuna, até que Deus, cansado e cheio de misericórdia, consentiu em que a ópera fosse executada, mas fora do céu. Criou um teatro especial, este planeta, e inventou uma companhia inteira, com todas as partes, primárias e comprimárias, coros e bailarinos.

   – Ouvi agora alguns ensaios!

   – Não, não quero saber de ensaios. Basta-me haver composto o libreto; estou pronto a dividir contigo os direitos de autor.

Foi talvez um mal esta recusa; dela resultaram alguns desconcertos que a audiência prévia e a colaboração amiga teriam evitado. Com efeito, há lugares em que o verso vai para a direita e a música para a esquerda. Não falta quem diga que nisso mesmo está a beleza da composição,

---

76   J. Gledson, op. cit., p. 150.
77   *Obra Completa em Quatro Volumes*, v. 1, p. 929.

138 MACHADO E SHAKESPEARE

fugindo à monotonia, e assim explicam o terceto do Éden, a ária de Abel, os coros da guilhotina e da escravidão.[78]

A ironia com relação ao ato da criação beira o cômico. A hipótese levantada pelo narrador para a rebeldia de Satanás, em momento anterior à passagem acima, já deixa entrever o tom irônico da história que se anuncia: "Pode ser também que a música em demasia doce e mística daqueles outros condiscípulos fosse aborrecível ao seu gênio essencialmente trágico."[79] Na passagem citada, vemos que, ao retornar ao reino dos céus, Satanás não encontra acolhida por parte do Padre Eterno, que se recusa a escutá-lo, apesar de sua insistência. O ato, que contraria a ideia de um Deus misericordioso e sempre disposto ao perdão, fere de certa forma a crença cristã, que tem no Criador um ser marcado pela perfeição, acima de tais atitudes, restritas à imperfeição humana. Por fim, Deus cede aos apelos de Satanás "cansado e cheio de misericórdia", mas se recusa a ouvir os ensaios, o que denota desatenção e consequente imperfeição no ato da criação: "há lugares em que o verso vai para a direita e a música, para a esquerda". Surge, assim, uma justificativa para os males do mundo. A guilhotina e a escravidão exemplificariam esse desacordo, funcionando como quebra da monotonia que a perfeição inspiraria. Além do que, a vida seria fruto de uma criação conjunta entre Deus e Satanás, e exterior ao plano divino, uma vez que foi concedida ser realizada fora do céu e colocada sob controle de forças não apenas divinas, mas, sobretudo, profanas.

Haveria, ainda, outros defeitos nessa obra, como vemos na continuação:

Não é raro que os mesmos lances se reproduzam, sem razão suficiente. Certos motivos cansam à força de repetição. Também há obscuridades; o maestro abusa das massas corais, encobrindo muita vez o sentido por um modo confuso. As partes orquestrais são aliás tratadas com grande perícia. Tal é a opinião dos imparciais.

Os amigos do maestro querem que dificilmente se possa achar obra tão bem-acabada. Um ou outro admite certas rudezas e tais ou quais lacunas, mas com o andar da ópera é provável que estas sejam preenchidas ou explicadas, e aquelas desapareçam inteiramente, não se

78 Ibidem, p. 939-940.
79 Ibidem, p. 939.

A PRESENÇA DE *OTELO* EM *DOM CASMURRO* 139

negando o maestro a emendar a obra onde achar que não responde de todo ao pensamento sublime do poeta. Já não dizem o mesmo os amigos deste. Juram que o libreto foi sacrificado, que a partitura corrompeu o sentido da letra, e, posto seja bonita em alguns lugares, e trabalhada com arte em outros, é absolutamente diversa e até contrária ao drama. O grotesco, por exemplo, não está no texto do poeta; é uma excrescência para imitar as *Mulheres Patuscas de Windsor*. Este ponto é contestado pelos satanistas com alguma aparência de razão. Dizem eles que, ao tempo em que o jovem Satanás compôs a grande ópera, nem essa farsa nem Shakespeare eram nascidos. Chegam a afirmar que o poeta inglês não teve outro gênio senão transcrever a letra da ópera, com tal arte e fidelidade, que parece ele próprio o autor da composição; mas, evidentemente, é um plagiário.[80]

Os debates em torno de quem foi autor do que e em que medida deturpou e/ou alterou a produção do outro mostram uma tentativa de culpa mútua pelas adversidades terrenas. Desse modo, Deus e Satanás dividem a responsabilidade pelos acertos e pelos erros do conjunto. Percebe-se que tal concepção coloca a vida humana como um produto a que os criadores assistem de fora, como se estivessem frente a um espetáculo, abandonado à própria execução. A referência a Shakespeare, por sua vez, é interessante por ilustrar sua capacidade em reproduzir a vida em seu teatro, o que o torna apto a ser tachado de plagiário do Criador, mesclando a criação com certo ar profano.

Na sequência, vemos certa descrença de que assistiremos a uma alteração positiva dessa situação: "Esta peça – concluiu o velho tenor – durará enquanto durar o teatro, não se podendo calcular em que tempo será ele demolido por utilidade astronômica." Marcolini coloca, ainda, Deus e Satanás como coautores da "ópera" vivida por nós e observa ser injusto o pagamento que recebem pelo feito, pois, se compartilham da autoria, deveriam receber o mesmo retorno, que o ouro e o papel mostram descompensado: "Poeta e músico recebem pontualmente os seus direitos autorais, que não são os mesmos, porque a regra da divisão é aquilo da Escritura: 'Muitos são os chamados, poucos os escolhidos.' Deus recebe em ouro, Satanás em papel."[81] Mais do que a coautoria, no entanto, chama a atenção o abandono

80   Ibidem, p. 940.
81   Ibidem.

por parte dos criadores. As forças do bem e do mal subjazem a um espetáculo que corre solto e assim será enquanto existir teatro, ou seja, até o final dos tempos.

Machado foi confesso leitor de Schopenhauer, cujo sistema filosófico evidencia uma percepção acentuadamente trágica da existência. O filósofo não teve como objetivo definir o fenômeno trágico. Mas, no âmbito de sua filosofia, ele se deparou com essa questão, que é, portanto, parte de um sistema filosófico maior, que deve ser considerado quando discutimos seu pensamento sobre o tema.

Schopenhauer não leva em conta o abandono de um esquema moral fixo de uma cultura particular em suas formulações a respeito da tragédia e se afasta, portanto, da linha reflexiva predominante sobre o tema, que parte da situação de crise e derrocada de um sistema em detrimento de outro que desponta. Essa mudança, para ele, seria secundária, uma vez que a sua percepção do trágico envolve um determinado modo de conceber a existência acima e além dessas questões.

Sua concepção acerca do tema tem como base o conceito de vontade e, à semelhança do cânone teórico sobre o assunto, mantém a dialética no cerne de sua compreensão do fenômeno. Dentro de seu sistema filosófico, Schopenhauer defende que o autoconhecimento da vontade seria o único "evento em si". A vontade é destituída de conhecimento e consiste em um impulso cego, sendo que no universo haveria gradações de objetivação da vontade do inorgânico ao homem, passando pela planta e pelo animal, numa sequência de estágios. Mas, nesse processo de gradação de suas formas de objetivação, a vontade adquiriria o conhecimento de seu querer e do que ela quer, por meio do mundo da representação, desenvolvido a partir dela. O processo de objetivação da vontade e de autoconhecimento culmina na arte e no homem. Para o filósofo alemão: "O fim comum de todas as artes é o desdobramento, a elucidação da Ideia, isto é, da objetivação dos graus da Vontade que se expressam no objeto de cada arte."[82]

Para Schopenhauer, o poeta seria uma espécie de espelho da humanidade, aquele que traz à consciência dela, o que ela

---

82 A. Schopenhauer, *O Mundo Como Vontade e Como Representação*, p. 332.

A PRESENÇA DE *OTELO* EM *DOM CASMURRO* 141

sente e pratica. A tragédia, por sua vez, se encontraria no ápice da arte poética. Para ele: "o objetivo dessa suprema realização [...] não é outro senão a exposição do lado terrível da vida, a saber, o inominado sofrimento, a miséria humana, o triunfo da maldade, o império cínico do acaso, a queda inevitável do justo e do inocente. E em tudo isso se encontra uma indicação significativa da índole do mundo e da existência"[83].

O processo trágico mostra a autodestruição e a autonegação da vontade. Trata-se do conflito da vontade consigo mesma que se dá de maneira aterrorizante:

Ele se torna visível no sofrimento da humanidade, em parte produzido por acaso e erro, que se apresentam como senhores do mundo e personificados como destino e perfídia, os quais aparecem enquanto intencionalidade; em parte advindo da humanidade mesma, por meio dos entrecruzados esforços voluntários dos indivíduos e da maldade e perversão da maioria. Trata-se de uma única e mesma Vontade que em todos vive e aparece, cujos fenômenos, entretanto, combatem entre si e se entredevoram.[84]

Desse modo, o sentido verdadeiro da tragédia está na intelecção de que os heróis "não expiam os seus pecados individuais, mas o pecado original, isto é, a culpa da existência mesma"[85]. Trata-se da irrecuperável degradação do justo e do inocente. A tragédia seria, assim, o reconhecimento da natureza ruim da vida. Ao representar o embate da Vontade consigo mesma, o conflito trágico evidencia o choque de interesses entre os homens que, lutando entre si, se aniquilam mutuamente. Concepções como essas levaram Raymond Williams a ver no filósofo alemão o precursor, na maioria das vezes não reconhecido, de uma ideia de tragédia que parece hoje ser dominante: "uma ação e um sofrimento que têm raízes na natureza do homem, e em relação às quais considerações históricas e éticas são não apenas irrelevantes, mas, sendo 'não trágicas', hostis"[86]. Para Schopenhauer, a representação do sofrimento humano por meio do teatro trágico representaria um benefício para a humanidade,

83 Ibidem, p. 333.
84 Ibidem.
85 Ibidem, p. 334.
86 R. Williams, *Tragédia Moderna*, p. 60.

pois a exibição desses tormentos despertaria, no espectador, a resignação perante a desgraça da vida, levando à compreensão de que ela não é digna de ser vivida.

Para o filósofo, devemos considerar a arte como a grande elevação, pois ela realiza em sua essência o "mesmo que o mundo visível, apenas mais concentrada e acabadamente, com intenção e clareza de consciência e, portanto, no sentido pleno do termo, pode ser chamada de florescência da vida"[87]. A música estaria separada das demais artes, uma vez que não conhecemos nela a repetição de alguma Ideia dos seres. Ela seria, para o alemão, "cópia da vontade mesma"[88]. Desse modo, a música fala da essência, enquanto as outras artes falam apenas de sombras[89], o que torna o capítulo "A Ópera" ainda mais curioso. Nele, vemos a música sendo utilizada para explicar a dinâmica da vida humana no mundo, a expor o próprio fenômeno da existência, e trazer, em sua composição, a essência das forças que movem os seres. A ópera e toda a sua dramaticidade mostrariam o próprio ritmo da vida.

O conceito de criação fornecida por Marcolini parece ir ao encontro do desengano que a percepção de Schopenhauer expressa acerca da existência. O mundo é mostrado, na história da criação do tenor italiano, como um palco de mazelas, na qual as forças estão em constante embate. Ao longo da execução, a humanidade não aprende com os seus equívocos: "não é raro que os mesmos lances se reproduzam [...]. Certos motivos cansam à força da repetição"[90]. A história é, desse modo, marcada por uma sucessão de horrores, com "os coros da guilhotina e da escravidão"[91]. Trata-se de um mundo abandonado por Deus, afinal este recusou a "colaboração amiga", e manipulado por aqueles que detêm o poder: "Também há obscuridades; o maestro abusa das massas corais, encobrindo muita vez o sentido por um modo confuso."[92] A filosofia de Marcolini mostra descrença quanto a qualquer alteração positiva nesse cenário: "Esta peça, concluiu o velho tenor, durará

87   A. Schopenhauer, op. cit., p. 349.
88   Ibidem, p. 338.
89   Ibidem, p. 339.
90   *Obra Completa em Quatro Volumes*, v. 1, p. 940.
91   Ibidem.
92   Ibidem.

A PRESENÇA DE *OTELO* EM *DOM CASMURRO*   143

enquanto durar o teatro." Além do que, a existência mostra-se, na versão do italiano, pautada pela materialidade; o espetáculo dura enquanto existir o palco, sendo que este existirá enquanto for útil ao cosmos.

De certo modo, a filosofia de Marcolini expressa um pouco da crença de Schopenhauer de que o mundo e a vida não podem nos fornecer uma verdadeira satisfação, não sendo dignos de nosso apreço. Afinal, o tenor aponta nosso planeta como palco de uma existência potencialmente imperfeita frente aos defeitos da composição, um lugar abandonado e cuja força motriz está no embate do bem e do mal e sob o descaso do Criador.

No entanto, é preciso pontuar que, apesar de essa filosofia apresentada em *Dom Casmurro* espelhar em muito o pensamento do filósofo alemão e inundar o texto, percebemos que o romance subverte alguns aspectos do pensamento de Schopenhauer. Para discutir essa questão, retomamos algumas palavras de Kathrin Rosenfield. Para ela: "Entre a prosa cínica e o entusiasmo da consciência trágica estabelece-se um diálogo que registra o quanto as estruturas da ação trágica se esvaziaram. E onde não há grandes ações, aspirações da vontade, não pode, tampouco, haver uma verdadeira resignação – sobra apenas a casmurrice."[93]

Não há, em Bento, uma atitude resignada, como a que aponta Schopenhauer ao se referir ao herói trágico moderno. Sua trajetória e a própria escrita do livro afirmam que quer fazer prevalecer a sua vontade e o seu discurso e, assim, não deixam em evidência a aceitação de que a existência é ruim. Essa, apesar de todas as mazelas do mundo, é pior para uns do que para outros. Para aqueles que detêm o poder financeiro e o poder do discurso, o lado ruim é atenuado. Assim, ao invés da resignação, sobra, para Bento, a casmurrice, como nos diz Rosenfield.

Ao herói de Machado, faltam aspirações e ações, o que esvazia, em certo sentido, o caráter trágico de sua existência. Na ocasião em que Bento vai ao teatro e assiste a *Otelo*, é-nos permitido ver o contraste entre a postura do herói de Shakespeare e a de Bento, que deixa o teatro querendo matar e morrer, mas não consegue agir. O contraste mostra um herói que

93 Op. cit., p. 78.

acaba ridicularizado pela própria referência que faz ao trágico, na medida em que evidencia a distância que separa seu universo civil-burguês da estrutura da tragédia que ele próprio chama para o seu texto. Resta a Dom Casmurro preencher o vazio da experiência amorosa com "amigas", recolhido nas memórias do passado, e procurando, na maturidade, algum sentido para sua própria existência.

DOM CASMURRO, OTELO E A SUBVERSÃO DO TRÁGICO

O aproveitamento que Machado faz do *Otelo* de Shakespeare assim como de toda a sua carga trágica em *Dom Casmurro* é marcadamente irônico. A intertextualidade se afirma pela negação, isto é, pela subversão do trágico, que dá a sustentação à tragédia do escritor inglês. A narração de Dom Casmurro evidencia, por analogia e contraste com a tragédia do mouro de Veneza, algo da qual nem mesmo o narrador parece ter consciência: a distância que separa a ele e à sua história do modelo que invoca. Desse modo, é necessário que o leitor veja o texto de fora, diferenciando o discurso produzido pelo narrador e marcado por suas convicções e os sentidos que o texto, enquanto produto discursivo, dispõe para interpretação e análise. A intertextualidade proposta por Machado leva o leitor a inúmeras questões. De que maneira esse procedimento de subversão do trágico pode ser associado a aspectos compositivos do romance é um ponto que intriga e merece ser investigado. Outra questão, que antecede a essa pergunta, desperta curiosidade: como o escritor conceberia o teatro trágico?

Machado e o Teatro Trágico

Machado se mostrou um admirador da tragédia. É o que percebemos pelos comentários que fez sobre o gênero em crônicas, ensaios críticos e escritos diversos ao longo de sua carreira. É certo que ele não elaborou nenhum tipo de teorização nem tais comentários são em largo número, mas nesses textos

A PRESENÇA DE *OTELO* EM *DOM CASMURRO*

encontramos considerações especialmente interessantes para que possamos perceber como ele concebia o gênero e que podem ser aproveitadas em nossa discussão.

Dentro do conjunto da produção do autor, nos chamam a atenção os quatro artigos compostos na ocasião em que Adelaide Ristori, considerada a maior atriz trágica do século XIX, esteve no Brasil. O acontecimento, ocorrido no ano de 1869 e já mencionado neste estudo, provocou certa agitação no meio intelectual de então e não podia ter tido efeito diferente em Machado. O escritor havia tido contato com peças do gênero, seja por meio de leituras ou através de eventuais encenações nos teatros cariocas, mas nunca havia presenciado um espetáculo de tão alto nível como o proporcionado pela atriz, cuja representação por si só configurava um diferencial. Assistir a uma tragédia representada por Ristori era um evento relevante para o leitor e para o espectador Machado, o que se percebe, por exemplo, pela passagem que finaliza o segundo dos quatro textos compostos pelo escritor na ocasião:

O que se deve estudar em Ristori é a parte universal dos sentimentos.

Morrerá com Ristori a tragédia, é verdade; mas será morte passageira, até que, correndo os séculos, outro igual gênio, talvez o mesmo espírito desta mulher incomparável, venha evocar as sombras do passado e fazer chorar e tremer as gerações futuras. Grande forma é então essa que, para ser interpretada, exige a capacidade máxima do gênio humano. A morte da tragédia será uma espécie de sono prolongado; dormirá com Ristori, e acordará no futuro com ela; e se ambas triunfam do tempo é porque ambas trazem a auréola da imortalidade.[94]

Para Machado, a tragédia possui um caráter imortal que o extraordinário talento da atriz faz reviver com toda a sua força. Para além dessa constatação, no entanto, a leitura das crônicas deixa evidente que o escritor acredita no potencial da tragédia enquanto encenação. É a representação que abala o público e, nesse sentido, o intérprete tem uma grande responsabilidade em veicular as paixões inerentes ao gênero. No primeiro dos quatro textos, Machado mostra o forte impacto do espetáculo no público e se coloca como espectador: "Falei nos aplausos que Ristori tem recebido; entenda-se, porém, que eu incluo nesta

94 *Do Teatro: Textos Críticos e Escritos Diversos*, p. 499.

expressão as palmas e as lágrimas, os murmúrios e os silêncios. Há momentos em que a sanção pública está nos olhos úmidos e nos corações palpitantes. Que lágrimas nos arranca ela nos momentos de seus desesperos de mãe!"[95]

O público vive uma relação de simbiose com a peça representada, uma troca intensa de emoções e o talento da atriz é que dá vida à tragédia e desperta o espectador. Esses quatro textos mostram que, para Machado, o gênero, à semelhança das outras formas de arte, expressa sentimentos inerentes à condição humana, o que o torna atemporal enquanto produção estética: "A tragédia é uma forma de arte [...] e qualquer que seja a forma, os sentimentos humanos terão igual expressão, se forem verdadeiros. Podem variar os vasos; a essência é a mesma. A casaca substituiu a clâmide, mas o coração humano não variou."[96]

Mas, por outro lado, o escritor deixa perceber que concebe a tragédia como a forma de uma época. É o que vemos na crônica publicada em 2 de julho de 1869:

Dizem boas autoridades que aquelas paixões não são do nosso tempo; mas eu creio que se não deve confundir o fundo dos sentimentos com a forma da época. Os antigos entendiam amplamente esta máxima de que é preciso exagerar os sentimentos para melhor os expor no teatro. Hoje que, segundo uma expressão de Sterne, *cantarolamos a vida*, aqueles sentimentos parecem-nos fora de proporção. Mas reparai bem: o fundo é o mesmo. *Medeia* comovia as mães gregas como comove as mães brasileiras; é porque qualquer que seja a crosta da civilização, palpita debaixo o coração humano. E note-se mais; as paixões da tragédia geralmente são violentas em seus resultados; mas em si são idênticas às paixões da vida.[97]

Machado chama a atenção para o contraste entre formas do presente e a tragédia, e cria uma curiosa contraposição ao evocar procedimentos de construção do teatro trágico, apontando para a desproporção entre os gêneros. É nessa linha reflexiva que o escritor pormenoriza suas reflexões sobre o herói: "Uma Medeia deste século não envenenará Creusa nem apunhalará os filhos: mas se não sentir o amor e o ciúme como a Medeia

95 Ibidem, p. 492-493.
96 Ibidem, p. 499.
97 Ibidem, p. 493.

A PRESENÇA DE *OTELO* EM *DOM CASMURRO* 147

antiga, estou que as suas paixões serão de medíocre força."[98] A consideração, feita cerca de trinta anos antes da publicação de *Dom Casmurro*, mostra que o escritor não reconhece uma tragédia nos moldes tradicionais como um produto de seu tempo: "Eu não aconselharia, nem a coisa é fácil, que se fizessem hoje tragédias como as de Racine: cada forma tem o seu tempo."[99]

Esse pensamento, especialmente interessante para nossa discussão, não era novo em Machado. Quando crítico de *O Espelho*, o escritor, aos vinte anos de idade, comentava sobre o teatro: "a arte não deve desvairar-se no doido infinito das concepções ideais, mas identificar-se com o fundo das massas; copiar, acompanhar o povo em seus diferentes movimentos, nos vários modos e transformações de sua atividade"[100]. Machado objetivava, então, comentar questões específicas sobre o gênero dramático e certamente não tinha em mente o conteúdo que discutimos ao longo dessas páginas. Mas já ficam evidentes elementos embrionários de uma determinada maneira de conceber o estético.

Na produção crítica da fase considerada madura do autor, não há referências significativas à tragédia, como as que foram elencadas e discutidas aqui. Os textos que citamos são os que ele mais abertamente aborda o assunto. Deve ser observado, ainda, que, principalmente a partir da década de setenta do século XIX, os comentários sobre o tema cedem espaço à criação de situações nas quais o escritor integra a tragédia e o trágico, o que não ocorria até então. Esse é o caso de crônicas conhecidas, como "A Cena do Cemitério" e o muito comentado texto publicado em "A Semana" no qual Machado expõe o caso do menino Abílio, abandonado pelos pais e bicado por galinhas até a morte.

O diálogo que Machado estabelece com *Otelo* em *Dom Casmurro* traz muito da concepção que o escritor manifestou e que discutimos acima. É evidente que esses textos não dão conta dos mecanismos da intertextualidade que ele criou com a tragédia, mas, eles, sem dúvidas, fornecem subsídios promissores para que possamos discutir a relação que traça entre tempos e concepções estéticas distintas. Vamos a ela.

98 Ibidem.
99 Ibidem, p. 504.
100 Ibidem, p. 132.

148 MACHADO E SHAKESPEARE

Tragédia e Romance

Ao transpor a tragédia de Otelo para o século xix de maneira tal a subverter os elementos que dão suporte ao trágico, Machado nos deixa ver que o modelo renascentista não descreve a experiência humana do seu momento. Para Arnold Hauser:

A escolha de formas artísticas que se originam ou se mostram produtivas em qualquer período particular não depende dos modelos descobertos ou reinterpretados por estudiosos, mas da visão fundamental da vida que tais modelos apresentam. A tragédia tornou-se uma forma dramática tópica na época do maneirismo, não porque a tragédia grega foi desenterrada e Sêneca revivido, mas porque o ânimo dos homens era governado pelo sentido trágico de vida e a tragédia expressava mais brilhantemente o momento histórico, com sua fenda incurada e seus conflitos insolúveis.[101]

O ressurgir da tragédia no período renascentista espelha o espírito de uma época. De certa forma, esse pensamento está presente nas reflexões de Machado: "cada forma tem o seu tempo", afirmou o escritor em 1869. No alicerce da tragédia moderna, está a experiência fundamental de uma época, a sensação de ambiguidade de todas as coisas, que impede atitudes simples e diretas, mas carrega de maneira intrínseca um emaranhado dialético de certo e errado, culpa e inocência, compulsão e liberdade de escolha. A tragédia tornou-se uma forma de arte tipicamente maneirista devido ao "dualismo de sua perspectiva, as raízes firmes do herói nessa vida terrena e sua simultânea insatisfação com ela, seus interesses e ambições mundanos, por um lado, e, por outro, sua nostalgia ultraterrena e metafísica"[102].

O romance, por sua vez, situa-se em um contexto histórico-filosófico adverso. Ao comentar seu surgimento, Georg Lukács retoma *Dom Quixote*, de Cervantes, o primeiro grande romance da literatura ocidental, e nos lembra que ele se situa "no início da época em que o deus do cristianismo começa a deixar o mundo; em que o homem torna-se solitário e é capaz de encontrar o sentido e a substância apenas em sua alma,

101 *Maneirismo*, p. 107.
102 Ibidem.

A PRESENÇA DE *OTELO* EM *DOM CASMURRO* 149

nunca aclimatada em parte alguma"[103]. Cervantes teria conseguido, nos dizeres do filósofo húngaro, a essência de uma "problemática demoníaca": a fé torna-se loucura, o heroísmo puro transforma-se em algo grotesco e não há meios de se chegar a uma pátria transcendental. Trata-se, segundo ele, da "primeira grande batalha da interioridade contra a infâmia prosaica do mundo da vida exterior"[104]. *Dom Quixote* mostraria o caráter solitário do homem que busca a si em meio a um todo inapreensível, sem as amarras paradoxais que sustentavam a tragédia e frente a uma experiência que é, acima de tudo, secular.

Nos momentos em que a tragédia aflorou, a organização social girava em torno de um centro aristocrático ou real, e a partir deste emanavam as ideias de ordem e grau para o homem comum. O público do teatro elisabetano compartilhava desse contexto implícito que, com a fragmentação da imagem hierárquica do mundo, foi rompido. Com a ascensão da burguesia, as instâncias deslocaram-se do público para o privado e, nesse processo, para nos lembrar de Steiner[105], as angústias da razão deixam de exigir o palácio ou a praça pública para serem encenadas em salas de visitas privadas. Machado coloca em cena esse deslocamento de forças – ao mesmo tempo que mostra a pouca percepção de Bento quanto a isso –, por exemplo, na ocasião em que a personagem fantasia buscar ajuda do Imperador para dissuadir sua mãe da promessa de mandá-lo para o seminário:

Em caminho, encontramos o Imperador, que vinha da Escola de Medicina. O ônibus em que íamos parou, como todos os veículos; os passageiros desceram à rua e tiraram o chapéu, até que o coche imperial passasse. Quando tornei ao meu lugar, trazia uma ideia fantástica, a ideia de ir ter com o Imperador, contar-lhe tudo e pedir-lhe a intervenção. Não confiaria esta ideia a Capitu. "Sua Majestade pedindo, mamãe cede", pensei comigo.[106]

É claro que Bento acaba contando o plano para Capitu, que o veta, de imediato: "Não, Bentinho, deixemos o Imperador sossegado – replicou –; fiquemos por ora com a promessa de

---

103 G. Lukács, *A Teoria do Romance*, p. 106.
104 Ibidem.
105 G. Steiner, *A Morte da Tragédia*, p. 173.
106 *Obra Completa em Quatro Volumes*, v. 1, p. 960.

José Dias. Quando é que ele disse que falaria a sua mãe?"[107]
Capitu sabe que a solução para os problemas que enfrentam
pode estar na ajuda do agregado. Diferentemente do namorado, ela entende que é no particular, nas influências pessoais
e movidas pelo interesse individual, que está a saída para os
impasses que eles têm de superar. Sua objetividade astuta se
contrapõe à ideia grandiosa de Bento, presa a outro tempo, e
expõe a maneira com que cada um lida com questões do cotidiano e com os tropeços da vida diária.

O teatro faz parte de *Dom Casmurro*. Bentinho não lê a
tragédia de Shakespeare, mas assiste à peça, ou seja, Machado
não põe um livro nas mãos da personagem, mas o coloca como
espectador da tragédia e, assim, dramatiza o forte potencial de
sua encenação. João Roberto Faria sugere que a representação de
Otelo a que Bentinho assiste é a de Ernesto Rossi, que esteve no
Brasil em 1871, dois anos após a presença de Ristori, portanto:

Por fim, não custa arriscar uma hipótese: o *Otelo* que Bentinho vê no
teatro, pelos olhos de Machado, é o de Ernesto Rossi. [...]. O narrador-
-personagem do romance refere-se à "fúria do mouro" e aos "aplausos
frenéticos do público" na cena da morte de Desdêmona. Nos jornais
de 1871, há várias descrições do entusiasmo da plateia – em um deles
aparece até mesmo o adjetivo "frenético" – e menções à vigorosa interpretação de Rossi, que emprestou à personagem uma truculência e uma
selvageria que deixaram os espectadores impressionados.[108]

Como sabemos, o espetáculo proporcionado por Ernesto
Rossi causou grande impacto em Machado, que deixou isso
claro em diversos momentos. As crônicas escritas na época em
que o italiano esteve no Brasil, e que discutimos em momento
anterior deste estudo, são uma evidência. Rossi proporcionou
uma experiência única ao escritor, cenas "que não se apagam
mais da memória", em suas próprias palavras, e, retomando
as considerações de Faria, poderiam, sim, ter sido a fonte do
escritor na composição da cena em que Bento é completamente
dominado pela representação de *Otelo*, que assiste em meio às
suas ruminações pessoais.

107 Ibidem, p. 963.
108 *Do Teatro: Textos Críticos e Escritos Diversos*, p. 89-90.

A PRESENÇA DE *OTELO* EM *DOM CASMURRO*   151

Deve ser lembrado que o potencial do espetáculo trágico não está presente apenas nos textos críticos do autor. Lembramos, aqui, de um exemplo explícito em sua ficção. Em "Curta História", já citado neste estudo, o escritor mistura elementos da ficção, a experiência de Cecília no teatro, e a estada de Rossi no Brasil, com toda a força de seu talento:

Subiu afinal o pano, e começou a peça. Cecília não sabia inglês nem italiano. Lera uma tradução da peça cinco vezes, e, apesar disso, levou-a para o teatro. Assistiu às primeiras cenas ansiosa. Entrou Romeu, elegante e belo, e toda ela comoveu-se; viu depois entrar a divina Julieta, mas as cenas eram diferentes, os dois não se falavam logo; ouviu-os, porém, falar no baile de máscaras, adivinhou o que sabia, bebeu de longe as palavras eternamente belas, que iam cair dos lábios de ambos.[109]

É coerente sugerir que a vivência de Machado enquanto espectador da tragédia está presente em *Dom Casmurro*, assim como no conto "Curta História". O autor parece aproveitar o impacto da encenação do teatro trágico, e eventualmente da interpretação do próprio Rossi, para criar o processo de atordoamento psicológico que domina Bento na famosa cena.

O narrador de *Dom Casmurro* afirma que "não vira nem lera nunca" *Otelo*, de modo que sua ida ao teatro configura um primeiro contato com a tragédia. A informação não parece ser gratuita, um dado a conferir efeito de verossimilhança ao texto, mas mostra, por outro lado, que Machado expõe a personagem "em branco" à representação de uma história que julga ser semelhante à sua e assistir à sua representação possui um efeito devastador em seu ser. É claro que há aí a "opulência exuberante" de Shakespeare, para nos utilizarmos da expressão de Georg Lukács, que por si só causa enorme impacto, mas a encenação potencializa ainda mais o texto dramático. O efeito é notável. O espectador Bento alucina junto com Otelo, vive o drama do mouro junto com ele, compara as situações, quer matar como a personagem de Shakespeare, compartilha do frenesi da plateia.

Bento percebe o impacto que a peça tem nele – "Nos intervalos não me levantava da cadeira; não queria expor-me a encontrar algum conhecido"[110] – e o quanto ela faz com que vivencie

---

109 *Obra Completa em Quatro Volumes*, v. 3, p. 251.
110 Ibidem, v. 1, p. 1062.

o próprio drama: "O último ato mostrou-me que não era eu, mas Capitu devia morrer. Ouvi as súplicas de Desdêmona, as suas palavras amorosas e puras, e a fúria do mouro, e a morte que este lhe deu entre aplausos frenéticos do público."[111] Tudo é usinado aos poucos em um processo de crescente interação com o espetáculo: "Tais eram as ideias que me iam passando pela cabeça, vagas e turvas, à medida que o mouro rolava convulso, e Iago destilava a sua calúnia."[112]

Os acontecimentos subsequentes ao fim da peça, no entanto, amortizam o efeito do espetáculo, que é diluído à medida que as horas passam e Bento chega à casa da Rua da Glória:

Vaguei pelas ruas o resto da noite. Ceei, é verdade, um quase nada, mas o bastante para ir até à manhã. Vi as últimas horas da noite e as primeiras do dia, vi os derradeiros passeadores e os primeiros varredores, as primeiras carroças, os primeiros ruídos, os primeiros albores, um dia que vinha depois do outro e me veria ir para nunca mais voltar.[113]

Capitu ganha o direito de viver no transcorrer da noite. A fúria que toma conta de Bento não resiste às suas ruminações noturnas e reflexões melancólico-sentimentalistas, pensando no suicídio que cometeria.

Muito do poder de impacto da tragédia vincula-se à concentração de sua ação em um espaço de tempo curto. O romance, por sua vez, ao voltar-se para o indivíduo e suas relações pessoais e únicas conta necessariamente com um tempo estendido, mostrando a importância dessa dimensão na vida humana. O tempo faz com que Bento metabolize o que assistiu e, quando chega à Rua da Glória, é um sujeito mais calculista do que apaixonado.

Na familiaridade do seu cotidiano, a personagem se empenha em produzir um *gran finale* para a tragédia que supõe ou quer viver, tentando reproduzir, na sua casa, um espetáculo à semelhança do que viu no palco. Faz parte disso, buscar meios de produzir um efeito no seu público, o que justifica agir na espreita, para não deixar que nada externo a ele interfira no impacto que ele quer causar: "Cheguei a casa, abri a porta

111 Ibidem.
112 Ibidem.
113 Ibidem.

A PRESENÇA DE *OTELO* EM *DOM CASMURRO* 153

devagarinho, subi pé ante pé, e meti-me no gabinete; iam dar seis horas."[114] As duas cartas que escreve para Capitu também trabalham a favor desse efeito que quer criar. A primeira foi queimada por ser "longa e difusa", ou seja, não produziria "o remorso da minha morte"[115]. Percebe-se, ainda, a intenção de Bento afastar-se do cenário que cria qualquer elemento com potencial de banalizar sua atitude, ou que a fizesse parecer a simples imitação de algo grandioso. Ele busca originalidade e não quer ser encontrado com um livro de Plutarco nas mãos, apesar de nos confidenciar que precisa de um exemplo para ganhar coragem: "Entretanto, querendo fugir de qualquer suspeita de imitação, lembra-me bem que, para não ser encontrado ao pé de mim o livro de Plutarco, nem ser dada a notícia nas gazetas com a cor das calças que eu vestia então, assentei de pô-lo novamente no seu lugar, antes de beber o veneno."[116]

O detalhe da cor das calças não deve passar despercebido. Marca do caráter banal e trivial da vida comum, ele reduz as dimensões heroicas da ação e Bento deseja afastar qualquer indício que possa depor contra o efeito que pretende provocar. No entanto, todo esse empenho culmina numa espécie de anticlímax: Bento não consegue levar adiante o seu plano de suicídio. Ele monta o cenário, ensaia a ação, mas ela não acontece. Isso significa dizer que, em *Dom Casmurro*, a tragédia fica restrita ao palco, à encenação que Bento assiste. Lá ela funciona de maneira a refletir os mais intensos sentimentos da personagem, mas na realidade cotidiana ela não tem espaço para ação. Pelo menos, não no mundo dessa personagem de Machado.

"Falto Eu Mesmo, e Esta Lacuna é Tudo"

Otelo leva o espectador/leitor a acompanhar a dúvida do herói, lançada e fomentada pouco a pouco pela maldade e pelo cálculo de Iago, e permite que testemunhe o mouro descobrir a sua verdade. Este privilégio de Otelo, ver os fatos colocados às claras frente aos seus olhos, é negado a Bento e ao leitor do

114 Ibidem.
115 Ibidem, p. 1063.
116 Ibidem.

romance machadiano, que jamais terão uma prova da traição de Capitu. O narrador pode até acreditar que a esposa o traiu com Escobar e que Ezequiel não era seu filho, mas tanto ele quanto nós somos privados de uma "revelação", como a que ocorre na tragédia. Na peça de Shakespeare, o crime é consequência da percepção equivocada do herói, mas ainda é possível que tudo, por fim, se esclareça. Em *Dom Casmurro*, a verdade é fruto de uma percepção essencialmente individual, parcial e eventualmente injusta, e não há como fugir disso.

A constatação nos leva às reflexões de Lukács. Quando discorre sobre o romance, o pensador húngaro retoma a epopeia e afirma que, diferentemente do gênero antigo, passado em um mundo em que a alma humana desconhece "o real tormento da procura e o real perigo da descoberta", e ainda "não sabe que pode perder-se e nunca imagina que terá de buscar-se"[117], o romance focaliza o eu e sua relação muitas vezes problemática com o mundo exterior, resultando em uma experiência de perda de referências. Como sabemos, Lukács vê o gênero, que se desenvolveu com força a partir do século XVIII, como originário da forma da antiguidade: "o romance é a epopeia do mundo abandonado por Deus"[118], afirma ele. Desse modo, o gênero se faz enquanto percepção madura de que o sentido jamais é capaz de penetrar inteiramente a realidade, no entanto, sem ele, ela sucumbe ao nada.

Machado proporciona uma experiência interessante para o leitor de *Dom Casmurro*. Meio que na contramão de tendências postuladas pelos realistas, contemporâneos a ele, o escritor não opta por um narrador onisciente e onipresente, o que garantiria um maior realismo à narrativa, de acordo com integrantes do movimento. Sua opção é pelo narrador em primeira pessoa, que coloca em cena, por meio da própria experiência, o quanto a verdade foge ao seu, e, consequentemente, ao nosso domínio[119]. Para o leitor atento aos procedimentos de construção

117 G. Lukács, op. cit., p. 26.
118 Ibidem, p. 89.
119 Essa questão foi abordada por mim em um estudo anterior, em que discuto como o último romance de Machado, por contar com um narrador homodiegético e ser elaborado na forma de um diário, dialoga com preceitos realistas, colocando em cheque postulados do movimento. Ver *O Labirinto Enunciativo em Memorial de Aires*.

A PRESENÇA DE *OTELO* EM *DOM CASMURRO*   155

dessa narrativa, os fatos não se mostram com transparência e ele percebe que, esteja Bento certo da traição ou tentando apenas justificar fatos de sua vida, a verdade também se esvai a ele. Poucas coisas soam mais "realistas" do que um relato pessoal. No entanto, é por meio desse efeito de realidade que vivenciamos o fato de que a vida, à semelhança da ficção, não nos fornece certezas, mas verdades, acima de tudo pessoais, colhidas na solidão de nosso dia a dia.

Na tragédia, o mundo exterior é um pretexto para que a alma encontre a si mesma e se torne heroica. Trata-se de dar forma à "totalidade intensiva da essencialidade"[120]. No entanto, essa totalidade apoia-se em uma visão ordenada e estilizada da vida com propensão à ação emblemática e alegórica. Sobre isso, Steiner afirma: "o declínio da tragédia está inseparavelmente relacionado à concepção do mundo orgânico e ao seu contexto anexo de referência mitológica, simbólica e ritual. Foi nesse contexto que o drama grego se instaurou, e que os elisabetanos ainda foram capazes de lhe dar aderência imaginativa"[121].

No mundo de Bento, essa forma não faz sentido, pois não se tem mais a ilusão de Deus e demônio: Capitu é uma criatura divina ou demoníaca? Bento é Deus ou é o diabo? Tudo se afirma e se nega ao mesmo tempo – à semelhança da própria tragédia *Otelo*, no romance. A crença em uma substância una e homogênea não suporta a aproximação com uma mente que vive no dia a dia a natureza contraditória e ambígua dos fatos que compõe o cotidiano. Dentro de um contexto em que a totalidade se esvai e as certezas se esfarelam na nossa frente, só resta ao indivíduo perceber que está só com suas (parcas) verdades e que são elas que constroem o seu mundo.

Ao comentar a tragédia moderna, Arnold Hauser retoma questões pertinentes à tragédia grega e à epopeia, assim como ao esfacelamento da Renascença, estabelecendo uma relação que merece ser resgatada. Para o estudioso, o fator mais característico da tragédia moderna é a alienação raramente presente na tragédia grega. Apesar do papel dos deuses na tragédia antiga, os homens, segundo afirma, "ainda se sentiam mais ou menos em casa no mundo em que viviam e permaneciam firmemente

120 G. Lukács, op. cit., p. 44.
121 G. Steiner, op. cit., p. 167.

156 MACHADO E SHAKESPEARE

enraizados nele, embora não sem a desconfortável consciência de um outro mundo, subterrâneo, que não era de forma alguma destituído de azares e os impedia de jamais esquecer que a vida cessara de ser idílica"[122].

Dois mil anos separam a tragédia grega da renascentista e, nesse percurso, muita coisa mudou. Ainda segundo Hauser: "nesse período os homens haviam se tornado estranhos, convidados apenas tolerados, no mundo que era seu lar. Foi um processo muito longo e lento, marcado por repetidas crises e períodos de recuperação e sinais cada vez mais agourentos de desastre próximo, que conduziu à alienação final relacionada com a desintegração da Renascença"[123].

Hauser se refere ao senso de alienação resultante da inacessibilidade aos mais altos ideais humanos e da irrealizável natureza das ideias puras. Trata-se de um mundo em crise em que o homem está face ao caráter dual que compõe sua realidade: as ideias e a realidade empírica. O herói trágico moderno experimenta a vitória moral frente ao conflito inevitável e insolúvel que enfrenta na queda e na derrota. O que há de novo nessa tragédia, quando comparada à antiga, é o fato de o herói aceitar seu destino como necessário e enfrentá-lo pronto para tudo. Ele vence ao aceitar a luta e ganhar a consciência de que está perdido.

No mundo em que Bento habita, por sua vez, o homem está sozinho com a sua verdade e não pode mais contar com as certezas que o confortava em outros tempos. A personagem de Machado, no entanto, não consegue ganhar essa consciência e se perde ao não se dar conta disso. Dom Casmurro cultua uma ilusão em que figura um paraíso ainda idílico no qual o homem encontra conforto, sem perceber que aquilo é construção e não condiz com a realidade que vive.

Nesse contexto, é interessante que nos voltemos para o início da narrativa e retomemos a passagem em que o narrador descreve, na maturidade, a foto dos pais tirada na juventude:

Tenho ali na parede o retrato dela, ao lado do marido, tais quais na outra casa. A pintura escureceu muito, mas ainda dá ideia de ambos. Não me lembra nada dele, a não ser vagamente que era alto e usava

122 A. Hauser, op. cit., p. 107.
123 Ibidem.

A PRESENÇA DE *OTELO* EM *DOM CASMURRO* 157

cabeleira grande; o retrato mostra uns olhos redondos, que me acompanhavam para todos os lados, efeito da pintura que me assombrava em pequeno. O pescoço sai de uma gravata preta de muitas voltas, a cara é toda rapada, salvo um trechozinho pegado às orelhas. O de minha mãe mostra que era linda. Contava então vinte anos, e tinha uma flor entre os dedos. No painel parece oferecer a flor ao marido. O que se lê na cara de ambos é que, se a felicidade conjugal pode ser comparada à sorte grande, eles a tiraram no bilhete comprado de sociedade.

[...]

Aqui os tenho aos dois bem casados de outrora, os bem-amados, os bem-aventurados, que se foram desta para a outra vida, continuar um sonho provavelmente. [...]. São retratos que valem por originais. O de minha mãe, estendendo a flor ao marido, parece dizer: "Sou toda tua, meu guapo cavalheiro!" O de meu pai, olhando para a gente, faz este comentário: "Vejam como esta moça me quer..." Se padeceram moléstias, não sei, como não sei se tiveram desgostos: era criança e comecei por não ter nascido. Depois da morte dele, lembra-me que ela chorou muito; mas aqui estão os retratos de ambos, sem que o encardido do tempo lhes tirasse a primeira expressão. São como fotografias instantâneas da felicidade.[124]

O narrador parece carregar, na maturidade, a frustração de não ter conseguido para si o que vê no retrato dos pais. Mais do que "fotografias instantâneas da felicidade", o painel assombra o narrador. Apesar de escurecido pelo tempo, o retrato permanece vívido como antes em sua memória e em seu ser, e vende a imagem de uma relação ideal que o narrador não sabe sequer se condizia em algum grau com a realidade vivida pelos pais. A história da personagem mostra a ele e a nós que a vida é um espetáculo imperfeito, como já lhe pontuara o tenor Marcolini. Bento não consegue realizar as expectativas que o mundo lhe coloca, não pode absorvê-las ou digeri-las. Otelo consegue enfrentar o conflito que toma conta de sua vida, descobre a si e à verdade. Para Bento, o que sobra é um estranhamento do eu com o universo exterior.

Ao retomar *Otelo* e reelaborar elementos-chaves da peça de Shakespeare, Machado mostra que o caminho que Bento toma de escrever uma história de apelo trágico nos moldes da tragédia shakespeariana é um caminho sem saída. Bento vive um paraíso perdido, mas não se dá conta disso. A tragédia renascentista

124 *Obra Completa em Quatro Volumes*, v. 1, p. 938.

era expressão de um mundo orgânico, que trazia uma visão ordenada e estilizada da vida, o que, de certo modo, o próprio retrato dos pais de Bento, cuja imagem ele persegue até o fim, lhe mostra. O retrato é espelho de seu fracasso e Bento não consegue perceber que aquela é uma imagem, em certo sentido, construída e que ela não suporta o embate com a realidade. Vale retomar aqui a reflexão de Lukács ao argumentar que o mundo do romance é abandonado por Deus enquanto ausência de substância, mistura irracional de densidade e permeabilidade: "o que antes parecia o mais sólido esfarela como argila seca ao primeiro contato [...], e uma transparência vazia por trás da qual se avistavam atraentes paisagens torna-se bruscamente uma parede de vidro, contra a qual o homem se mortifica em vão e insensatamente, qual abelhas contra uma vidraça"[125].

Bento, ao cultuar o retrato dos pais por toda a vida, parece estar frente a uma vidraça, cuja transparência aponta para uma paisagem bela, mas essa tem o defeito de ser inatingível. Machado parece dramatizar por meio da história de Bento a busca do homem moderno por si próprio e o fracasso que resulta de qualquer tentativa que busque se apoiar em certezas. O resultado dessa aventura frustrada, a própria personagem anuncia no início de sua narrativa, quando relata o fracasso de sua tentativa de "atar as duas pontas da vida" ao reproduzir no Engenho Novo a casa de Matacavalos: "falto eu mesmo, e esta lacuna é tudo".

---

125 G. Lukács, op. cit., p. 92.

4. Ressurreição e Dom Casmurro: Otelo Por Machado em Dois Tempos

Em *Dom Casmurro*, Bento Santiago não hesita em acusar a esposa de tê-lo traído com Escobar, o melhor amigo do casal. Bento se coloca como vítima de uma situação que teria arrasado a sua vida, destruindo a promessa de um destino feliz, para mergulhá-lo na infelicidade e na solidão. A referência que faz à tragédia *Otelo*, de Shakespeare, além de ilustrar o intenso conflito que viveu, potencializa o caráter trágico de sua própria história, seja isso consciente ou não por parte do narrador: Bento, assim como Otelo, viveu a dialética da dúvida, que terminou por arrasar sua existência. A sofisticação do discurso e da trama de *Dom Casmurro*, no entanto, não permitem um simples endosso dessa ideia. Pelo contrário, é necessário desconfiar desse narrador parcial e da narrativa unilateral que apresenta e questionar o suposto caráter trágico de sua história.

A presença de *Otelo* em *Dom Casmurro* fica ainda mais interessante quando consideramos que a narrativa se liga, pela trama e pela intertextualidade, a *Ressurreição*, o primeiro romance do escritor. Publicado em 1872, quase trinta anos antes de *Dom Casmurro*, portanto, *Ressurreição* mostra os indícios de uma personagem e de uma trama movidas pelo ciúme e pela desconfiança, sendo a presença de *Otelo* um elemento preponderante na narrativa. É certo que os romances em questão trazem referências a outras peças de Shakespeare: *Ressurreição* toma uma passagem de *Medida por Medida* como mote para o enredo que se desenvolve, e *Dom Casmurro* retoma *Macbeth* em uma discreta, mas sugestiva, alusão. A intertextualidade que estabelecem com a tragédia do mouro de Veneza, no entanto, leva o leitor a questionar de que maneira essa primeira incursão machadiana no gênero retoma Shakespeare e como isso ecoa no romance publicado em 1899.

Ressurreição traz a história de amor fracassada entre Félix e a jovem viúva Lívia. O romance, sob a constante desconfiança do namorado, sujeito ciumento e possessivo, não resiste às investidas de Luís Batista, que intercede de maneira a envenenar o relacionamento e tentar conquistar a viúva para si. Conhecedor do caráter de Félix, o rival dá o golpe final às vésperas do casamento, quando escreve uma carta ao noivo em que denuncia o suposto caráter pérfido da moça. A denúncia anônima é suficiente para que Félix rompa o relacionamento sem dar satisfação para a viúva. Dez anos após o momento acontecido na enunciação narrativa, o narrador afirma que Lívia mantinha-se sozinha, tendo no filho do primeiro casamento, então moço, uma companhia e um consolo para sua solidão, ao passo que Félix continuava desconfiado e igualmente solitário.

A peça *Otelo* é citada uma única vez no romance. No capítulo IX, o narrador nos conta de que maneira Luís Batista tentaria abalar o relacionamento de Félix e Lívia: "Não adotou o método de Iago, que lhe parecia arriscado e pueril; em vez de insinuar-lhe a suspeita pelo ouvido, meteu-lha pelos olhos."[1] *Ressurreição* está longe da sofisticação que a obra de Machado ganharia ao longo do tempo. Não é novidade dizer que ele peca pela artificialidade e pouca densidade das personagens, o que não o coloca à altura de *Dom Casmurro*. Mas a menção, que apesar de breve, contamina a narrativa de maneira ampla, mostra procedimento semelhante ao que vemos no romance da maturidade. Diferentemente de *Dom Casmurro*, no entanto, a trama de *Ressurreição* não é apresentada em moldes trágicos, apesar de o romance aparentemente conter os primeiros

1   *Obra Completa em Quatro Volumes*, v. 1, p. 266.

RESSURREIÇÃO E DOM CASMURRO

esboços do que seria elaborado mais de vinte anos depois, o que merece ser analisado com cuidado.

FÉLIX, LUÍS BATISTA E A DINÂMICA DE *OTELO*

No terceiro capítulo de *O Otelo Brasileiro de Machado de Assis*, que tem como título "O Germe", Helen Caldwell afirma que em *Ressurreição* encontraríamos "semelhanças superficiais" com *Dom Casmurro*, que "não deixam de espantar o leitor"[2]. Dentre elas, aponta Caldwell, a intertextualidade com o *Otelo* de Shakespeare. De fato, o romance traz elementos determinantes da dinâmica dessa tragédia. Uma primeira observação a ser feita é com relação à personalidade de Félix, reiteradamente mostrado como um sujeito ciumento e desconfiado. Quando nos é narrada a natureza de seu amor por Lívia, lemos a seguinte descrição:

O amor de Félix era um gosto amargo, travado de dúvidas e suspeitas. Melindroso lhe chamara ela, e com razão; a mais leve folha de rosa o magoava. Um sorriso, um olhar, um gesto, qualquer coisa bastava para lhe turbar o espírito. O próprio pensamento da moça não escapava às suas suspeitas: se alguma vez lhe descobria no olhar a atonia da reflexão, entrava a conjeturar as causas dela, recordava um gesto da véspera, um olhar mal explicado, uma frase obscura e ambígua, e tudo isto se amalgamava no ânimo do pobre namorado, e de tudo isso brotava, autêntica e luminosa, a perfídia da moça.[3]

A leitura do romance nos leva a perceber que, mais do que o ciúme, o que marca a personagem é o forte receio de ser enganado, o que torna seu amor "amargo" e faz brotar a suposta perfídia da viúva. A desconfiança excessiva seria fruto de experiências traumáticas do passado a que personagem e narrador aludem sem dar detalhes:

– Sim, perdi muito mais. Abraçar um cadáver, que é isso para quem já abraçou uma serpente? Tu perdeste apenas alguns anos de amor mal compreendido; não perdeste um bem precioso, que o tempo me levou: a confiança. Podes hoje ser feliz do mesmo modo que o querias ser então;

2   H. Caldwell, *O Otelo Brasileiro de Machado de Assis*, p. 48.
3   *Obra Completa em Quatro Volumes*, v. 1, p. 264-265.

162 MACHADO E SHAKESPEARE

basta que te ame alguém. Eu não, minha querida Lívia, falta-me a primeira condição da paz interior: eu não creio na sinceridade dos outros.
[...]
Félix continuou as suas confidências do passado. Eram histórias de afeições malogradas e traídas, contadas com sincera expansão, como se estivesse falando a si mesmo.[4]

Apesar de o herói afirmar que experiências negativas do passado justificariam sua atitude de desconfiança frente ao outro, o narrador, no mesmo capítulo, assinala que o espírito de Félix era propenso a esse tipo de sentimento, o que, ao mesmo tempo, completa e contradiz a informação que a personagem nos dera. É o que vemos na passagem imediatamente posterior à citada acima:

Félix continuou a narração por este mesmo tom elegíaco e triste. Foi longa e fiel. Se a viúva não o escutasse só com o coração, poderia perceber alguma coisa mais do que ressentimento e amargura. Félix não era virtualmente mau; tinha, porém, um ceticismo desdenhoso ou hipócrita, segundo a ocasião. Não perceberia só isso; veria também que a natureza fora um tanto cúmplice na transformação moral do médico. A desconfiança dos sentimentos e das pessoas não provinha só das decepções que encontrara; tinha também raízes na mobilidade do espírito e na debilidade do coração. A energia dele era ato de vontade, não qualidade nativa: ele era mais que tudo fraco e volúvel.[5]

Quando nos atemos ao enredo do romance, vemos que *Ressurreição* apresenta obstáculos convencionais ao envolvimento dos amantes: a paixão de Meneses por Lívia; de Rachel por Félix; do vilão Luís Batista por Lívia; a carta anônima; dentre outros. No entanto, apesar de todos esses entraves, nenhum deles impede efetivamente o casamento. Meneses e Rachel, ao saberem que não eram amados por Lívia e Félix, desistem da conquista, se afastam e acabam se unindo em um casamento feliz. O seu amigo lhe mostra, ainda, que a carta era uma injúria contra a viúva. Desse modo, é o comportamento e a natureza do protagonista que falam mais alto e impedem o desenrolar feliz da situação. Mesmo eliminados os obstáculos, não há meios de Félix superar os limites de sua personalidade e, condizente

4   Ibidem, p. 274-275.
5   Ibidem, p. 275.

RESSURREIÇÃO E DOM CASMURRO 163

com esse traço de seu caráter, cria um clima de constante vigília durante o namoro, o que leva Lívia a um comportamento quase neurótico: "Não bastava a força do amor para resistir à suspeita de todos os dias, que se apagava às vezes logo, mas que renascia depois, para de novo se apagar e renascer. Lívia começou a fugir dos lugares que até então frequentava habitualmente. Raras vezes aparecia no teatro ou numa reunião."[6] Ou ainda:

Lívia não se acostumou a ler logo na fisionomia do médico. Ele possuía em alto grau a faculdade de esconder o bem e o mal que sentisse. Era uma faculdade preciosa, que o orgulho educara, e se fortificou com o tempo. O tempo, entretanto, a pouco e pouco lhe foi adelgaçando essa couraça, à medida que se prolongava e multiplicava a luta. Então os olhos da viúva aprenderam a soletrar-lhe no rosto os terrores e as tempestades do coração. Às vezes, no meio de uma conversa indiferente, alegre, pueril, os olhos de Lívia se obscureciam e a palavra lhe morria nos lábios. A razão da mudança estava numa ruga quase imperceptível que ela descobria no rosto do médico, ou num gesto mal contido, ou num olhar mal disfarçado.[7]

A caracterização de Félix é pouco sutil e soa um tanto forçada, o mesmo se aplica a Lívia e à situação criada no romance, que parecem um tanto inverossímeis, mesmo se tomarmos como referência os costumes do século XIX. É difícil imaginarmos uma mulher que se sujeitaria à desconfiança e à justificativa constante, como Lívia faz e parece até mesmo apreciar em alguns momentos: "Lívia preferia decerto uma confiança honesta e leal, mas a desconfiança estava longe de lhe amargurar o coração, aceitava-a com alegria."[8] No que diz respeito a Félix, mesmo tendo um motivo prévio que justifique o seu comportamento, ele não seria um tanto exagerado? Mas, independentemente dessas questões, vemos que a personagem procura indícios da perfídia e não da honestidade da viúva, o que, em certo sentido, o iguala a Bento e Otelo.

Cada um a seu modo, Félix e Otelo mostram forte receio de serem enganados. Mas o herói de Machado se distancia por completo do modelo shakespeariano, ao compor o perfil de um homem pronto a resguardar-se de tudo, inclusive de qualquer

6   Ibidem, p. 265.
7   Ibidem.
8   Ibidem.

164 MACHADO E SHAKESPEARE

atividade que lhe dê uma posição social diferente e aquém de alguém que vive no conforto e no repouso, sustentado por uma herança. Percebe-se que, à semelhança do que ocorre na tragédia de Shakespeare, em *Ressurreição* são os traços da personalidade do herói que o levam à derrocada. A fragilidade de Félix o torna um alvo fácil para Luís Batista, que percebe essa vulnerabilidade de seu caráter e a usa para tentar afastá-lo de Lívia:

Essa situação pôde esconder-se aos olhos de todos, menos aos de Luís Batista. Observador e perspicaz, e ao mesmo tempo sem paixões nem escrúpulos, percebeu este que quanto mais o amor de Félix se tornasse suspeitoso e tirânico, tanto mais perderia terreno no coração da viúva, e assim roto o encanto, chegaria a hora das reparações generosas com que ele se propunha a consolar a moça dos seus tardios arrependimentos. Para alcançar esse resultado, era mister multiplicar as suspeitas do médico, cavar-lhe fundamente no coração a ferida do ciúme, torná-lo em suma instrumento de sua própria ruína. Não adotou o método de Iago, que lhe parecia arriscado e pueril; em vez de insinuar-lhe a suspeita pelo ouvido, meteu-lha pelos olhos.[9]

Na tragédia de Shakespeare, Iago não pretende conquistar Desdêmona, mas destruir a paz e a felicidade de seu marido. Em *Ressurreição*, Luís Batista quer afastar o rival para tentar conquistar Lívia. Apesar da diferença, o romance traz toda uma dinâmica do texto shakespeariano. Lembramos, aqui, das palavras de Harold Bloom para quem "a tragédia de Otelo é, precisamente, o fato de Iago conhecê-lo melhor do que ele próprio se conhece"[10]. Félix, à semelhança de Otelo, não se dá conta da manipulação da qual é vítima, o que funciona como um elemento irônico dentro do romance: é justamente o receio de ser enganado que leva a personagem a ser enganada. A carta enviada ao médico na véspera do casamento funciona, assim, como uma espécie de lenço de Desdêmona: "Mísero moço! És amado como era o *outro*; serás humilhado como *ele*. No fim de alguns meses terás um cireneu para te ajudar a carregar a cruz, como teve o *outro*, por cuja razão se foi desta para a melhor. Se ainda é tempo, recua!"[11]

9 Ibidem, p. 265-266.
10 *Shakespeare: A Invenção do Humano*, p. 551.
11 *Obra Completa em Quatro Volumes*, v. 1, p. 308. (Grifos do autor.)

RESSURREIÇÃO E DOM CASMURRO 165

À semelhança do que ocorre na tragédia de Shakespeare, a situação, ao final, é esclarecida. Sabemos, pois o narrador nos assegura disso, que a carta incriminadora da viúva foi escrita por Luís Batista, Lívia, por sua vez, era inocente e amava o noivo e que Félix fora vítima de uma armação ardilosa. É claro que a situação final difere da que se dá na tragédia de Shakespeare. No entanto, ambos os enredos abordam um romance frustrado devido a uma fraqueza do protagonista, que é percebida e usada por um terceiro para destruir o idílio amoroso. Quando contrapomos Otelo e Félix, porém, chegamos a resultados curiosos, que nos ajudam a entender essa intertextualidade um pouco melhor.

A APATIA E A INDIFERENÇA DE UM HERÓI

Félix não é uma personagem que traz, em si, a energia e a paixão de um herói como o Otelo de Shakespeare. A intenção de Machado parece ser a de criar o perfil de um homem frívolo que jamais se envolveria em embates apaixonados de qualquer natureza. O dado é perceptível pela maneira como a personagem é apresentada ao leitor, ainda no primeiro capítulo do romance: "Félix entrava então nos seus 36, idade em que muitos já são pais de família, e alguns homens de Estado. Aquele era apenas um rapaz vadio e desambicioso."[12] Ou seja, Félix é desprovido de vontade e de qualquer tipo de impulso que o leve a almejar ou querer, de fato, algo. Na mocidade, "passara os primeiros anos [...] a suspirar por coisas fugitivas"[13], envolto em seus pensamentos e distante da ação; mais tarde, "caiu-lhe nas mãos uma inesperada herança, que o levantou da pobreza"[14] e, como sabemos, o distanciou de qualquer atividade produtiva para se dedicar de "corpo e alma à serenidade do repouso"[15].

Mas, não é apenas a ausência de vontade e a propensão ao repouso que chamam a atenção do leitor. O herói do primeiro romance machadiano é caracterizado como um sujeito distante

12 Ibidem, p. 237.
13 Ibidem.
14 Ibidem.
15 Ibidem.

e indiferente, alguém que não se deixa facilmente contaminar pelas emoções comuns. Ainda no primeiro capítulo, o narrador comenta sobre Félix e o dia do "ano bom":

Tudo nos parece melhor e mais belo – fruto da nossa ilusão –, e alegres com vermos o ano que desponta, não reparamos que ele é também um passo para a morte.

Teria esta última ideia entrado no espírito de Félix, ao contemplar a magnificência do céu e os esplendores da luz? Certo é que uma nuvem ligeira pareceu toldar-lhe a fronte. Félix embebeu os olhos no horizonte e ficou largo tempo imóvel e absorto, como se interrogasse o futuro ou revolvesse o passado. Depois, fez um gesto de tédio, e, parecendo envergonhado de se ter entregue à contemplação interior de alguma quimera, desceu rapidamente à prosa, acendeu um charuto, e esperou tranquilamente a hora do almoço.[16]

O narrador sugere que Félix tenha possivelmente sido invadido por algum sentimento existencial, o que justificaria seu semblante reflexivo. No entanto, ele nos mostra que se algo semelhante existiu, rapidamente cedeu lugar ao vexame de se ver envolto em um pensamento dessa natureza. Por fim, o que domina a personagem é o tédio e a inércia. Félix passa a esperar tranquilamente pelo almoço, numa atitude que sumariza seus dias: um arrastar de refeição a refeição, sem dramas ou emoções mais autênticas e apaixonadas.

A caracterização forçada da personagem de *Ressurreição* se reveste de uma complexidade surpreendente em *Dom Casmurro*. Machado cria, no romance da maturidade, um sujeito cuja personalidade, densa e complexa, coloca em jogo um ambiente familiar com forte dominação feminina, espaço propício para que um espírito acomodado e passivo como o de Bentinho encontre repouso. Seu comportamento e suas atitudes quando adulto vinculam-se a um determinado tipo de vivência e personalidade, que resultam em um sujeito inseguro e solitário. Capitu parece amedrontá-lo, e a maneira que encontra para se relacionar com as mulheres é dentro de sua solidão e do alto de sua superioridade social, como percebemos ao descrever a visita de suas "amigas": "Uma só dessas visitas tinha carro à porta e cocheiro de libré. As outras iam modestamente, *calcante*

16 Ibidem, p. 236-237.

RESSURREIÇÃO E DOM CASMURRO

pede, e, se chovia, eu é que ia buscar um carro de praça, e as metia dentro."[17]

Em *Dom Casmurro*, a personalidade de Bento se configura a partir de um imbricado processo em que entram em jogo questões de diferentes naturezas. Como observou John Gledson, no romance "o ciúme ganha um contexto social, familiar e psicológico complexo"[18]. Em *Ressurreição*, por sua vez, os limites da narrativa fazem com que o ciúme se restrinja à natureza da personagem e a uma justificativa frágil, o que faz com que a prometida complexidade de Félix se torne fraca e difusa. Roberto Schwarz, em *Ao Vencedor as Batatas*, nos lembra que a esfera social não chega a formar contradições, no romance, apesar de ser bastante descrita. Desse modo, a justificativa para o conflito do herói fica por conta de seu caráter fraco e pusilânime, que não o faz uma personagem combativa ou apaixonada. O herói do primeiro romance de Machado espera a vida passar, sem nenhuma intenção que essa tome qualquer rumo novo ou se esbarre no inusitado. Quando há alguma ameaça a essa estabilidade, ele corta o mal pela raiz, que é o que ocorre quando rompe com a viúva e se resguarda de uma situação que pudesse exigir dele um estado emocional mais ativo.

Condizente com a sua ausência de vontade, Félix é apático e indiferente com relação ao meio exterior do começo ao fim da narrativa. O único momento em que cede à paixão é quando vai pedir a Lívia que o perdoe e o aceite de volta, no fim do romance: "Félix torcia as mãos. Era patente o seu desespero. A viúva mal podia encará-lo."[19] No entanto, o desespero vivido por Félix se apaga de seu espírito, sem deixar rastro, como vemos no capítulo final: "A dolorosa impressão dos acontecimentos a que o leitor assistiu, se profundamente o abateu, rapidamente se lhe apagou. O amor extinguiu-se como lâmpada a que faltou óleo. Era a convivência da moça que lhe nutria a chama. Quando ela desapareceu, a chama exausta expirou."[20]

O caráter frívolo do herói é anunciado de maneira quase didática no início do romance, quando nos é narrada a maneira

17 Ibidem, p. 1072. (Grifo do autor.)
18 1872: A Parasita Azul, *Cadernos de Literatura Brasileira*, n. 23-24, p. 194.
19 *Obra Completa em Quatro Volumes*, v. 1, p. 312.
20 Ibidem, p. 313.

com que Félix conduz o rompimento com Cecília, de quem era amante antes de conhecer Lívia. Trata-se do capítulo II, que traz um título sugestivo, "Liquidação do Ano Velho". Nele, Félix liquida, no dia do ano bom, um romance do ano anterior:

Félix deu alguns passos na sala, aspirou as flores que tinham sido postas numa jarra, naquele mesmo dia, talvez para recebê-lo melhor; acendeu um charuto, e foi sentar-se em frente de Cecília. A moça fitou nele os olhos úmidos de lágrimas. Depois, como se os lábios tivessem medo de romper uma cratera à chama interior, murmurou estas palavras:
– E por que nunca mais?
– Cecília, disse o doutor deitando fora o charuto apenas encetado – eu tenho a infelicidade de não compreender a felicidade. Sou um coração defeituoso, um espírito vesgo, uma alma insípida, incapaz de fidelidade, incapaz de constância. O amor para mim é o idílio de um semestre, um curto episódio sem chamas nem lágrimas. Há seis meses que nos amamos; por que perderás tu o dia em que começa o ano novo, se podes também começar uma vida nova?[21]

A cena retrata o cálculo de Félix, que, em meio às lágrimas de Cecília e com um discurso pronto e impenetrável, encontra ambiente para aspirar as flores postas em um jarro "possivelmente para recebê-lo melhor". Com praticidade, Félix expõe a ela o mecanismo de funcionamento de seus romances: eles tinham uma espécie de "prazo de validade" de seis meses. A informação é retomada quando a personagem encontra Meneses na Rua do Ouvidor, logo após deixar a casa da moça:

– Eu te digo – respondeu Félix –; os meus amores são todos semestrais; duram mais que as rosas, duram duas estações. Para o meu coração um ano é a eternidade. Não há ternura que vá além de seis meses; ao cabo desse tempo, o amor prepara as malas e deixa o coração como um viajante deixa o hotel; entra depois o aborrecimento, mau hóspede.[22]

A intenção de Félix ao se envolver com Lívia é a de se aproveitar do interesse da viúva e iniciar mais um romance fortuito e passageiro. No capítulo VI, "Declaração", lemos: "A tarde estava realmente linda. Félix, entretanto, cuidava menos da tarde que da moça. Não queria perder o ensejo de lhe dizer, *como se fora*

21 Ibidem, p. 241.
22 Ibidem, p. 242.

verdade, que a amava loucamente."[23] Félix chega a hesitar, com receio de ter problemas futuros, mas não recua: "Quase a soltar dos lábios a palavra decisiva, a si mesmo perguntava se ela não iria pesar no seu destino mais do que imaginava então, e se daquele capricho de momento não resultaria o mal de toda a sua vida."[24]

Na mesma cena, Félix fica sabendo que a viúva é mãe. Após se declararem um ao outro, eles são interrompidos pela voz infantil de Luís, que havia chegado da casa da madrinha. Félix experimenta, em princípio, o sentimento de remorso por ter se aproveitado da situação: "Não ouvia as repreensões da moça, nem a tagarelice da criança; ouvia-se a si mesmo. Contemplava aquele quadro com deleitosa inveja e sentia pungir-lhe um remorso."[25] Lívia passa, então, a contar com um olhar diferente de Félix, que, segundo nos diz o narrador, "contemplava-a com religioso respeito"[26]. Afinal, a figura da mãe merecia considerável respeito no século XIX e justifica a reflexão do início do capítulo seguinte, "O Gavião e a Pomba": "Fui longe demais, ia ele dizendo consigo; não devia alimentar uma paixão que há de ser uma esperança, e uma esperança que não pode ser outra coisa mais que um infortúnio. Que lhe posso eu dar que corresponda ao seu amor?"[27] Merece atenção o título do capítulo. Félix é retratado como uma ave pronta para atacar e Lívia, uma pomba indefesa. Mas o que vemos no transcorrer da história é que as visitas de Félix à viúva se tornam menos espaçadas e o relacionamento se estreita. A pomba parece, então, ter vencido o gavião. No entanto, apesar de envolvido, Félix não se dobra à paixão e predomina seu caráter frívolo.

Na análise que Silviano Santiago faz de *Ressurreição* em ensaio publicado no Suplemento Literário de *O Estado de S. Paulo*, de 1969, e republicado na revista *Teresa*, em 2006, ele explica o comportamento do herói a partir da parábola do astrólogo e da velha, narrada a Lívia por Félix. Eis a passagem a que alude Santiago:

23 Ibidem, p. 257. (Grifo nosso.)
24 Ibidem.
25 Ibidem, p. 259.
26 Ibidem.
27 Ibidem, p. 260-261.

170   MACHADO E SHAKESPEARE

– Meneses [...] Parece filho daquele astrólogo antigo que, estando a contemplar os astros, caiu dentro de um poço. Eu sou da opinião da velha, que apostrofou o astrólogo: "Se tu não vês o que está a teus pés, por que indagas do que está acima da tua cabeça?"

– O astrólogo podia responder – observou a viúva – que os olhos foram feitos para contemplar os astros.

– Teria razão, minha senhora, se ele pudesse suprimir os poços. Mas que é a vida senão uma combinação de astros e poços, enlevos e precipícios? O melhor meio de escapar aos precipícios é fugir aos enlevos.[28]

Para Silviano Santiago, a parábola acima dramatiza de maneira extraordinária o tema do livro, baseado nos versos de Shakespeare de *Medida por Medida*: "Nossas dúvidas são traidoras, / E nos fazem perder o bem que podemos ganhar, / por medo de tentar."[29] Para o pesquisador:

A vida para ele [Félix] é um produto compósito, feito de astros e poços, enlevos e precipícios, ou, em outras palavras, traduzindo as metáforas para o contexto do seu temperamento, de vitórias e fracassos, de conquistas e decepções amorosas. Ora, seguindo ainda de perto o seu raciocínio, é evitando os enlevos (vitória) que ele pretende escapar do precipício (decepção). "O melhor meio de escapar aos precipícios é fugir aos enlevos." Fica, portanto, no ar; não tenta um por receio do outro; não atinge nenhum finalmente. Tem medo de conquistar porque, conquistando, pode se decepcionar; tem medo de se decepcionar e por isso não tenta conseguir. Não fica com um nem outro. Mãos vazias, pés no ar.[30]

Para Félix, o receio da perda – qualquer que seja a sua natureza – o leva a se resguardar. O envolvimento "sério" com Lívia o pegou de surpresa e, momentaneamente, o desarmou. No entanto, a personagem não consegue absorver esse "ganho", com receio da "perda" emocional que ele poderia produzir. Desse modo, o protagonista evita conflitos futuros e permanece na infelicidade, como o narrador nos assegura, no último capítulo do romance:

Dispondo de todos os meios que o podiam fazer venturoso, segundo a sociedade, Félix é essencialmente infeliz. A natureza o pôs nessa classe

28 Ibidem, p. 255.
29 Our doubts are traitors, / And make us lose the good we oft might win, / By fearing to attempt. (N. da E.)
30 Jano, Janeiro, *Tereza*, n. 6-7, p. 441.

RESSURREIÇÃO E DOM CASMURRO

de homens pusilânimes e visionários, a quem cabe a reflexão do poeta: "perdem o bem pelo receio de o buscar". Não se contentando com a felicidade exterior que o rodeia, quer haver essa outra das afeições íntimas, duráveis e consoladoras. Não a há de alcançar nunca, porque o seu coração, se ressurgiu por alguns dias, esqueceu na sepultura o sentimento da confiança e a memória das ilusões.[31]

Apesar de ter "ressurgido" por meio do relacionamento com Lívia, a personagem trouxe consigo a desconfiança e a vulnerabilidade. Se, por esse prisma, Félix lembra, em algum grau, o herói shakespeariano, se distancia por completo dele por carecer de impulso e vontade de agir, o que contribui para sua quase inércia emocional. É isso o que faz, ainda, com que comece e termine a narrativa solitário e recluso, avesso a qualquer postura combativa e transformadora frente ao mundo.

LÍVIA E CAPITU

Quando Félix narra a parábola do astrólogo e da velha para Lívia, ela sutilmente questiona seu posicionamento: "O astrólogo podia responder, [...], que os olhos foram feitos para contemplar os astros." Para a viúva, parece valer outra máxima, diferente da velha. Lívia acredita ser possível almejar algo que não se prenda ao óbvio – ao chão, para retomar a parábola – e que se distancie do comum e do cotidiano, mesmo que isso tenha algum risco.

Esse traço quase ousado de sua personalidade pode ser observado ao longo de toda a narrativa. Na ocasião do primeiro encontro com Félix, em um sarau na casa do Coronel, Lívia fala ao futuro noivo sobre o seu desejo de conhecer a Europa. A conversa apresenta detalhes curiosos. Vejamos a passagem:

– Não pense – acrescentou Lívia – que me seduzem unicamente os esplendores de Paris, ou a elegância da vida europeia. Eu tenho outros desejos e ambições. Quero conhecer a Itália e a Alemanha, lembrar-me da nossa Guanabara junto às ribas do Arno ou do Reno. Nunca teve iguais desejos?

– Estimaria poder fazê-lo, se me suprimissem os incômodos da viagem; mas com os meus hábitos sedentários dificilmente me resolveria

31 *Obra Completa em Quatro Volumes*, v. 1, p. 314.

172 MACHADO E SHAKESPEARE

a isso. Eu participo da natureza da planta; fico onde nasci. Vossa excelência será como as andorinhas...

– E sou – disse ela, reclinando-se molemente no sofá –; andorinha curiosa de ver o que há além do horizonte. Vale a pena comprar o prazer de uma hora por alguns dias de enfado.

– Não vale – respondeu Félix, sorrindo –; esgota-se depressa a sensação daquele momento rápido; a imaginação ainda pode conservar uma leve lembrança, até que tudo se desvanece no crepúsculo do tempo. Olhe, os meus dois polos estão nas Laranjeiras e na Tijuca; nunca passei desses dois extremos do meu universo. Confesso que é monótono, mas eu acho felicidade nesta mesma monotonia.[32]

A situação é semelhante à da exposição da filosofia do astrólogo e da velha. Lívia mostra-se predisposta a ver além dos limites do cotidiano, ela quer desvendar o mundo com curiosidade e energia. Na passagem acima, ela aceita a denominação de andorinha curiosa e se assume desejosa de extrapolar os limites de seu horizonte. O herói, ao contrário, prefere a monotonia a qualquer tipo de aventura e mostra os limites estreitos em que transita ao colocar como polos geográficos para a sua existência as Laranjeiras e a Tijuca. Mais do que um exemplo de algo que perpassa todo o romance, essa situação deixa evidente o quanto as personagens se distanciam entre si na postura que assumem perante a vida.

Fato semelhante se dá em *Dom Casmurro*. Capitu é mais ousada do que Bento. É ela quem bola os planos na juventude do casal e imagina meios de driblar Dona Glória e sua promessa. Quando casados, as lições de astronomia do marido a levam a cochilar ou a fitar o mar, absorta em seus pensamentos, como que querendo vazar o espaço em que estava. Bento parece ter consciência da vivacidade da esposa e isso o assusta. Há, no entanto, uma diferença fundamental com *Ressurreição*. O contraste entre a postura de Félix e de Lívia é enunciada pelo narrador na "Advertência da Primeira Edição" e ajuda a compor "o contraste de dois caracteres". Desse modo, a tensão entre os protagonistas não aparece dramatizada na performance narrativa, como ocorreria no romance publicado quase trinta anos mais tarde. A Bento é cerceado o direito de fugir do relacionamento. Machado casa o protagonista com Capitu e o faz experimentar toda a sua insegurança e ciúme na convivência diária

32 Ibidem, p. 247-248.

RESSURREIÇÃO E DOM CASMURRO 173

com a mulher, diferentemente de Félix, que vive a dúvida em um momento anterior à união oficial com Lívia. A opção de Machado, no primeiro romance, diminui a intensidade do conflito do herói, uma vez que o distancia de uma suposta queda, para retomar os preceitos aristotélicos. Desse modo, não há propriamente uma desgraça em *Ressurreição*, afinal Félix não chega a experimentar a felicidade e, apesar da intertextualidade com *Otelo*, o romance nem sequer lembra ao leitor uma história trágica.

Por fim, vale a pena acrescentar que Capitu e Lívia possuem como traço comum o fato de sofrerem a opressão masculina praticamente caladas. É claro que as duas argumentam a seu favor, no entanto, acabam resignadas e vencidas. Elas desistem de lutar contra a natureza de seus parceiros e salvam, por fim, a dignidade pessoal. Esse traço poderia aproximá-las, para aproveitarmos o paralelo com *Otelo*, a Desdêmona, que sofre calada e ama o marido até o fim, e cuja única ousadia foi questionar a autoridade do pai e se casar às escondidas com o mouro, o que seria, como se sabe, usado contra ela mais tarde.

RESSURREIÇÃO E A NEGAÇÃO DO TRÁGICO

Félix, à semelhança de Otelo, vive um conflito quanto à fidelidade e à honestidade da mulher com quem se envolve. Não sabemos ao certo a natureza das frustrações do passado, que o teriam tornado um sujeito desconfiado e descrente. No entanto, como Félix é parte de um determinado extrato social – a pequena burguesia carioca – e não transita em outros níveis sociais de maneira que esses pudessem gerar contradições em seu ser – à semelhança do que ocorre com as demais personagens do romance –, supomos que o terreno fértil à desconfiança apresentada por ele não provenha de dúvidas da mesma natureza das que assolam Otelo.

O mouro, apesar da carreira de glórias e vitórias, enfrentou fortes oposições ao casamento com Desdêmona. É certo que ele recebe, por fim, o consentimento do doge de Veneza e do pai da moça, mas esse se mostra convicto de que a filha fora vítima de algum encantamento feito pelo "animal negro". Desse modo, a contradição e a dúvida reverberam em sua alma. Iago, ardiloso e perspicaz, o faz vivenciar dialética semelhante na relação com a esposa: ele é um grande homem ou apenas um tolo enganado com um subordinado? Trata-se de uma situação de extrema tensão, que encontra espaço em um terreno já marcado pela dialética da dúvida, o que faz de Otelo um alvo fácil e o seu drama mais agudo.

Félix também possui uma disposição ao conflito e à dúvida, no entanto, ela é frágil. A personagem de Machado é um sujeito isolado em determinada célula social, preso a uma complexidade psicológica duvidosa, fechado a uma vivência mais ampla e arrebatadora. O conflito de Otelo é plenamente justificado, o de Félix carece de sentido e de algo que realmente o justifique. Além do mais, as idas e vindas do relacionamento, que encontram na carta de Luís Batista o motivo para que rompa definitivamente com a noiva, evidenciam o quanto a personagem se mostra esquiva a situações emocionais limites, o que elimina eventuais traços trágicos que suas atitudes pudessem ter.

À semelhança do que ocorre na tragédia inglesa, a situação construída em *Ressurreição* se esclarece ao final: a carta fora escrita por Luís Batista, a viúva era inocente e o herói fora enganado. No entanto, diferentemente da peça, no romance, o conflito encontra acomodação e, ao final, tudo volta a ser mais ou menos como era antes. Ao final da história, a infelicidade parece ser o sentimento dominante tanto para Lívia quanto para Félix. No entanto, a personagem não vem de uma situação feliz que justifique afirmar que caiu em desgraça. Afinal, apático e indiferente, ele recusa o relacionamento, que lhe traz sentimentos indesejados por ele: ciúme, desconfiança e insegurança. A infelicidade de Félix aludida pelo narrador ao final do romance é o resultado natural de uma vivência solitária e sem vínculos afetivos, condizente com sua personalidade fria e indiferente. A transformação maior se deu em Lívia. Ela, que era uma mulher cheia de vida e entusiasmo – uma andorinha curiosa –, se retira da vida em sociedade, mantendo-se reclusa em sua solidão e tendo no filho um "consolo e companhia de sua velhice", apesar da "catástrofe que lhe enlutou a vida".

Se tomarmos as considerações finais do narrador, veremos que é ela quem poderia ser associada a uma figura trágica. No entanto, vale ressaltar que seu destino infeliz é pouco convincente e carece de elementos que o justifiquem: quais seriam os motivos que teriam levado Lívia a ter renascido rapidamente após a viuvez e ter se tornado uma mulher reclusa e infeliz depois da experiência com Félix? Uma segunda decepção teria sido fatal? A paixão pelo médico era maior do que a que tivera pelo marido morto? Essa espécie de vazio na narrativa fragiliza o destino trágico que poderia ser associado à personagem, apesar de o narrador usar a expressão "catástrofe" para caracterizar o resultado que o fim do relacionamento teve em sua vida.

OTELO POR MACHADO EM DOIS TEMPOS

Ressurreição e *Dom Casmurro* colocam em foco a personagem masculina: é Félix e Bento que interessa deixar em evidência. Vemos, desse modo, que é o patriarca, ou seja, o elemento polo daquela organização social, que é colocado em primeiro plano. A posição lateral, com relação ao foco narrativo, que Lívia e Capitu ocupam, mantém, assim, estreita relação com a opressão em que viviam naquele meio. Lívia menos do que Capitu; enquanto viúva e independente financeiramente, a heroína do primeiro romance de Machado era mais dona de seu destino. Talvez seja por isso que cause estranheza ao leitor sua infelicidade e solidão no final do romance. A "catástrofe que lhe enlutou a vida" é, de certo modo, incoerente com sua trajetória até o envolvimento com Félix e com a posição que ocupava naquele meio social. Capitu, por sua vez, lépida e viva, no começo da narrativa, vai sendo gradualmente sufocada ao longo da história e termina calada e morta, em uma imagem que nos remete ao próprio sufocamento de Desdêmona por Otelo.

Tomando a perspectiva do trágico, vemos que as duas narrativas colocam as mulheres dentro de uma trajetória que vai de uma situação feliz para uma de infelicidade. Tanto Lívia quanto Capitu podem despertar a piedade do leitor: terminam os romances solitárias e resignadas. A elas é possível salvar apenas a dignidade. No entanto, a própria posição que ocupam em seus respectivos romances impede uma abordagem mais profunda no que diz respeito às suas experiências, o que, por si só, não deixa de ser curioso.

Os dois romances trabalham na composição de um determinado perfil de comportamento do herói, no nosso caso específico, do retrato do homem burguês carioca da segunda metade do século xix. Distante da grandiosidade heroica de Otelo, esses heróis de Machado se mostram reclusos em uma existência amena e banal, satisfeitos com sua capacidade de se esconder ou de camuflar conflitos e sem vontade ou ímpeto de ação, o que nos faz retomar, mais uma vez, neste estudo, os princípios teóricos de Schopenhauer, no que diz respeito ao trágico.

Quando discorre sobre a arte, o filósofo alemão afirma que o poeta é aquele que traz à consciência da humanidade o que ela sente e pratica. Devemos considerar a arte, afirma Schopenhauer, como a "grande elevação, o desenvolvimento mais perfeito [...], pois realiza em essência o mesmo que o mundo visível, apenas mais concentrada e acabadamente, com intenção e clareza de consciência" e, no sentido pleno do termo, poderia ser chamada de "florescência da vida". A arte, continua ele, é "*a câmera obscura* que mostra os objetos mais puramente, permitindo-nos melhor abarcá-los e compreendê-los; é o teatro dentro do teatro, a peça dentro da peça em *Hamlet*"[33].

Enquanto produção estética, *Ressurreição* e *Dom Casmurro* reproduzem o mundo visível, fazendo florescer o ser e a vida social. Enquanto "teatro dentro do teatro", "câmera obscura que mostra os objetos mais puramente", os romances em questão nos permitem ver fenômenos do mundo, e dentre eles a caracterização de duas figuras típicas da burguesia carioca de meados do século xix em sua relação com o outro e com o meio que os acolhe. Félix e Bento possuem traços peculiares que os caracterizam dentro do conjunto do qual fazem parte. Em diálogo consciente ou não com Schopenhauer, Machado cria duas personagens que carecem da força e do impulso que faz existir o trágico, e deixam ver um pouco da maneira pela qual o escritor concebe a experiência contemporânea a ele frente ao mundo.

A distância que separa o primeiro romance de Machado, publicado em 1872, e *Dom Casmurro*, com data de 1899, no entanto, faz com que esse "teatro dentro do teatro" possua meios composicionais distintos e com forte impacto na densidade e

---

33   A. Schopenhauer, *O Mundo Como Vontade e Como Representação*, p. 349.

RESSURREIÇÃO E DOM CASMURRO 177

na abrangência da representação. Apesar de apontarem para algo semelhante, no que diz respeito ao trágico, eles caracterizam o sujeito frente ao mundo de maneira diversa. Merece atenção o desfecho de cada um, que mais do que uma diferença no enredo, aponta posicionamentos específicos sobre a experiência humana com relação às suas "verdades".

Em *Dom Casmurro*, tanto Bento quanto o leitor são privados de uma revelação acerca de sua desconfiança sobre a traição de Capitu. Não sabemos, nem nunca saberemos, se Capitu traiu ou não Bento, se Ezequiel era ou não seu filho, se Escobar era seu amigo ou um oportunista dissimulado. Em *Ressurreição*, por outro lado, a verdade é revelada para todos. Sabemos, ao final da narrativa, que Lívia era honesta e apaixonada, que Luís Batista era o vilão da história e que Félix fora vítima de uma armação calculada e maldosa. Para não pairar nenhuma dúvida, o narrador afirma: "Entendamo-nos, leitor; eu, que te estou contando esta história, posso afirmar-te que a carta era efetivamente de Luís Batista."[34]

A opção de Machado por colocar tudo em pratos limpos em *Ressurreição* traz, para as personagens e para o leitor, o conforto da verdade e, assim, priva a todos de uma situação de perda de referências. No romance da maturidade, no entanto, o escritor funde o bem e o mal por meio da unilateralidade do olhar e da ambiguidade que caracteriza as situações retratadas, tornando-o, assim, uma incógnita para todos. Ao final de *Ressurreição* sabemos de toda a verdade, ao final de *Dom Casmurro*, sabemos que a realidade dos fatos foge à nossa capacidade de percepção.

Vale a pena refletir sobre a seguinte passagem do último capítulo de *Ressurreição*:

No tempo em que os mosteiros andavam nos romances – como refúgio dos heróis, pelo menos –, a viúva acabaria os seus dias no claustro. A solidão da cela seria o remate natural da vida, e como a olhos profanos não seria dado devassar o sagrado recinto, lá a deixaríamos sozinha e quieta, aprendendo a amar a Deus e a esquecer os homens.

Mas o romance é secular, e os heróis que precisam de solidão são obrigados a buscá-la no meio do tumulto. Lívia soube isolar-se na

34 *Obra Completa em Quatro Volumes*, v. 1, p. 310.

178 MACHADO E SHAKESPEARE

sociedade. Ninguém mais a viu no teatro, na rua, ou em reuniões. Suas visitas são poucas e íntimas. Dos que a conheceram outrora, muitos a esqueceram mais tarde; alguns a desconheceriam agora.[35]

O narrador rejeita traços românticos para o seu romance. Afinal, ele faz questão de enfatizar que não estamos na época em que os mosteiros frequentavam as narrativas. Desse modo, não é coerente que Lívia se retire para a solidão de um convento, mas, sim, que se mantenha na sociedade. Há, além disso, a alusão à configuração de um mundo novo em que a velha ordem (a do mosteiro nos romances, por exemplo) não faz mais sentido. É necessário enfrentar a multidão, pois percebe-se que as barreiras entre o eu e o mundo não são facilmente delimitáveis; é preciso se buscar em meio ao todo. Negar isso é incorrer em uma narrativa ingênua, que ainda aponta para uma relação do eu com mundo exterior marcada pela homogeneidade.

No entanto, há uma espécie de contradição no texto. Ao mesmo tempo que o romance aponta para a negação da possibilidade de fuga em autodefesa, mostra que as personagens conseguem fazer isso. Em *Ressurreição*, o ser consegue se preservar em meio ao todo e atingir as suas verdades, sem inquietações ou dramas de consciência. Desse modo, a afirmação do narrador – "o romance é secular" –, não parece ser a mais acertada. Os tempos são outros, segundo nos diz, mas o destino que suas personagens ganham é, em essência, o mesmo do de personagens de outros tempos. Afinal, a sua narrativa não agrega o caráter demoníaco que pode envolver semelhante situação, o que nos leva a perceber que o mundo retratado no primeiro romance de Machado ainda parece acabado e sem abismos, com as fendas devidamente preenchidas. *Ressurreição* não problematiza a perda de referências do mundo moderno, que marca *Dom Casmurro* e faz a sua história tão significativa quando contraposta à tragédia de Shakespeare. Resta, assim, uma história que não provoca impacto no leitor e que, pelo menos no que diz respeito à intertextualidade com *Otelo*, seria revista e refeita sob novos moldes.

35 Ibidem, p. 313.

5. *Romeu e Julieta* nos Contos de Machado de Assis: Uma Poética do Amor e do Desengano

Machado de Assis, como bem sabemos, foi um grande e incansável leitor. Sua biblioteca, mesmo tendo tido exemplares extraviados em duas ocasiões após a sua morte, ultrapassava o número dos 700 volumes, na ocasião do levantamento realizado por Jean-Michel Massa, na década de 60 do século XX. Construída ao longo de toda uma vida, ela evidentemente não dá conta das leituras que o escritor fez. É sabido que Machado frequentou a Biblioteca do Real Gabinete Português de Leitura, a Biblioteca Nacional e o Instituto Histórico e Geográfico Brasileiro desde os primeiros anos da juventude. Além do que, os seus hábitos de leitor contumaz, como pontuou Mario de Alencar em *Alguns Escritos*, acrescentavam a leitura diária de "*A Gazeta de Notícias, O Correio da Manhã, O Jornal do Comércio, O País, O Diário Oficial* e às quintas-feiras o folhetim do Dr. C. de Laet, no *Jornal do Brasil*."[1]

Esse hábito cultivado ao longo da vida deixou marcas evidentes em sua escrita, pontilhada por constantes referências a autores e obras os mais diversos. Afinal, as citações que ele fez evidenciam a sua experiência enquanto leitor. Mais do que isso, no entanto, deve ser destacado que elas apontam também

---

1   M. de Alencar, *Alguns Escritos*, p. 34.

180 MACHADO E SHAKESPEARE

para as preferências que Machado elegeu para diálogo. A citação, diria Antoine Compagnon, faz com que a leitura ressoe na escrita; reproduz, nela, uma paixão[2]. Não se trata, porém, de simples simpatia pessoal por determinado autor ou obra, acrescentaríamos, mas de uma paixão pelo diálogo que aquele referente suscita; de um encontro e de uma troca.

Shakespeare foi uma dessas paixões de Machado. Como bem sabemos, referências ao dramaturgo e à sua produção despontam todo o tempo nos mais diversos gêneros textuais em que escreveu. Mas, deve ser observado que Machado elegeu suas preferências também no domínio da produção shakespeariana. O escritor mostra predileção absoluta pelas tragédias do bardo. Como abordado em momento anterior deste estudo, *Hamlet*, *Otelo* e *Romeu e Julieta* são as tragédias que contam com o maior número de referências, com predomínio em gêneros específicos; *Hamlet* está sempre presente em textos não ficcionais, ao passo que as outras duas despontam de maneira mais significativa em sua ficção. *Otelo* ganha relevância nos romances do autor e *Romeu e Julieta* é a mais citada em seus contos.

Machado fez referência a onze peças de Shakespeare em 48 narrativas desse gênero produzidas entre os anos de 1864 e 1899. Nesse conjunto, a tragédia dos jovens amantes de Verona aparece em dezoito textos, ou seja, em mais de um terço deles. Trata-se de um número relevante e de um dado que merece um olhar mais detido. Esses contos, que são "O Anjo das Donzelas" (1864), "Cinco Mulheres" (1865), "O Pai" (1866), "Francisca" (1867), "Rui de Leão" (1872), "Aurora Sem Dia" (1873), "Os Óculos de Pedro Antão" (1874), "Um Dia de Entrudo" (1874), "Antes que Cases" (1875), "A Mulher Pálida" (1881), "Letra Vencida" (1882), "Último Capítulo" (1883), "Médico é Remédio" (1883), "Evolução" (1884), "O Cônego ou Metafísica do Estilo" (1885), "Curta História" (1896), "Um Erradio" (1894) e "Lágrimas de Xerxes" (1899), recobrem todo o período dos 35 anos em que Machado cita Shakespeare nesse tipo de narrativa, sendo que o primeiro e o último deles são justamente aqueles com que o autor respectivamente dá início e finaliza seu trabalho de citação do dramaturgo nesse gênero textual.

2 Cf. *O Trabalho da Citação*, p. 29.

ROMEU E JULIETA NOS CONTOS DE MACHADO DE ASSIS   181

Os contos elencados acima foram veiculados, pelo menos em um primeiro momento, no *Jornal das Famílias*, em *A Estação* e na *Gazeta de Notícias* – a exceção se faz a "Lágrimas de Xerxes", ainda não encontrado em publicação anterior a *Páginas Recolhidas*. Poucas dessas narrativas foram selecionadas pelo autor para compor suas antologias. "Aurora Sem Dia" foi recolhida em *Histórias da Meia-Noite*; "Último Capítulo" em *Histórias Sem Data*; "Evolução" em *Relíquias da Casa Velha*; "O Cônego ou Metafísica do Estilo" em *Várias Histórias*; e "Um Erradio" em *Páginas Recolhidas*, que contém, assim, dois desses dezoito contos. Os doze restantes aparentemente não foram considerados pelo autor dignos de ficarem para a eternidade.

As nove primeiras narrativas, ou seja, aquelas compreendidas entre 1864 e 1874, foram veiculadas pelo *Jornal das Famílias*. "A Mulher Pálida", "Letra Vencida", "Médico é Remédio", "Curta História" e "Um Erradio" apareceram em *A Estação*, e "Último Capítulo", "Evolução" e "O Cônego" foram publicadas na *Gazeta de Notícias*. Apesar de todos esses contos trazerem referência a *Romeu e Julieta*, deve ser observado que eles possuem temáticas diferenciadas e acompanham os veículos que os faziam circularem. As histórias publicadas no *Jornal das Famílias* e em *A Estação* apresentam enredos quase sempre relacionados ao envolvimento amoroso, a exceção talvez seja "Aurora Sem Dia" e "Um Erradio". Já as veiculadas pela *Gazeta* abordam temas mais amplos, que envolvem, por exemplo, posturas éticas do eu com o outro. Esses dados nos levam a crer que a reiterada citação de *Romeu e Julieta*, nesse gênero, esteja diretamente relacionada aos veículos com os quais Machado esteve vinculado.

De acordo com nossos números, o escritor publicou 212 contos ao longo de sua carreira[3]. Desse montante, 81 foram primeiramente veiculados pelo *Jornal das Famílias* e 43 por *A Estação*, em um total de 124 narrativas produzidas para esses dois periódicos. Isso significa dizer que perto de 60% dos contos do

3   Para chegar a esse número, consultamos a *Bibliografia de Machado de Assis*, de José Galante de Souza, os volumes organizados por Magalhães Junior, a saber *Contos Avulsos* (1956), *Contos Esparsos* (1956), *Contos Esquecidos* (1956), *Contos Recolhidos* (1956), *Contos Sem Data* (1956), *Contos e Crônicas* (1958), e os *Dispersos de Machado de Assis* (1965), organizado por Jean-Michel Massa.

autor foram publicados inicialmente nesses veículos. O *Jornal das Famílias* e *A Estação*, por sua vez, tinham perfis característicos. Cada um com suas particularidades, ambos eram destinados ao público feminino, especialmente para as moças da época. Machado, por sua vez, ao produzir para esses periódicos, assume o compromisso de escrever um determinado tipo de literatura: histórias, em sua maioria, de cunho romanesco, enredos amenos para o *Jornal*, uma literatura talvez um pouco mais dinâmica para *A Estação*, mas ainda romances que poderiam encantar as mulheres da época. Narrativas de semelhante teor parecem se casar perfeitamente bem com textos emblemáticos no que diz respeito às questões do amor, como é o caso de *Romeu e Julieta*.

Os dados apontados acima nos mostram que catorze dos dezoito contos em que Machado cita a tragédia apareceram inicialmente nesses dois periódicos. É muito curioso observar que desse montante apenas dois foram selecionados pelo autor para suas antologias, ao passo que as três narrativas publicadas na *Gazeta* ajudaram a compor seus livros. Esses cinco contos têm em comum o fato de abordarem temas "maiores", a envolver a relação humana com o todo ou com a experiência estética, por exemplo, e não namoros ou decepções amorosas, como se dá em "O Anjo das Donzelas", "Francisca" ou "Letra Vencida", para citar alguns exemplos de textos que ficaram fora das antologias do escritor.

É claro que deve ser lembrado que os contos publicados por Machado no *Jornal das Famílias* são parte de um momento de sua carreira em que ele se consolidava no gênero e ainda buscava o seu lugar na literatura brasileira. Como nos lembra Sílvia Azevedo, sua intensa colaboração para o periódico "mostra que o futuro grande escritor levou tempo para aprender a escrever conto, e mais tempo ainda para escrever grandes contos"[4]. O autor maduro certamente não via motivos para incluir, em suas antologias, narrativas produzidas quando ainda descobria esse tipo de texto. O único conto dessa época recolhido mais tarde em livro foi "Uma Visita de Alcibíades", selecionado para *Papéis Avulsos*, de 1882.

---

4   S.M. Azevedo, *A Trajetória de Machado de Assis*, p. 19.

Deve ser lembrado, ainda, que, no período em que Machado escreveu para o *Jornal das Famílias*, ele publicou *Contos Fluminenses* (1870) e *Histórias da Meia-Noite* (1873), obras que continham narrativas veiculadas inicialmente pelo periódico, com exceção de "Miss Dollar", composto especialmente para o primeiro deles. No entanto, devido à extensão desses contos, os livros traziam um número reduzido de textos.

Mesmo considerando essas questões, no entanto, devemos pontuar que os contos escritos para *A Estação* e para a *Gazeta* foram publicados concomitantemente. São seis meses que separam a aparição de "Médico é Remédio" e "Evolução" e só o último foi selecionado para nova publicação. O jornal, de perfil mais libertário e arrojado, ao que parece, permitiu ao escritor independência maior em termos de estilo e enredo, possibilitando um resultado que aparentemente era mais valorizado por ele.

Vemos, desse modo, que as narrativas em que Machado cita *Romeu e Julieta* foram, em sua maioria, relegadas ao esquecimento por seu criador, não fazendo parte, com algumas exceções, das mais apreciadas por ele. Observamos, ainda, que boa parte delas segue quase esquecida pelos leitores da obra machadiana e praticamente inexplorada pela crítica.

No entanto, enquanto conjunto, esses contos compõem material singular. Machado, ao retomar a tragédia, nessas narrativas, mostra um procedimento que, em certo sentido, se repete ao longo da série. Por trás dessa recorrente intertextualidade, subjaz uma poética intertextual, uma base coerente e coesa, que orienta o seu trabalho de retomada de *Romeu e Julieta* nesse tipo de narrativa. Considerando o teor desses contos e o conteúdo de *Romeu e Julieta*, esse material, mais do que uma poética intertextual, mostra uma poética machadiana do amor, que se revela bastante curiosa e merece ser abordada.

Nesses contos, Machado cria situações ficcionais que trazem para seus enredos personagens e passagens conhecidas da tragédia, que surgem recontextualizadas, ironizadas e, por vezes, subvertidas. Desse modo, o escritor desconstrói imagens canonizadas e cristalizadas no imaginário de seu leitor, brinca com suas expectativas e trabalha novas versões de conteúdos presentes no repertório seu e de quem lê o texto. Trata-se de um trabalho que funde o que escreve ao que se refere, deixando um conteúdo latente, passível de significações nem sempre perceptíveis em um primeiro momento, mas que se mostram reveladoras da maneira pela qual lê e compreende conteúdos da peça e os aplica ao retratar fatos de seu tempo. É certo que, nesse material, o escritor nem sempre origina processos intertextuais promissores a ponto de justificarem abordagens interpretativas isoladas, mas cada uma dessas narrativas ajuda a compor uma ideia do conjunto. E é desse conjunto que passamos a nos ocupar a partir de agora.

ROMEU E JULIETA E O MITO DO AMOR E DO PAR ETERNO

Romeu e Julieta é, nos dizeres de Harold Bloom, uma grande canção erótica, um hino lírico, que celebra o amor puro e lamenta a sua inevitável destruição. Ainda segundo o pesquisador, a tragédia constitui a maior e mais convincente celebração do amor romântico da literatura ocidental e alcançaria, desse modo, intensidade mítica[5].

Julia Kristeva parte justamente dessa questão para desenvolver a sua leitura da peça. Para a estudiosa, a tragédia é o apogeu do mito ocidental do amor a dois e completaria algumas outras incursões célebres de nossa civilização na exploração do amor e do casamento, iniciada com o *Cântico dos Cânticos*, passando por *Tristão e Isolda* e culminando na tradição cortês. *Romeu e Julieta* carrega, segundo ela, essa herança tripla, é herdeira dessa memória. Shakespeare, por sua vez, ao resgatar essa tradição por meio da tragédia, "a depura e humaniza e, ao adaptá-la à mentalidade renascentista, tornou-a [...] muito próxima da nossa"[6], o que justifica o seu sucesso.

Estaríamos, assim, de acordo com a pesquisadora, face ao "mito do par amoroso, unido até a morte e na fidelidade, por um laço indissolúvel, que não é somente a promessa mútua dos amantes apaixonados, mas também sua consagração pelo

5 Cf. *Shakespeare: A Invenção do Humano*, p. 126-127.
6 J. Kristeva, Romeu e Julieta ou o Amor Fora-da-Lei, em B. Bricout, *O Olhar de Orfeu*, p. 93.

ROMEU E JULIETA NOS CONTOS DE MACHADO DE ASSIS   185

casamento"[7]. Trata-se de um casal fiel e de um casal legal. A lei da Igreja, no entanto, é uma lei ideal, nos dizeres de Kristeva, "oposta às leis sociais, às hierarquias e às contradições constituídas histórica e politicamente, na cidade onde as famílias lutam umas contra as outras"[8].

Machado, ao resgatar *Romeu e Julieta*, recupera um referencial que traz embutido questões como as levantadas por Bloom e Kristeva. No entanto, os seus contos deixam ver uma percepção muito pessoal do autor sobre esses velhos temas, sendo o intertexto com a tragédia relevante para que possamos compreendê-la. Em algumas dessas narrativas, essa problemática é especialmente significativa.

Romeu e Julieta ajuda na configuração dos sentidos da primeira das quatro partes que compõem "Cinco Mulheres" (1865). Nessa história, em que Machado aborda com ironia a ideia de sofrer e morrer por amor, acompanhamos a trajetória de "Marcelina", secretamente apaixonada por Júlio, namorado da mais velha de suas quatro irmãs. Romântica, a donzela não suporta o sofrimento que o casamento dos dois lhe proporciona e morre em virtude da paixão não correspondida. A tragédia dos amantes de Verona, juntamente com *Hamlet*, é citada ainda no início da narrativa e parece convidar o leitor a traçar paralelos entre a peça e a história que lê:

Marcelina era uma criatura débil como uma haste de flor; dissera-se que a vida lhe fugia em cada palavra que lhe saia dos lábios rosados e finos. Tinha um olhar lânguido como os últimos raios do dia. A cabeça mais angélica do que feminina, aspirava ao céu. Quinze anos contava, como Julieta. Como Ofélia, parecia que estava destinada a colher a um tempo as flores da terra e as flores da morte.[9]

Julieta e Ofélia remetem o leitor a heroínas de Shakespeare que morreram envolvidas em romances de difícil solução. Desse modo, as referências às tragédias em questão poderiam ilustrar a condição trágica da jovem, que não vê meios de conciliar a sua situação. No entanto, a leitura do conto nos leva a perceber que, mais do que endossar o drama vivido pela personagem, as

7   Ibidem, p. 91.
8   Ibidem, p. 94.
9   *Contos Recolhidos*, p. 255.

referências apontam justamente para o caráter anacrônico de uma heroína semelhante a Marcelina, naquele contexto. Isso fica bastante claro, em um primeiro momento, quando o narrador se encarrega de refletir sobre o tipo de homem que poderia ficar atraído pela jovem: "Um poeta de vinte anos, virgem ainda de suas ilusões, teria encontrado nela o mais puro ideal dos seus sonhos."[10] No entanto, como o narrador salienta, trata-se de um tipo inexistente em seu meio, repleto de homens que "preferiam a tagarelice insossa e incessante das irmãs à compleição frágil e à recatada modéstia" da donzela[11]. Resta a Marcelina o isolamento no meio e o desacordo com os que a rodeavam, o que o desfecho da história se encarrega de mostrar. Uma carta que a jovem havia escrito para a mãe, pouco antes de sua morte, cai nas mãos de Júlio, quando a sogra morre tempos depois: "Júlio conheceu então a causa da morte da cunhada. Lançou os olhos para um espelho, procurando nas suas feições um raio da simpatia que inspirava a Marcelina, e exclamou: – Pobre menina! Acendeu um charuto e foi ao teatro."[12]

Júlio, ao se olhar no espelho, parece não ver nada que justificasse o sofrimento da moça e o fim que teve. Aliás, ele nem mesmo parece se enxergar como merecedor de seus sentimentos, que recebe com indiferença. Não podemos deixar de comentar, aqui, a maneira como o narrador conduz a narrativa. Somos levados a acompanhar passo a passo o sofrimento e a morte por amor de Marcelina para sermos surpreendidos, no último parágrafo, pelo cinismo de Júlio. O efeito é curioso, principalmente se pensarmos nas leitoras do *Jornal das Famílias*, acostumadas a histórias sentimentais e repletas de sofrimento e que veem, por fim, suas expectativas romanescas serem frustradas pela indiferença daquele por quem alguém morreu por amor.

Situação curiosa pode ser observada em "Rui de Leão" (1872), conto em que Machado, mais uma vez, aborda com ironia a ideia de morrer por amor. *Romeu e Julieta* é citada em uma rápida passagem desse extenso conto, que narra as aventuras da personagem título, casado em primeiras núpcias com uma índia e tornado imortal depois de tomar um elixir

10 Ibidem, p. 256.
11 Ibidem.
12 Ibidem, p. 261.

ROMEU E JULIETA NOS CONTOS DE MACHADO DE ASSIS   187

presenteado pelo sogro. Apesar de não desempenhar um papel relevante no desenvolvimento da narrativa, a citação, que resgata a cena em que os amantes conversam ao pé da sacada de Julieta, é curiosa por estabelecer uma situação inusitada: não é o protagonista que vive um idílio amoroso, mas, sim, se aproveita do namoro da amada com um rival, na calada da noite, numa evidente alusão à peça, para eliminá-lo e abrir caminho para sua própria conquista:

A noite era escura: e ameaçava temporal. [...] [Rui] Armou-se com uma faca, encostou-se à parede e esperou que batesse a hora da vingança.

Ao cabo de longo tempo, que é sempre longo para quem espera, Rui de Leão ouviu passos ao longe na direção do ponto em que se achava. Ao mesmo tempo abriu-se a janela de Madalena e o vulto da moça apareceu como Julieta quando esperava Romeu e a escada.[13]

A cena, antes de exaltar o caráter romântico do encontro às escondidas, nas horas mortas da noite, serve para ilustrar a situação de fragilidade dos amantes, o que permite a emboscada e a morte do namorado. A ironia, no entanto, se acentua com o desfecho do caso. Rui é descoberto, condenado à morte, mas, imortal, resiste ao enforcamento e acaba se casando com Madalena, que se apaixona por ele. Desse modo, a cena de Shakespeare ajuda a compor um cenário em que é ressaltada a atitude do protagonista, contrária a qualquer padrão romântico. Afinal ele, que comete um crime cuja única finalidade era tirar o rival de circulação, acaba não sendo efetivamente punido, tampouco parece sofrer diante do ato cometido e, finalmente, consegue o que quer com sua atitude criminosa: ganhar o amor da donzela. Trocando em miúdos, o heroísmo se traveste de covardia, o romantismo faz do amante uma presa fácil, a fidelidade é uma promessa fugaz e o amor um sentimento volúvel e renovável.

Por meio da intertextualidade, Machado revê alguns estereótipos, caso de "O Pai" (1866). O conto é uma daquelas narrativas que seria compreensível que Lúcia Miguel Pereira tivesse em mente quando afirmou que ficaram em "justo esquecimento na coleção do periódico"[14]. De enredo aparentemente

13 *Obra Completa em Quatro Volumes*, v. 2, p. 1072-1073.
14 L.M. Pereira, *Machado de Assis: Estudo Crítico e Biográfico*, p. 135.

comprometido com o caráter moralizador do *Jornal das Famílias*, o conto, em um primeiro momento, guarda poucas semelhanças com o estilo que o escritor desenvolveria ao longo dos anos. No entanto, a única citação de *Romeu e Julieta* presente no texto se faz por vias da ironia e merece ser observada.

O conto narra a história de Emília e de seu pai, Vicente, enganados por Valentim, supostamente disposto a se casar com a donzela, mas que a seduz e a abandona. A referência à tragédia de Shakespeare se dá na ocasião em que o namorado bate na janela da jovem para se despedir, afinal, segundo afirma, deveria ficar um mês fora, em uma missão que lhe garantiria emprego e situação estável para o casamento. A cena é longa e a citação, apesar de discreta, permite que retomemos todo um contexto da peça, com implicações curiosas:

A janela abriu-se e Valentim apareceu aos olhos da moça...

A moça hesitou; recuou ainda, mas depois vencida por força interior, força inocente e amorosa, foi à janela e beijou a testa do amante.

[...]

Meia hora passou-se assim.

Só no fim desse tempo ocorreu a Emília perguntar onde estava apoiado Valentim.

Valentim apoiava-se numa escada leve e construída de modo a poder dobrar-se. É preciso acrescentar que o que facilitava esta escalada de Romeu era a solidão do lugar, cujo morador mais próximo estava a cem passos dali.

Valentim só reparou que estava fatigado quando esta pergunta lhe foi dirigida por Emília.

Então sentiu que tinha as pernas frouxas e ia sendo presa de uma vertigem.

Para não cair agarrou-se à janela.

— Ah! exclamou Emília.

E Valentim, não podendo segurar-se, julgou dever saltar para dentro. E saltou.[15]

A intertextualidade é mais abrangente do que parece em um primeiro momento. Assim como ocorre em *Romeu e Julieta*, Valentim visita a amada na noite anterior à sua partida, improvisa uma escada para alcançar a janela de seu quarto, os amantes falam de seu amor, admiram as estrelas, fazem juras, passam

15 *Contos Recolhidos*, p. 46-47.

ROMEU E JULIETA NOS CONTOS DE MACHADO DE ASSIS 189

a noite juntos. Diferentemente da peça, no entanto, quando o dia clareia, a jovem está sozinha: "A manhã veio surpreender Emília à janela. Estava só. Nem Valentim, nem a escada estavam ali."[16] A situação ilustra a difícil realidade da moça que, àquela altura, estava abandonada e desonrada, em situação muito diferente da de Julieta. O "exílio" do namorado, por sua vez, não era algo imposto a ele, como ocorre com Romeu, mas, sim, inventado por ele. É curioso observar, ainda, o nome de Valentim, cujas atitudes ironicamente apontam para a covardia. Há, ainda, outro contraponto com a peça: o pai não fora contra a união dos amados, muito pelo contrário. Aparentemente, Vicente havia estimulado um compromisso que nunca esteve nos planos do rapaz. Além do que, o pai fora imprudente e um tanto ingênuo em crer em alguém que mal conhecia: "Quem era Valentim? Ninguém o soube nunca. O que ele dizia é que morava em casa de um parente."[17]

No conto, a situação é reconciliada, no final. O pai de Valentim, mais tarde vizinho de Vicente e Emília, quando toma conhecimento da história faz vir o filho para que honre o compromisso com a moça. A narrativa foi escrita ainda no início da carreira de Machado e, assim como outras desse período, deixa ver uma experiência de escrita que seria ainda muito aperfeiçoada. O final feliz, com a reconciliação de todos e a honra de Emília resgatada, é pouco verossímil e aponta para uma solução "idílica" pouco afeita ao "realismo" que Machado desenvolveria com o tempo. Ora, como seria possível que, após semelhante traição e vários anos de separação, as mágoas fossem deixadas de lado, a perfídia de Valentim esquecida e o rapaz aceito de volta?

Mas deve ser observado que a história parece funcionar como uma espécie de aviso às jovens leitoras do *Jornal das Famílias*: nem sempre os Romeus são jovens apaixonados e confiáveis. Aos pais, que fiscalizavam as leituras das moças, novo aviso: jovens aparentemente promissores podem não ser o que aparentam. Percebe-se, desse modo, que Machado atende, com o seu conto, as expectativas do *Jornal*. A leitura de "O Pai" não deve ter chocado nenhuma moça, mãe ou pai de família. Mas, por trás dessa forma romantizada, em que pessoas más

16 Ibidem, p. 48.
17 Ibidem, p. 41.

se regeneram e os bons são recompensados, a narrativa mostra a armadilha em que aqueles que creem em perfis estereotipados e acreditam poder encontrar, na vida prática, modelos idealizados, podem cair.

Em vários contos em que Machado faz o intertexto com *Romeu e Julieta*, é nítido que ele desconstrói uma ideia de amor puro, eterno e romântico. É o caso de "Francisca" (1867), aqui já citado (ver supra p. 56).

A narrativa traz uma única referência direta ao texto shakespeariano, no entanto, parece se contaminar de maneira mais ampla pelo enredo da peça. *Romeu e Julieta* é citada ainda no início do conto, quando os amantes se despedem, na ocasião em que Daniel parte em busca de fortuna: "Daniel despediu-se de Francisca e da musa. Houve, para ambas as entrevistas de despedida, a escada de seda e a calhandra de Romeu. A ambas deu o moço lágrimas de verdadeira dor."[18] O leitor não pode deixar de notar, no entanto, referências implícitas à tragédia, ainda no início do texto. O florescimento da paixão, surpreendente e inevitável, é uma dessas referências e convida ao paralelo: "O amor nasceu naqueles dois corações como a flor em planta que está de vez. Pareceu coisa escrita no livro dos destinos. Viram-se e amaram-se: o amor que os tomou foi um desses amores profundos e violentos a que nada resiste."[19] É sugestiva, ainda, a maneira como o conto se inicia: "O poeta Daniel amava em Francisca tudo: o coração, a beleza, a mocidade, a inocência e até o nome. Até o nome!"[20], expressão que é enfatizada de maneira insistente, logo em seguida: "Daniel amava até o nome." É difícil ser coincidência e o narrador não estar aludindo à famosa fala de Julieta[21]. A persistência com que o faz, por sua vez, provoca o leitor.

Essas referências à tragédia, realizadas nos parágrafos iniciais do conto, ajudam a caracterizar o romance entre Francisca e Daniel nos primeiros anos da juventude: a forte paixão, o desejo de união, impossibilitado pelas circunstâncias, e a inevitável separação. No entanto, a intertextualidade termina por

18 Ibidem, p. 15.
19 Ibidem, p. 13.
20 Ibidem.
21 Referimo-nos aqui a "What's in a name?"

ROMEU E JULIETA NOS CONTOS DE MACHADO DE ASSIS 191

ressaltar o destino que a história toma. Os amantes de Machado, ao contrário do que fazem Romeu e Julieta, arrumam uma maneira de acomodar suas situações.

Apesar de cogitarem uma fuga, as obrigações perante a sociedade limitam ímpetos apaixonados: "A ideia de fugirem para um ermo em que pudessem viver livres das peias sociais veio-lhes ao espírito, sem que nem um nem outro a comunicasse, tal era o fundo honesto dos seus corações."[22] Mais tarde, de volta de Minas, Daniel adoece e quase morre ao saber que Emília estava casada. Os compromissos sociais, por sua vez, ainda falam mais alto: "Ambos compreendiam que, por mais dolorosa que lhes parecesse a situação em que os colocara o cálculo e o erro, era-lhes dever de honra curvar a cabeça e procurar na resignação passiva a consolação da mágoa e do martírio."[23] É claro que temos, aí, todo um padrão moral do *Jornal das Famílias* e que Machado segue: o respeito ao casamento e às instituições. Mas, o resultado é que o ser, no conto de Machado, é compelido a acatar determinados comportamentos sociais e transita em meio a eles.

Deve ser observado, no entanto, que, mais do que a resignação frente ao todo, na história criada por Machado, os sentimentos e as pessoas se transformam. O amor de Francisca e Daniel, súbito e intenso, à semelhança daquele que surpreendeu Julieta e Romeu, parecia eterno, mas pereceu com o tempo. O sentimento de Francisca por César, contrariando as expectativas iniciais, se transformou em amor. A perda, portanto, não é insuperável. Desse modo, mais do que posturas conformistas, a história deixa ver que os sentimentos "profundos" e "verdadeiros" são volúveis e mutáveis, à mercê dos acontecimentos, assumindo, de acordo com o correr deles, novas "verdades".

Machado retornaria a esse tema em "Letra Vencida" (1882), publicado quinze anos depois de "Francisca". O conto narra a história de Eduardo e Beatriz, namorados apaixonados que têm que se separar, uma vez que o rapaz seguia para a Europa, onde cumpriria temporada de estudos. Os amantes declaram se amar perdidamente e juram esperar um pelo outro, aconteça o que acontecer. Embora a estadia de Eduardo na Europa

22 *Contos Recolhidos*, p. 14.
23 Ibidem, p. 24.

192   MACHADO E SHAKESPEARE

se estenda por dezessete anos, o que mais surpreende é que os amantes, de fato, esperam um pelo outro.

À semelhança do que ocorre em "Francisca", "Letra Vencida" tem início com referências à tragédia de *Romeu e Julieta*, que, nesse caso, não são simplesmente indiciadas, mas explícitas, e sugerem ao leitor correlações curiosas com o referencial shakespeariano. Na noite de 23 de abril de 1861 – aliás, aniversário de nascimento e de morte de Shakespeare –, Eduardo e Beatriz fazem juras de amor no jardim da casa da donzela. A cena é longa, mas merece ser citada:

> – Adeus, Beatriz!
> – Não, não vá já!
> Tinha batido uma hora em alguns relógios da vizinhança, e esse golpe seco, soturno, pingando de pêndula em pêndula, advertiu ao moço de que era tempo de sair; podiam ser descobertos. Mas ficou; ela pediu-lhe que não fosse logo, e ele deixou-se estar, cosido à parede, com os pés num canteiro de murta e os olhos no peitoril da janela. [...]. Enfim bateram duas horas: era o rouxinol? Era a cotovia? Romeu preparou-se para ir embora; Julieta pediu alguns minutos.
> – Agora, adeus, Beatriz; é preciso! murmurou ele dali a meia hora.
> – Adeus! Jura que não se esquecerá de mim?
> – Juro. E você?
> – Juro também, por minha mãe, por Deus!
> – Olhe, Beatriz! Aconteça o que acontecer, não me casarei com outra; ou com você, ou com a morte. Você é capaz de jurar a mesma coisa?
> – A mesma coisa; juro pela salvação de minh'alma! Meu marido é você; e Deus que me ouve há de ajudar-nos. Crê em Deus, Eduardo; reza a Deus, pede a Deus por nós.
> Apertaram as mãos. Mas um aperto de mão era bastante para selar tão grave escritura? Eduardo teve a ideia de trepar à parede [...] subiu; depois levantou as mãos ao peitoril; e suspendeu o corpo; Beatriz inclinou-se, e o eterno beijo de Verona conjugou os dois infelizes. Era o primeiro. Deram três horas; desta vez era a cotovia.[24]

A passagem mostra uma mistura interessante de duas cenas importantes da peça: aquela em que os namorados conversam ao pé da janela de Julieta e declaram o seu amor e a da despedida dos amantes, na noite que antecede a partida de Romeu para Mântua. Ao fundir as duas situações, Machado consegue

24   *Obra Completa em Quatro Volumes*, v. 3, p. 78-79.

ROMEU E JULIETA NOS CONTOS DE MACHADO DE ASSIS   193

resgatar todo um contexto da tragédia já na abertura da história: o amor recíproco, mas impossível (pelo menos naquele momento); a necessidade da separação contra a vontade dos amantes; a jura de esperar um pelo outro, no período em que o rapaz cumprirá o seu "exílio". O conto tem início, assim, no momento da separação, o que demonstra, de pronto, a intenção do autor de abordar o destino que o amor de Beatriz e Eduardo teria. Os namorados esperariam um pelo outro? O amor resistiria ao tempo e ao espaço?

Deve ser mencionado que o paralelo com *Romeu e Julieta* se estende a outros acontecimentos da história. Sete anos depois da despedida dos namorados, que continuavam a trocar cartas constantes e apaixonadas, as famílias, já desconfiadas de que os filhos tivessem feito algum tipo de juramento, brigaram: "veio não sei que incidente estranho, e a amizade converteu-se em ódio"[25]. O rompimento faz com que queiram evitar a todo custo a união dos namorados: "trataram de afastá-los. O pai de Eduardo escreveu a este, já diplomado, dizendo que o esperasse na Europa; o de Beatriz inventou um pretendente"[26]. Beatriz, à semelhança do que faz Julieta, questiona a autoridade paterna – como, aliás, faz em momentos anteriores da narrativa – e se recusa a aceitar o pretendente. Curioso observar que essa inimizade entre famílias surge em momento posterior ao envolvimento dos jovens e se dá por razões banais, que nem sequer merecem a atenção do narrador. Desse modo, a tentativa de afastar os amantes é, no conto, antes um capricho dos pais do que fruto de um desentendimento maior entre famílias; o que coloca a inimizade entre os Montéquio e os Capuleto em um contexto no qual grandes desavenças familiares são substituídas por banalidades e picuinhas.

Independentemente de as famílias quererem ou não a união entre Beatriz e Eduardo, as cartas continuaram e o compromisso prevaleceu: "Vencida a letra, era razoável pagar; era mesmo obrigatório. Trataram dos papéis; e dentro de poucas semanas, nos fins de 1878, cumpriu-se o juramento de 1861."[27] O conto aponta, assim, para a afirmação da vontade pessoal, no que diz

25 Ibidem, p. 84.
26 Ibidem.
27 Ibidem, p. 85.

respeito às questões do amor: se os amantes querem ficar juntos, eles ficam. De certo modo, é o que ocorre em *Romeu e Julieta*. É certo que os amantes de Shakespeare morrem no final, ou seja, a união, propriamente falando, se dá na morte. A diferença fica, portanto, na realização plena da união na vida em sociedade.

É interessante observar a atitude da mulher apaixonada nos dois últimos contos analisados. Em "Francisca", a amada não espera por seu Romeu, diferentemente de Beatriz, que se mantém fiel à sua palavra. A questão merece um parêntese.

Em "Francisca", o fato de Daniel retornar e encontrar a mulher amada casada é importante para o desenrolar da trama, que aborda a transformação do amor e das pessoas envolvidas no relacionamento. Para tanto, o autor tem que justificar a quebra da promessa da heroína, que assim se explica a Daniel: "Oh! não me acuse! fui violentada. Meu pai desejou casar-me apenas apareceu um bom partido. Chorei, roguei, implorei. Tudo foi em vão. Fez-me casar. Oh! Se soubesse como tenho sofrido!"[28] O jovem escritor muito possivelmente não viu como explicação plausível que a moça tivesse mudado de ideia ou acatado a vontade do pai pura e simplesmente. Afinal, isso invalidaria a paixão que o narrador afirma que unia Francisca a Daniel. A situação que ele cria, no entanto, é fraca e pouco convincente. Ora, não é a violência o que faz a moça sofrer – essa parece um mero detalhe –, mas sim o casamento com um bom partido. A justificativa carece, assim, da dimensão trágica que a cena pretende transmitir. No conto da maturidade, a temática é semelhante, mas os caminhos que a trama toma são outros. Afinal, o escritor parece convencido da força da resolução entre amantes.

Mas, semelhante ao que ocorre em "Francisca", "Letra Vencida" aponta para a inevitável transformação de sentimentos e pessoas. O casamento entre Beatriz e Eduardo nada mais é do que o resgate de uma letra vencida, sem paixão ou entusiasmo: "não são infelizes, nem podemos dizer que são felizes. Vivem, respeitam-se, vão ao teatro…"[29] Por fim, resta aos amantes representar o papel que escolheram para si.

A dinâmica que envolve pessoas e sentimentos é abordada em "Médico é Remédio" (1883), conto despretensioso e de apelo

28 *Contos Recolhidos*, p. 18-19.
29 *Obra Completa em Quatro Volumes*, v. 3, p. 86.

ROMEU E JULIETA NOS CONTOS DE MACHADO DE ASSIS

meio popular, como o título deixa ver. A narrativa não traz citações diretas à peça de Shakespeare, retomada por meio do nome da protagonista, Julieta, pouco comum no Brasil da época e de hoje. A questão é que a donzela fora abandonada por Miranda, que estava às vésperas de se casar com Malvina, sua amiga desde o colégio. Maria Leocádia, por sua vez, na tentativa de ajudar Julieta, acaba aproximando a moça de seu próprio noivo. No final, vemos Julieta e José Augusto apaixonados e Maria Leocádia chorar por causa da traição da amiga e do namorado.

A história é divertida e certamente espelhou, em algum nível, situações vividas por leitoras de *A Estação*. Afinal, os namoros em questão não parecem apontar para casos únicos ou especiais, mas, sim, para situações cotidianas, com noivos e noivas comuns, que não se destacam pela beleza ou posição social; os dois rapazes são bacharéis, as três moças, filhas de oficiais da marinha. A atitude de Julieta, por sua vez, é muito semelhante à de Malvina, e marca uma situação cíclica: Maria Leocádia certamente conseguiria outro namorado, que eventualmente poderia estar ou ter estado envolvido em namoro com outra moça, que ficaria, então, decepcionada etc.

O conto mostra, assim, relacionamentos pautados essencialmente pela instabilidade, suscetíveis a influências e transformações. A ideia de um amor recíproco, incondicional e eterno dificilmente encontra espaço em um contexto no qual os sentimentos e as pessoas são permeáveis e volúveis, e os juramentos muitas vezes parte de um ritual apressado e superficial:

Miranda e Julieta amaram-se algum tempo. Pode ser mesmo que ele não a amasse; ela é que com certeza morria por ele. Trocaram muitas cartas, as dele um pouco secas como um problema, as dela enfeitadas de todos os retalhos de frases que lhe lembravam dos romances. Creio mesmo que juraram entre si um amor eterno, não limitado à existência do sol, no máximo, mas eterno, eterno como o próprio amor.[30]

As cartas, declarações e juras entre Miranda e Julieta obedecem aos ritos do relacionamento, mas não agregam, necessariamente, valor real ao que pronunciam. As dúvidas do narrador quanto aos sentimentos de Miranda por Julieta parecem

30 Ibidem, p. 128.

196 MACHADO E SHAKESPEARE

confirmadas pelo teor das cartas enviadas para a namorada. "Secas como um problema", elas cumprem uma obrigação. Julieta, por sua vez, "morria" por Miranda. No entanto, suas cartas eram uma repetição de clichês: "Enfeitadas de todos os retalhos de frases que lhe lembravam dos romances" e, desse modo, convencionais e pouco autênticas. Julieta, mais do que amar Miranda, ama a ideia de amar, como esta lhe aparece nos livros. O juramento dos amantes, por sua vez, se faz dentro das proporções do próprio amor, cuja finitude é anunciada pelo narrador. Desse modo, o desfecho da história é coerente. O amor de Miranda por Julieta, se é que existiu, acabou e a jovem irá esquecer o antigo namorado e encontrar um novo amor. Por fim, todos são obrigados a conviver com uma dinâmica em que os sentimentos se transformam com facilidade e promessas que parecem eternas se diluem de maneira gratuita e banal.

Deve ser percebido, no entanto, que, apesar dessa dinâmica da volubilidade, existe, sim, no conto, uma ideia de um amor arrebatador, à semelhança daquele que experimentaram Romeu e Julieta. Aliás, talvez seja esse ponto o limite entre o anedótico e o lírico nessa narrativa de Machado. Na festa de casamento de Miranda e Malvina, José Augusto dança com Julieta na tentativa de animá-la a encontrar um novo namorado: "há de haver algum coração nesta sala, [...], que sangre muito de amor", afirma o rapaz. A linguagem carregada desperta o riso na moça, que a acha excessiva: "Por que não diz isso com mais simplicidade?"[31] Mas, algum tempo depois, Julieta, contrária aos seus próprios desejos, se apaixona pelo namorado da amiga: "a linguagem de José Augusto era mais própria a fazer-lhe nascer o amor, que ela sinceramente desejava sentir por Marcos" e reconhece "que o amor não pode falar com simplicidade"[32]. Assim, "ambos entraram por uma tal floresta de estilo, que se perderam inteiramente. Ao cabo de muitos dias, foram achar-se à porta de uma caverna, de onde saiu um dragão azul, que os tomou e voou com eles pelos ares fora até à porta da matriz do Sacramento"[33]. Julieta e José Augusto, perdidos no amor de um pelo outro, traíram amizades, namorados e convenções. É

31 Ibidem, p. 131.
32 Ibidem, p. 132.
33 Ibidem.

ROMEU E JULIETA NOS CONTOS DE MACHADO DE ASSIS   197

certo que amor arrebatador não é sinônimo de amor eterno. O sentimento que uniu Julieta e José Augusto se manteria para sempre? Difícil saber...

QUESTÕES DE AMOR E DE DESILUSÃO

Machado retoma *Romeu e Julieta*, em alguns dos contos com os quais estamos trabalhando, por meio de um procedimento que pode ser compreendido em termos da paródia e da carnavalização. Os protagonistas dessas histórias não são donzelas apaixonadas, mas, sim, rapazes que amam perdidamente suas amadas, e vivem situações frustrantes, que os ridicularizam frente ao todo. Amantes sonhadores e sentimentais, eles tentam reproduzir, na vida prática, atitudes e discursos que se mostram pouco condizentes com o momento, os fatos e as pessoas que encontram. O contexto em que Machado insere a tragédia tem a cor local, com implicações muito curiosas.

Esse é o caso de "Antes Que Cases" (1875), e é pela perspectiva exposta acima que acompanhamos a trajetória do sonhador Alfredo Tavares, jovem que imagina ter encontrado na viúva Ângela a mulher de sua vida. O que seria uma grande história de amor, no entanto, se revela um fracasso, pois a jovem, diferente do que aparenta em um primeiro momento, vê no novo casamento uma oportunidade de retomar a vida social e ter uma vida de luxo. Nas duas ocasiões em que a tragédia é citada, o leitor pode traçar paralelos com a peça, que revelam a distância entre as expectativas quixotescas de Alfredo e o que a realidade prática tem a lhe oferecer. Desse modo, o protagonista, que "povoara o seu espírito de Julietas e Virgíneas, e aspirava noite e dia viver um romance como só ele o podia imaginar"[34], busca um modelo que o narrador antecipa ser ilusório, um romance possível apenas em sua imaginação, na de ninguém mais.

Isso fica bastante claro quando lemos a narração do primeiro encontro amoroso entre Alfredo e Ângela. A entrevista se dá no quintal, próximo à cerca, e recupera com ironia alguns

34 *Contos Esparsos*, p. 83.

dos elementos da cena em que Romeu e Julieta se encontram ao pé da sacada do quarto da moça. O encontro, desnecessário, de acordo com a viúva, entrava no sistema poético de Alfredo, "era uma leve reminiscência da cena de Shakespeare"[35]. Acompanhemos:

– Juras então que me amas?
– Juro.
– Até à morte?
– Até à morte.
– Também, eu te amo, minha querida Ângela, não de hoje, mas há muito, apesar dos teus desprezos...
– Oh!
– Não direi desprezos, mas indiferença... Oh! Mas tudo lá vai; agora somos dois corações ligados para sempre.
– Para sempre!
Neste ponto ouviu-se um rumor na casa de Ângela.
– Que é? perguntou Alfredo.
Ângela quis fugir.
– Não fujas!
– Mas...
– Não é nada; algum criado...
– Se dessem por mim aqui!
– Tens medo?
– Vergonha.
A noite encobriu a mortal palidez do namorado.
– Vergonha de amar! exclamou ele.
– Quem te diz isso? Vergonha de me acharem aqui, expondo-me às calúnias, quando nada impede que tu...
Alfredo reconheceu a justiça.
Nem por isso deixou de meter a mão nos cabelos com um gesto de aflição trágica, que a noite continuava a encobrir aos olhos da formosa viúva. [...]
– Agora, adeus!
– Ainda não! exclamou Alfredo.
– Que imprudência!
– Um instante mais!
– Ouves? disse ela prestando o ouvido ao rumor que se fazia na casa.
Alfredo respondeu apaixonada e literariamente:
– Não é a calhandra, é o rouxinol!
– É a voz de minha tia! observou a viúva prosaicamente. Adeus...[36]

---

35 Ibidem, p. 98.
36 Ibidem, p. 98-99.

ROMEU E JULIETA NOS CONTOS DE MACHADO DE ASSIS   199

O descompasso é visível. As juras de amor de Alfredo são acompanhadas com indiferença por Ângela, que se limita a repetir mecanicamente as exaltações do amado, ansiosa por terminar o encontro. Seus comentários, aliás, se encarregam de dar o ar cômico à cena, acentuando a solidão e o ridículo do namorado em meio às suas expectativas pueris e sentimentais. Desse modo, o desfecho do conto não surpreende o leitor e já se prenuncia na lua de mel, em uma casa adequada ao "gênio poético" do noivo, na Tijuca. Lá, a moça viu anunciada uma peça no Ginásio e pediu ao marido que voltassem à cidade: "Alfredo objetou que a melhor comédia deste mundo não valia o aroma das laranjeiras que estavam florindo e o melancólico som do repuxo do tanque. Ângela encolheu os ombros e fechou a cara."[37] Alfredo curvou-se aos desejos da esposa. A peça do Ginásio, no entanto, aborreceu o marido na proporção em que agradou a mulher. Devemos nos lembrar que o conto se passa no ano de 1867 e que o Ginásio mostrava uma maneira de conceber o teatro que era nova naquele período, encenando comédias realistas, e rompendo com o velho romantismo das peças encenadas no Teatro São Pedro de Alcântara. A apreciação ou não da peça é, assim, mais reveladora do que parece em princípio. Afinal, como afirma João Roberto Faria, estão, em princípio, fora do âmbito da comédia realista "as situações violentas, as tensões agudas, a paixão arrasadora, os aspectos, enfim, que foram os mais característicos da dramaturgia romântica"[38] e, acrescentamos, a que o "sistema" de Alfredo parece mais propenso, o que justifica o seu desagrado com a peça assistida.

O turbilhão que Ângela revelou ser – "Não havia baile a que faltasse, nem espetáculo, nem passeio, nem festa célebre, e tudo isto cercado de muitas rendas, joias e sedas, que ela comprava todos os dias, como se o dinheiro nunca devesse acabar"[39] – leva o decepcionado marido à falência em poucos anos. O golpe final vem quando um primo de Ângela sugere ao rapaz pedir ao governo uma concessão e privilégio de minas em Mato Grosso. Feito o pedido, Alfredo, que conhecia o ministro de reuniões sociais, vê os papéis andarem com uma rara

37 Ibidem, p. 102.
38 *Ideias Teatrais*, p. 86.
39 *Contos Esparsos*, p. 104.

prontidão em coisas análogas: "Parece que uma fada benfazeja se encarregava de adiantar o negócio", que "corria mais veloz que uma locomotiva"[40]. A ironia do narrador sugere o tamanho ridículo da situação do rapaz. Afinal, publicado o decreto, Alfredo lê em um jornal a seguinte mofina:

Mina de caroço,
Com que então os cofres públicos já servem para nutrir o fogo no coração dos ministros?
Quem pergunta quer saber.[41]

A experiência de Alfredo o leva a perceber, pelo áspero choque com a realidade, a impossibilidade de encontrar, no mundo prático, as expectativas idealizadas que tinha e o engodo que pode ser procurar na prosa cotidiana a poesia cristalizada que dá conta do envolvimento amoroso: "Fui à cata de poesia e acho-me em prosa chata e baixa"[42], conclui ao final do conto. Resta a ele a decepção e ao leitor acostumado com ideais românticos o convite para ler o conto "antes que case".

"Um Dia de Entrudo" (1874) traz uma única referência a *Romeu e Julieta*, diferente do que ocorre no conto analisado anteriormente, que se contamina de maneira mais ampla pelo referencial shakespeariano. No entanto, a maneira com que a peça é integrada na narrativa faz com que atue de forma promissora na construção dos seus sentidos. A história, que se passa "no tempo em que ao carnaval se chamava entrudo"[43], dá conta da festa e de seu preparo na casa de Dona Angélica Sanches, onde ela, os seus cinco filhos, junto com parentes e amigos, fabricavam limões de cheiro, que seriam atirados nas pessoas a título de pregar-lhes peça. Como de costume, os mais engajados na festa se encarregavam de dar verdadeiros banhos nos outros, nem sempre aceitos com bom humor, o que reforçava a diversão. Dinâmico e engraçado, o conto traz um clima de quase incontrolável euforia. É em meio a isso que se desenvolvem vários pequenos episódios, que, juntos, ajudam a compor a história de um dia de entrudo.

40 Ibidem, p. 109.
41 Ibidem, p. 110.
42 Ibidem.
43 *Contos Avulsos*, p. 191.

ROMEU E JULIETA NOS CONTOS DE MACHADO DE ASSIS 201

Interessa-nos abordar, aqui, os acontecimentos que dizem respeito a Teresa e Batista, que, durante o evento passaram de namorados a noivos. A questão é que o dono do armarinho decide pedir a mão da filha de Dona Angélica durante a festa. Trata-se de uma "triste inspiração", nos dizeres do narrador, afinal a bagunça era geral, mas a moça entendia que se devia aproveitar um dia alegre para achar a mãe de bom humor. Os atos de Batista, no entanto, destoam por completo da desordem do ambiente. Isso se dá, não apenas pelo pedido, que implica em formalidades, mas, principalmente, pelo fato de o rapaz ser um sujeito cheio de pompas românticas, completamente inadequadas ao ambiente da casa naquele momento.

Apesar de morar nas redondezas, Batista chega na casa de Dona Angélica de sege, vestindo casaca, luvas de pelica e gravata branca. O pedido, por sua vez, é feito entre o escândalo de pegarem Lucinda e o irmão de Teresa namorando e o banho que os filhos da viúva aplicam em uma visita recém-chegada, e se dá por meio de um discurso dramático sobre o amor. Dona Angélica não estranha o namoro, mas fica pasma diante da escolha do dia para o pedido: "A este respeito observou Batista que, vindo a palavra entrudo do latim *entroito*, que quer dizer entrada, estava ele de acordo com o dia desejando entrar na família."[44] Batista é um sujeito em descompasso com o contexto, o que a sua interpretação ao pé da letra do entrudo deixa evidente.

À noite, como era de costume, o rapaz vai ao jardim conversar com a namorada ao pé de sua janela. A referência à tragédia de *Romeu e Julieta* se dá no momento imediatamente anterior à visita oculta que o namorado faria a Teresa. O caso é que o moleque que levava as cartas dos amantes, descontente com um benefício não obtido, denuncia o encontro aos irmãos da moça, que resolvem dar um banho em Batista, em meio à visita: "Ideia infernal surdiu no espírito de Carlos. Era esperar o Romeu dos quintais e pregar-lhe nova peça."[45] Batista, que já havia levado um banho dos cunhados, estava condenado a outro.

A situação que se passa no quintal de Dona Angélica não traz nenhuma referência direta à tragédia de Shakespeare, no entanto, convida ao paralelo com *Romeu e Julieta*. Aliás, a citação

44 Ibidem, p. 200.
45 Ibidem, p. 206.

da peça, feita em momento imediatamente anterior ao encontro entre os amantes, parece funcionar justamente como sugestão para isso. A cena a que assistimos, por sua vez, não é permeada pelo romântico, mas, sim, pelo cômico, o que já se anuncia pela maneira como Teresa recebe Batista: "Por que veio hoje?" uma pergunta estranha para alguém que acabou de ser pedida em casamento. A conversa entre os amantes é acompanhada por Carlos e Benjamim, que, escondidos na escuridão do jardim, acompanham os excessos do rapaz e esperam o melhor momento de lhe dar o banho. Deve ser observado que os irmãos de Teresa não se interessam em aplicar um castigo no rapaz por ele estar se encontrando às escondidas com a irmã. Trata-se de um ato de pura e simples diversão, distante de qualquer questão relativa à honra, por exemplo. Acompanhemos:

Teresa chegou à janela e agitou um lenço branco; Batista, que já vinha pulando o último quintal, saltou à terra, aproximou-se do poço e começou a conversar debaixo com a namorada.
[...]
– Mamãe ainda me não falou.
– Quando falará?
– Talvez amanhã.
– Que pretende dizer?
– Ora! que sim! diga-me outra vez; está certo de que foi bem recebido por ela?
– Perfeitamente; vi que ela compreendeu o meu amor; e como não, se é essa alma digna, essa alma celeste, toda cheia dos perfumes do paraíso?
Esta rajada lírica produziu um riso sufocado, que Batista atribuiu a Teresa, e esta a Lucinda. Mas Lucinda já dormia na ocasião.
[...]
– Teresa, você me ama?
– Muito.
– Para sempre?
– Para sempre. E você?
– Oh! Eu! Pergunta ao mar se ama a praia; ao zéfiro se ama a flor: à abelha se ama...
Não acabou a frase. Um esguicho anônimo lhe inundou a cara. Batista deu um pulo.[46]

A situação patética de Batista não se encerra aí. O barulho que a bagunça produz põe todos de pé e Dona Angélica

---

46 Ibidem, p. 208-209.

ROMEU E JULIETA NOS CONTOS DE MACHADO DE ASSIS 203

aparece no quintal, "onde se passava a tragicomédia"[47], munida de um vergalho e disposta a castigar os rapazes. No entanto, no breu do jardim, é Batista quem apanha no lugar dos cunhados: "Os dois pegam do corpo de Batista e fizeram dele escudo, de maneira que as vergalhadas que Dona Angélica, cega de furor, cuidava dar nos filhos, quem as apanhava era o futuro genro."[48] Os exageros românticos de Batista, que confrontam o ritmo predominante, fazem com que ele seja tragado pelo todo, que dele se vale como combustível eficaz para a troça e a brincadeira, e marcam a diferença entre dois sistemas que não podem conviver sem o prejuízo de um deles.

Em "Antes Que Cases" e "Um Dia de Entrudo", Machado resgata o referencial canônico e o insere em um contexto periférico, para retomarmos a expressão de Roberto Schwarz. Deve ser observado, no entanto, que esse ambiente à margem, do qual o Brasil fazia parte, tinha, naquele momento – meados da década de setenta, do século XIX –, o modelo europeu como referência. Antonio Candido aborda essa questão na "Dialética da Malandragem". Nesse texto, o pesquisador afirma que uma sociedade jovem, como era a brasileira, quando procura disciplinar sua irregularidade para se equiparar às velhas sociedades que lhe servem de modelo, desenvolve mecanismos ideais de contenção, que aparecem em todos os setores. Pensando na literatura brasileira, o estudioso afirma que vemos o "gosto acentuado pelos símbolos repressivos, que parecem domar a eclosão dos impulsos"[49]. É o que veríamos em Peri, por exemplo, "que se coíbe até negar as aspirações que poderiam realizá-lo como ser autônomo, numa renúncia que lhe permite construir em compensação um ser alienado, automático, identificado aos padrões ideias da colonização"[50]. Nos contos que acabamos de discutir, por sua vez, Machado retoma o material canônico, o manipula e profana, desarticulando, por meio desse procedimento, não apenas um determinado modelo, inaplicável à sua situação e contexto, como também algumas racionalizações reinantes na literatura brasileira daquele período, que

47 Ibidem, p. 211.
48 Ibidem.
49 A. Candido, Dialética da Malandragem, *O Discurso e a Cidade*, p. 85.
50 Ibidem.

buscava conter certa "desordem", para nos equiparar à Europa, valendo-se, para isso, da "grandeza do sofrimento, redenção pela dor, pompa de estilo"[51]. Ao fazer isso, Machado deixa em evidência a distância entre esses dois contextos, sendo que a comicidade irreverente de seus textos vem justamente da disparidade entre eles.

ROMEU E JULIETA E A REPRESENTAÇÃO ESTÉTICA DO AMOR

Em algumas das narrativas em que Machado cita *Romeu e Julieta*, a preocupação do autor é desviada da temática amorosa para a da representação estética do amor. Esse é o caso de "O Anjo das Donzelas" (1864). O conto deixa ver uma discussão sobre os efeitos danosos que a leitura equivocada de um material que explora de maneira desmedida a temática amorosa pode desencadear, e é por essa perspectiva que as duas referências de *Romeu e Julieta* atuam na narrativa.

No conto, lemos a história de Cecília, donzela que, de tanto ler tragédias de amor, desenvolve enorme receio de se apaixonar. Certa noite, a jovem tem uma visão e faz um pacto com o anjo das donzelas, que, a título de deixá-la imune ao amor, lhe dá um anel, que deveria usar sempre. Já na velhice, no entanto, a heroína descobre que a visão havia sido fruto de sua imaginação e o anel era um presente que o primo apaixonado havia lhe deixado com uma escrava.

O apelo romanesco e ingênuo da história a faz parecer bastante adequada ao *Jornal das Famílias*: uma literatura amena e afeita ao público feminino da maneira como era concebido na época. As citações de *Romeu e Julieta* não causam, em princípio, estranheza ao leitor. Afinal, a temática amorosa une a heroína shakespeariana à de Machado. A primeira delas serve ao propósito de caracterizar a fase da vida da protagonista:

Tem quinze anos. Quinze anos! É a idade das primeiras palpitações, a idade dos sonhos, a idade das ilusões amorosas, a idade de Julieta; é a flor, é a vida, e a esperança, o céu azul, o campo verde, o lago tranquilo,

51 Ibidem, p. 86.

ROMEU E JULIETA NOS CONTOS DE MACHADO DE ASSIS

a aurora que rompe, a calhandra que canta, Romeu que desce a escada de seda, o último beijo que as brisas da manhã ouvem e levam, como um eco, ao céu.[52]

A segunda citação marca uma nova etapa na vida de Cecília: "chegou aos trinta e três anos. Já não era a idade de Julieta, mas era uma idade ainda poética"[53]. Deve ser observado, no entanto, que, curiosamente, a trajetória da personagem de Machado é marcada por uma atitude que se contrapõe à de Julieta. Afinal, na idade da heroína shakespeariana, Cecília se fecha inteiramente à experiência amorosa[54]. A recusa da donzela ao amor se relaciona a dois fatos, que surgem conjugados na história: as leituras que fazia e a sua total inexperiência para com as questões práticas da vida. Cecília, segundo o narrador, não conhecia o amor, a não ser pelos livros, e, fora o colégio, nunca tinha ido a parte alguma. Desse modo, ao se deparar, em "muitas das páginas que lera [...] que o destino intervinha nos movimentos do coração humano", a jovem, "sem poder discernir o que teria de real ou de poético este juízo"[55], tomou ao pé da letra o que lera, o que a deixou ainda mais apreensiva, sentindo-se à mercê de um sentimento do qual não teria nenhum controle.

Cecília estava constantemente exposta a uma literatura que cultiva peripécias amorosas de toda sorte: "Tudo entra, bom ou mau, edificante ou corruptor, Paulo e Virgínia ou Fanny"[56] o que teria provocado, nas palavras do narrador, um "estrago moral" na jovem. Desse modo, "o anjo das donzelas" caiu literalmente do céu, ao propor para ela uma saída frente à situação que tanto a amedrontava. Deve ser ressaltado que Cecília sente, ao longo dos anos, o peso da opção que fizera. Ainda na juventude, "ela sentia um vácuo moral, uma solidão interior", que parecem expressar a falta de algo vital para o seu ser: "Muitas vezes a aurora veio encontrá-la à janela, enlevada nas suas imaginações, sentindo um vago desejo de conversar com a natureza, embriagar-se no silêncio da noite." No entanto, a

---

52 *Contos Avulsos*, p. 10.
53 Ibidem, 19-20.
54 É certo que a idade de Julieta, na peça de Shakespeare, era quatorze anos incompletos, enquanto Cecília contava quinze.
55 Ibidem, p. 12.
56 Ibidem, p. 10-11.

jovem não se permite reavaliar suas decisões, uma vez que acredita na visão e nas vantagens que teria caso prosseguisse: "ela fazia honra sua em ficar pura do coração para subir à morada das donzelas libertadas do amor"[57].

Cecília sente-se protegida do amor da maneira como o mostram os livros que lê. No entanto, os romances a que estava exposta retratam esse sentimento a partir de uma visão romantizada e idealizada. Incapaz de perceber os limites entre fantasia e realidade, a jovem, ao fazer o pacto com o anjo, incorre em nova armadilha. Trata-se de uma postura sustentada por sua inexperiência e ingenuidade, e que a leva a abdicar da vivência plena de sua vida. Julieta é uma personagem que morreu jovem, mas viveu com toda a força paixões a que a personagem de Machado se fechou, desconhece e jamais viveria.

Em um primeiro momento, a leitura de "O Anjo das Donzelas" traria a possibilidade de levar o leitor a crer que Machado poderia estar estimulando as leitoras a seguirem o caminho que a sociedade de então indicava como sendo o mais adequado para as mulheres: o matrimônio e a maternidade. Por essa perspectiva, Machado estaria, então, endossando uma determinada maneira de compreender o papel feminino naquele contexto: Cecília deveria ter se casado, afinal, o que a aguardou na velhice foi a solidão e o ridículo de ter acreditado a vida toda em uma fantasia. No entanto, não podemos nos esquecer de que, se o destino da personagem de Machado deve-se, por um lado, a seu "espírito supersticioso", como assinala o narrador, por outro encontra nas leituras que fazia o motivo decisivo de sua recusa ao amor.

O amor é retratado ao longo da tradição da literatura ocidental como algo marcado pelo sofrimento e pela dor, o que a tragédia de *Romeu e Julieta*, ao ser citada por duas vezes no conto, se encarrega de lembrar ao leitor. Trata-se de uma abordagem que trabalha o relacionamento como algo cujo desenrolar equilibrado se mostra impossível e que, finalmente, se realiza na morte. *Romeu e Julieta* é um exemplo muito presente no imaginário do leitor, mesmo aquele do século XIX, de um amor que não conseguiu driblar as adversidades da vida em

---

57   Ibidem, p. 17.

ROMEU E JULIETA NOS CONTOS DE MACHADO DE ASSIS 207

sociedade. Assim, mais do que uma alusão à entrega trágica ao amor, por parte da heroína, a tragédia de Shakespeare parece constar na história como um exemplo limite de determinada concepção do amor, cultuada e cultivada pela literatura do Ocidente. A proteção que Cecília encontrou no pacto estabelecido com o anjo a protegeu, acima de tudo, de viver a tragicidade e a dor do sentimento como são mostrados em *Romeu e Julieta*, *Paulo e Virgínia e Fanny*.

Machado por vezes se vale de *Romeu e Julieta* para abordar questões relativas ao discurso romântico e suas fórmulas eventualmente desgastadas. Esse é o caso de "Aurora Sem Dia" (1870). Luís Tinoco "possuía a convicção de que estava fadado para grandes destinos"[58] e acordou um dia escritor. Começou, então, a produzir incessantemente, mas sem sucesso. Sua tentativa frustrada o leva a ingressar na política, atividade em que também fracassa. Por fim, torna-se um pacato e feliz lavrador.

Luís Tinoco representa o escritor medíocre, desprovido de senso crítico, e que banaliza as correntes estéticas ao produzir obras repletas de clichês, alguém que Machado eventualmente chamaria de "parasita literário" no artigo "Aquarelas II: O Parasita" publicado em 1859: "A imprensa é a mesa do parasita literário; senta-se a ela com toda a sem-cerimônia; come e distribui pratos com o sangue frio mais alemão deste mundo."[59] Trata-se de um tipo que se encontraria em todo canto, "pegais em um jornal; o que vede de mais saliente? uma fila de parasitas". Trata-se de um "vampiro da paciência humana" que, às vezes, associa-se e cria um jornal próprio, "um campo vasto todo entregue ao disparate!", ou publica livros e invade o campo literário sem decência intelectual. Seus traços fisiológicos são característicos: "Não podendo imitar os grandes homens pelo talento, copiam na postura e nas maneiras o que acham pelas gravuras e fotografias."[60]

As considerações de Machado se estendem, buscando mais traços desse tipo, segundo ele, comum à época. Luís Tinoco parece o perfeito parasita literário, talvez criado à luz do perfil traçado pelo escritor pouco mais de dez anos antes da publicação

58 *Obra Completa em Quatro Volumes*, v. 2, p. 203.
59 Ibidem, p. 953.
60 Ibidem, p. 954-955.

do conto. Ele escreve torrencialmente, não se cansa de declamar os seus versos a quem encontrar disponível, funda um jornal, publica um livro e imita o perfil de escritores famosos: "Andava com o ar inspirado de todos os poetas novéis que se supõem apóstolos e mártires. Cabeça alta, olhos vagos, cabelos grandes e caídos; algumas vezes abotoava o paletó e punha a mão ao peito por ter visto assim um retrato de Guizot."[61]

O trabalho literário de Luís Tinoco, por sua vez, pouco ou nada diz e é quando o narrador se ocupa em descrevê-lo que lemos a primeira referência a *Romeu e Julieta*:

Tinoco entrou a escrever como quem se despedia da vida. [...] confessava singelamente ao mundo que fora invadido do ceticismo byroniano, que tragara até às fezes a taça do infortúnio, e que para ele a vida tinha escrita na porta a inscrição dantesca. A inscrição era citada com as próprias palavras do poeta, sem que aliás Luís Tinoco o tivesse lido nunca. Ele respingava nas alheias produções uma coleção de alusões e nomes literários, com que fazia as despesas de sua erudição, e não lhe era preciso, por exemplo, ter lido Shakespeare para falar do *to be or not to be*, do balcão de Julieta e das torturas de Otelo.[62]

O princípio poético de Luís Tinoco – uma visão estereotipada que entende o fazer literário como algo que se traz "do berço" e não requer elaboração – é o que lhe possibilita produzir de maneira incessante. Nesse trabalho, ele recorre a sentimentalismos desmedidos e imagens forjadas, um discurso que reproduz, mas que nada cria e só serve para engrossar jornais. *Romeu e Julieta* (e outras obras que cita) serve para que ele mostre (falsa) erudição e alimente uma poética que abusa de alguns referencias e cai no lugar-comum. É por essa perspectiva que lemos os comentários que faz sobre sua musa: "Uma moça é pouco; diga a mais gentil criatura que o sol ainda alumiou, uma sílfide, a minha Beatriz, a minha Julieta, a minha Laura."[63] Numa visível confusão entre o universo da ficção e o da realidade prática, Luís Tinoco fala do amor da maneira como o lê nos livros, o que denuncia um discurso artificial e vazio e justifica, afinal, o seu fracasso como escritor.

---

61 Ibidem, p. 206.
62 Ibidem, p. 205-206.
63 Ibidem, p. 209.

ROMEU E JULIETA NOS CONTOS DE MACHADO DE ASSIS   209

"Os Óculos de Pedro Antão" (1874) é uma narrativa que conta fatos vividos pelo narrador três anos antes do momento da enunciação. Naquela ocasião, Mendonça o convida para abrir a casa de um tio, Pedro Antão, sujeito recluso e misterioso, morto dez meses antes. O narrador, simpático então a mistérios, propõe ao rapaz irem à meia noite e, lá chegando, acredita que, por trás do que encontram – um par de óculos quebrados, uma imagem de Jesus e uma de Satanás, uma escada de seda, dentre outros – se esconde uma sinistra história de amor. *Romeu e Julieta*, por sua vez, entra na composição dessa história mirabolante que explicaria, afinal, os últimos anos de vida do tio de Mendonça.

A narração dessa "teoria" do narrador ocupa parte significativa do conto e nos coloca em contato com uma sequência de ingredientes de uma tragédia de amor: um relacionamento proibido; encontros às escondidas; ameaças de morte; emboscadas; fugas à meia noite etc. As (muitas) peripécias chegam a cansar o leitor, que se vê todo o tempo envolto em juramentos e promessas, que se renovam e esticam o enredo até não poder mais. *Romeu e Julieta* é recuperada quando o narrador explica como se davam os encontros entre Cecília, nome com o qual batiza a heroína de sua história, com Pedro Antão: "era um idílio *renouvelé de Roméo*"[64]: "Todas as noites saía o homem de casa, levando a escada que era posta convenientemente para que ele subisse e fosse conversar com Cecília na posição em que Romeu e Julieta se separaram dando o último beijo e ouvindo o rouxinol... Queres ouvir o diálogo da despedida de Romeu?"[65]

A "teoria" do narrador não aponta apenas para a retomada de uma situação específica de *Romeu e Julieta*, mas resgata todo um contexto da tragédia: um amor proibido pela família, a necessidade de encontros às escondidas, uma ama que ajuda os amantes, um noivo que surge, de repente: "Apresentou-lhe um dia um rapaz dizendo que era o seu noivo. [...]. Não ousou dizer abertamente ao pai que não queria o noivo; mas pediu para refletir três dias; e comunicou isso a teu tio."[66] No fim da história, vemos a tentativa frustrada de fuga dos amantes

---

64 *Contos Avulsos*, p. 155.
65 Ibidem, p. 157-158.
66 Ibidem, p. 158.

210   MACHADO E SHAKESPEARE

e a morte acidental de Pedro Antão, dentro da própria casa, tentando escapar do pai da donzela. O conto, por sua vez, termina quando o narrador deixa ver o papel de tolo que fizera, uma vez que eles encontram, por fim, na escrivaninha do tio de Mendonça, um bilhete em que ele explicava o motivo da reclusão (para se acostumar à morte) e atribuía à leitura recente de algumas obras de filosofia da história, a inspiração de uma ideia excêntrica: "Deixei aí uma escada de seda, uns óculos verdes, que eu nunca usei, e outros objetos, a fim de que tu ou algum pascácio igual inventassem a meu respeito um romance, que toda a gente acreditaria até o achado deste papel."[67]

O bilhete de Pedro Antão, que desencoraja o sobrinho a se envolver com a filosofia da história e nos faz lembrar o sarcasmo de Brás Cubas, em seu epitáfio, mostra que a personagem aposta no comportamento convencional e viciado em clichês que envolve a maioria e certamente a levaria a compor uma história mirabolante a partir de ingredientes sugestivos de uma tragédia romântica. O conto é, assim, uma espécie de brincadeira que Machado realiza com referenciais típicos de histórias desse teor, que surgem manipulados para produzir um efeito inesperado e mexer com as expectativas do leitor.

O diálogo proposto pelo autor não se relaciona aos princípios estéticos do Romantismo propriamente falando, mas à subliteratura romântica que inundava o cenário literário daquele momento, uma literatura folhetinesca saturada de chavões, que se perdeu em meio ao próprio movimento. Por meio da situação que cria, o autor mostra um contexto em que referenciais como *Romeu e Julieta* servem para agregar, a muitas histórias que ajudam a compor, ingredientes que, de tão utilizados, perderam a sua carga dramática, intensa e lírica. Desse modo, a tragédia é colocada a serviço de uma estética de clichês, a compor prosa barata.

Em "Os Óculos de Pedro Antão", assim como ocorre em "O Anjo das Donzelas" e "Aurora Sem Dia", Machado, ao reprovar essa exploração gratuita e banalizada do referencial, o utiliza enquanto material da tradição na composição de um diálogo profícuo sobre a construção do estético em seu tempo, criando sentidos renovados e recusando fórmulas usadas à exaustão.

67   Ibidem, p. 164.

QUESTÕES DO AMOR…
O SUBLIME DE *ROMEU E JULIETA*

A discussão empreendida até aqui mostra que Machado se vale do referencial estético para transformá-lo e colocá-lo a serviço de sua escrita. Essa reutilização do material é bastante inovadora para os padrões praticados na literatura brasileira da época e possui efeito radicalmente diverso do que teria em um autor arcádico, romântico ou parnasiano. Observa-se, no entanto, que, apesar de Machado se valer da tragédia para produzir sentidos renovados, *Romeu e Julieta* permanece, em seus contos, como referência da representação estética do amor puro e incondicional e da ingenuidade da juventude.

Retomando a questão do mito, proposta por Bloom em *Shakespeare: A Invenção do Humano* e por Kristeva no ensaio "Romeu e Julieta ou o Amor Fora-da-Lei", nos parece que Machado explora, por meio dessa recorrente intertextualidade, possíveis desdobramentos desse conteúdo imanente de nosso imaginário cultural, a título, evidentemente, de expressar a maneira como concebe as questões que esse referencial veicula e, possivelmente, para provocar seus leitores e, principalmente, a leitora do *Jornal das Famílias* e de *A Estação*. Porém, apesar de ironizar muitos aspectos de seu conteúdo, *Romeu e Julieta* expressa, para o escritor, questões especialmente significativas dentro do gênero em que foi composto, o teatro trágico, manifestação estética diretamente relacionada a um determinado momento histórico-cultural, e de sua manifestação enquanto espetáculo, para o qual foi produzido. É um pouco disso o que podemos ver em "Curta História", publicado em 1886 em *A Estação*.

"Curta História" narra a experiência da donzela Cecília no teatro, anos antes do momento da enunciação narrativa. Era 1871, o grande ator italiano, Ernesto Rossi, estava no Brasil e a donzela assiste, junto com a família, à interpretação da tragédia dos amantes de Verona por aquele que foi considerado um dos grandes atores trágicos e um dos maiores intérpretes de Shakespeare do século XIX. O resultado é um texto que mistura fatos reais, eventualmente vividos pelo próprio autor, e ficção: "A leitora ainda há de lembrar-se do Rossi, o ator Rossi, que aqui nos deu tantas obras-primas do teatro inglês, francês e italiano.

Era um homenzarrão, que uma noite era terrível como Otelo, outra noite meigo como Romeu"[68], afirma o narrador no parágrafo de abertura da história.

A narração, que coloca a romântica e inexperiente Cecília frente à história de Romeu e Julieta e à opulência de sua encenação por Rossi, põe em cena a experiência estética proporcionada pela representação da tragédia. Cecília fica completamente embebida pela beleza da história e de sua encenação embalada por seus sonhos pueris: caráter sublime, que tenta apreender, localizando-se em meio ao espetáculo: "Toda a peça foi para Cecília um sonho. Ela viveu, amou, morreu com os namorados de Verona."[69]

O êxtase vivido pela donzela, que carrega Romeu para os seus sonhos e se encontra ainda encantada com o que viu na manhã seguinte ao espetáculo, se contrapõe à prosa cotidiana proporcionada pelo namorado, o sem graça "Juvêncio de tal", cuja linguagem, segundo o narrador, para ser de cozinheiro só faltava o sal. Juvêncio "não era bonito, nem afável, era seco, andava com as pernas muito juntas, e com a cara no chão [...]. Não tinha ideias, não apanhava mesmo as dos outros; abria a boca, dizia isto ou aquilo, tornava a fechá-la, para abrir e repetir a operação"[70]. Ao namorado de Cecília falta beleza, elegância, delicadeza, eloquência, além, evidentemente, de sensibilidade estética: "já tinha ido a uma representação [de Rossi], e que a achou insuportável (era *Hamlet*)"[71]. O que une esses namorados, de almas tão diferentes, no entanto, é que ambos se "amavam deveras", apesar da desproporção.

Podemos associar a poesia de Shakespeare justamente a esse sentimento que liga os namorados. *Romeu e Julieta*, que Cecília viu emocionada no teatro, mostra o encontro amoroso, o sentimento inevitável e além da compreensão lógica que une dois seres e faz com que queiram ficar juntos, para além de forças externas ou maiores. É o que percebemos por meio da leitura do final do conto, quando Juvêncio vai visitar Cecília:

E veio, veio à tarde, sem as palavras de Romeu, sem as ideias, ao menos de toda a gente, vulgar, casmurro, quase sem maneiras; veio, e Cecília,

68   *Obra Completa em Quatro Volumes*, v. 3, p. 250.
69   Ibidem, p. 251.
70   Ibidem, p. 250.
71   Ibidem, p. 251.

ROMEU E JULIETA NOS CONTOS DE MACHADO DE ASSIS 213

que almoçara e jantara com Romeu, lera a peça ainda uma vez durante o dia, para saborear a música da véspera. Cecília apertou-lhe a mão comovida, tão-somente porque o amava. Isto quer dizer que todo amado vale um Romeu. Casaram-se meses depois.[72]

O conto nos leva a retomar as considerações que Machado tece na ocasião em que a atriz Adelaide Ristori, outro grande nome do teatro trágico da época, esteve no Brasil, em 1869. Para o escritor, a tragédia expressaria a intensidade de sentimentos e conflitos ao condensar tensões e angústias humanas, ganhando, assim, ares atemporais:

Dizem boas autoridades que aquelas paixões não são do nosso tempo; mas eu creio que se não deve confundir o fundo dos sentimentos com a forma da época. Os antigos entendiam amplamente esta máxima de que é preciso exagerar os sentimentos para melhor os expor no teatro. [...]. *Medeia* comovia as mães gregas como comove as mães brasileiras; é porque qualquer que seja a crosta da civilização, palpita debaixo o coração humano. E note-se mais; as paixões da tragédia geralmente são violentas em seus resultados; mas em si são idênticas às paixões da vida.[73]

No entanto, o cronista pontua, em outra crônica publicada na mesma ocasião: "Eu não aconselharia, nem a coisa é fácil, que se fizessem hoje tragédias como as de Racine: cada forma tem o seu tempo."[74] *Romeu e Julieta*, belíssimo no palco, por Rossi, sublime ao abordar questões do amor a ponto de emocionar a jovem Cecília (e o próprio Machado, como suas crônicas demonstram), é uma representação estética, talvez limite na cultura do ocidente, das questões do amor, mas é fruto de uma época específica da história da humanidade e de um gênero intrinsecamente ligado a ela. O conteúdo que veicula, por sua vez, é adequado àquela forma: uma história que coloca em tensão conflitos que não vislumbram qualquer reconciliação. Trata-se de uma abordagem que não encontra espaço no mundo contemporâneo a Machado, em que a solução formal – o conto – veicula histórias ligadas a um contexto social burguês, em que atitudes extremas são abafadas por interesses individuais superficiais e volúveis.

72 Ibidem, p. 252.
73 *Do Teatro: Textos Críticos e Escritos Diversos*, p. 493.
74 Ibidem, p. 504.

UMA POÉTICA MACHADIANA DO AMOR

"Lágrimas de Xerxes" (1899), último conto de Machado em que ele cita *Romeu e Julieta*, parece funcionar como um amálgama das questões que abordamos ao longo destas páginas. O texto é uma espécie de continuação da cena 6 do ato II da peça, quando Frei Lourenço se encontra com os amantes a fim de celebrar o seu casamento. O conto começa exatamente do ponto em que a cena de Shakespeare é interrompida. Frei Lourenço, que diz aos noivos, na peça, que fará dos dois apenas um, por meio do matrimônio, ouve, no conto, a indagação de Julieta: "Uma só pessoa?" Elaborado em forma de diálogo, o texto que lemos, a partir de então, compõe perfeitamente bem com a tragédia, criando a sensação de estarmos lendo um adendo à produção de Shakespeare.

Na cena imaginada por Machado, os amantes pedem ao frei que os una sob a luz das estrelas, mais rápido do que se fossem até o altar, onde se casariam sob a luz das velas. A ansiedade e a inquietude dos jovens se contrapõem à prudência e à sabedoria do velho sacerdote, que sabe que as estrelas abençoam com ironia tudo o que se quer eterno. É isso o que percebemos por meio da história das lágrimas derramadas por Xerxes, que o frei conta ao casal. Em suas palavras, o imperador, ao se dar conta da finitude humana, logo após ter conquistado um vasto império, teria chorado e suas lágrimas, por ordem do Sol, teriam sido transformadas em uma estrela: "essa estrela feita das lágrimas que a brevidade da vida arrancou um dia ao orgulho humano ficará pendente do céu como o astro da ironia, luzirá cá de cima sobre todas as multidões que passam, cuidando não acabar mais e sobre todas as coisas construídas em desafio dos tempos"[75].

O diálogo se dá em um momento da peça em que os amantes acreditam que a paixão deles prevalecerá sobre as adversidades de suas famílias. Há, no entanto, a ironia dramática. Os leitores do conto sabem qual será o destino dos jovens. Desse modo, a história contada pelo frei faz sentido para o leitor, mas não para os amantes. A exceção talvez seja Julieta, cuja sensibilidade a leva a perceber o caráter diabólico da situação: "Casa-nos onde

---

75 *Obra Completa em Quatro Volumes*, v. 2, p. 574.

ROMEU E JULIETA NOS CONTOS DE MACHADO DE ASSIS

quiseres, aqui ou além, diante das velas ou debaixo das estrelas, sejam elas de ironia ou de piedade; mas casa-nos, casa-nos, casa-nos..."[76]

Vemos, assim, que essa ironia funciona como uma espécie de "ensinamento" ao leitor. Afinal, sabemos que o frei está correto ao apontar a finitude de tudo o que é humano, mesmo que a ingenuidade da juventude não permita enxergar isso com clareza. Sabemos, ainda, que a felicidade que os jovens almejam será impossível de se concretizar, pois a paixão deles resvala em questões outras, para além de seus domínios, o que exige dela que se acomode a um sistema maior, com o qual deve buscar equilíbrio. O conto de Machado é uma história de desengano, que coloca em cena a paixão pura e incondicional para confrontar a ingenuidade e apontar para a necessidade de uma revisão de posturas ingênuas e idealizadoras.

A situação elaborada é sublime, à semelhança da própria tragédia. Desse modo, a única coisa que parece sobreviver à fugacidade dos fatos do mundo são as próprias personagens da peça e o drama que elas vivem, materializadas e eternizadas na arte. Isso é feito, em um primeiro momento, por Shakespeare, que compõe a tragédia, e, em seguida, pelo próprio Machado, que a resgata e se vale dela para compor os fatos de seu mundo. Ao longo dos 35 anos em que retoma *Romeu e Julieta* em seus contos, o escritor brasileiro também faz com que tragédia sobreviva aos percalços da existência e à perenidade dos problemas humanos, eternizando-a mais uma vez por meio de sua própria arte.

Deve ser observado, também, que, coincidência ou não, o diálogo que Machado imagina para *Romeu e Julieta* se dá no momento em que os jovens deveriam se casar, ou seja, quando a igreja tornaria os dois uma só pessoa. Essa questão nos leva a retomar, mais uma vez, as considerações de Júlia Kristeva.

Para a pesquisadora francesa, a história de Romeu e Julieta mostra que o amor é regulado por duas leis antinômicas: a lei ideal, representada pela igreja, que abençoa e une o casal, tornando os amantes uma só pessoa; e a lei social, muitas vezes contrária à primeira. A herança que a cultura do ocidente anuncia,

76 Ibidem, p. 574.

MACHADO E SHAKESPEARE

segundo ela, é de que o amor está fora da lei[77] e é o que Shakespeare estaria nos dizendo em *Romeu e Julieta*. Kristeva assinala, ainda, que "esse lado ideal do casal parece condenado com severidade na peça de Shakespeare, uma vez que os amantes sucumbem e a morte aniquila o casamento"[78]. Ou seja, a consolidação do amor na vida social seria uma ilusão. Afinal, a lei ideal não é capaz de conter a lei social. É para isso que apontaria *Tristão e Isolda* e a tradição cortês, sendo *Romeu e Julieta* a depuração desse mito.

Tomando como referência "Lágrimas de Xerxes" e as narrativas de Machado aqui discutidas, vemos que o amor e a união ideal também estão condenados em seus contos, pois paira sobre eles um raio irônico e destruidor: "Onde as bodas cantarem a eternidade, ela fará descer um dos seus raios, lágrima de Xerxes, para escrever a palavra da extinção, breve, total, irremissível."[79] O frei sabe que a lei ideal não transcende nenhum limite e o que ele abençoa irá se extinguir à semelhança da vela que queima no altar. Mas há uma diferença fundamental entre os dois escritores, no material com o qual estamos trabalhando. Shakespeare preserva o mito ao passo que Machado não.

O espectador (ou o leitor) de *Romeu e Julieta* se recusa, segundo Kristeva, a acreditar que os amantes estejam, de fato, mortos. Eles parecem adormecidos. Trata-se, segundo ela, de uma espécie de sono do próprio mito, que renasce no amago de cada um, principalmente na juventude: "o impossível casal não cessa de renascer de suas cinzas, de variar seus rostos e suas regras, oscilando sempre entre a estabilidade e a dispersão, o espaço e o tempo, a eternidade e o instante"[80]. Os contos de Machado apontam justamente para o renascimento desse mito na juventude, mas mostram que o amor ideal perece, pois não é puro ou impermeável. A lei ideal, a união entre os amantes, propriamente falando, deve entrar em um sistema de trocas com a lei social, num jogo constante de renovação e acomodação de posturas e sentimentos, sem confrontos insolúveis entre essas

---

77 Romeu e Julieta ou o Amor Fora-da-Lei, em B. Bricout (org.), *O Olhar de Orfeu*, p. 94.
78 Ibidem, p. 95.
79 *Obra Completa em Quatro Volumes*, v. 2, p. 574.
80 Romeu e Julieta ou o Amor Fora-da-Lei, op. cit., p. 119.

ROMEU E JULIETA NOS CONTOS DE MACHADO DE ASSIS

duas potências. Os que não partilham desse jogo, estão fadados a saírem perdendo. Machado retoma, assim, *Romeu e Julieta* e as questões do amor romântico, eterno e fiel para reinventá-los com ironia e subvertê-los ao seu modo cético.

Se estendermos a nossa interpretação e compreendermos *Romeu e Julieta* a partir da ideia de que o amor deve morrer às portas do casamento, pois a vida cotidiana não comporta o sentimento da maneira como o vivem os jovens amantes: "não há lugar para a paixão no mundo dos velhos, e, por extensão, no casamento. O amor deve morrer às portas de sua legalização; Eros e lei são incompatíveis"[81], encontramos novo contraponto em Machado. O escritor brasileiro dessacraliza o amor e opta por representá-lo sem a dor incurável de sua impossibilidade.

Devemos retomar, aqui, um estudo clássico sobre o tema em questão, *História do Amor no Ocidente*, do suíço Denis de Rougemont. Nessa obra, o autor revisita o mito da paixão e mostra, a partir de *Tristão e Isolda*, que o amor arrebatador é sinônimo de sentimento recíproco, mas infeliz, pois, em nossa cultura, paixão é equivalente a sofrimento. Em suas palavras: "O amor feliz não tem história *na literatura ocidental.*" Trata-se de uma tradição que exprime a obsessão do europeu de conhecer através da dor: "eis o segredo do mito de Tristão, o amor-paixão simultaneamente partilhado e combatido, ansioso por uma felicidade que rejeita, glorificando por sua catástrofe: *o amor recíproco infeliz*"[82]. A "única tragédia cortês" do ocidente, nos dizeres de Rougemont, *Romeu e Julieta* resgata o mito expresso por *Tristão e Isolda* – que, para Kristeva, remonta ao *Cântico dos Cânticos* – e o eterniza. Machado cria histórias em que o amor é instável e efêmero, em uma sociedade que reúne indivíduos em busca da felicidade de maneira egoísta e narcisista, e que não comporta, desse modo, um amor puro, eterno e transcendente.

---

81 Ibidem, p. 112.
82 *História do Amor no Ocidente*, p. 71. (Grifos do autor.)

PALAVRAS FINAIS

No artigo "A Grécia de Machado de Assis", Jacyntho Lins Brandão explica como compreende a citação de referenciais gregos na obra de Machado. Apesar de acreditar que a utilização de reminiscências clássicas pelo escritor é consciente, Brandão pondera que isso talvez "não seja estritamente exato, pelo menos a crer-se no que se descreve"[83] em "O Cônego ou Metafísica do Estilo" (1885). Suas considerações são um convite para que retomemos a narrativa em questão.

Nesse conto, Machado nos coloca face ao processo de composição. Acompanhamos o cônego Mathias escrevendo um sermão com grande habilidade, até que empaca em uma frase e somos, então, convidados pelo narrador a nos adentrarmos nos domínios de sua mente para acompanhar a busca das palavras ideais uma pela outra. Elas se chamam para um encontro perfeito, a chave para o estilo, assim como o casal do *Cântico dos Cânticos* ou Romeu e Julieta: "'Vem do Líbano, vem...' E fala assim, pois está em cabeça de padre; se fosse de qualquer pessoa do século, a linguagem seria a de Romeu: "Julieta é o sol... ergue-te, lindo sol.'"[84]

A narrativa é uma espécie de "conto-teoria", à semelhança de outros que o autor compôs, e aborda, por uma perspectiva psicanalítica, o processo compositivo, antes de Freud, aliás, cuja teoria sobre o inconsciente foi exposta pela primeira vez em artigo de 1915. Acompanhamos, então, o empenho consciente de busca por soluções para a escrita ceder espaço a um trabalho involuntário de elaboração, que explora conteúdos internalizados a se oferecerem enquanto material disponível para a composição.

Cansado do esforço de busca pelas palavras ideais, o cônego desiste temporariamente do trabalho e se dirige à janela para espairecer do esforço. No entanto, a busca pelos vocábulos continua, mesmo que ele não se dê conta disso. É quando passamos da "consciência para a inconsciência onde se faz a elaboração confusa das ideias"[85]. A busca descrita nesse "mundo incóg-

---

83 J.J.L. Brandão, A Grécia em Machado de Assis, *O Novo Milênio*, p. 135.
84 *Obra Completa em Quatro Volumes*, v. 2, p. 530.
85 Ibidem.

ROMEU E JULIETA NOS CONTOS DE MACHADO DE ASSIS   219

nito" é fascinante. Afinal, vemos uma máquina pensante em movimento frenético. Nela, as ideias e sensações se perdem em reminiscências de outros tempos; homens e coisas se misturam e dão lugar a imagens fantásticas: "ideias, grávidas de ideias, arrastam-se pesadamente, amparadas por outras ideias virgens"[86]; mandarins distribuem "moedas etruscas e chilenas, livros ingleses e rosas pálidas"[87] e as memórias se confundem em um emaranhado que une momentos distintos e vozes remotas, "que ora jazem na grande unidade impalpável e obscura"[88].

Essa teoria "psicolexicológica" do narrador mostra um mundo subterrâneo, onde habitam nossas experiências mais íntimas e profundas, nosso repertório de vida pessoal e coletiva: "Pesares sombrios, que não ficaram no coração do cônego, cá estão, à laia de manchas morais, e ao pé deles o reflexo amarelo ou roxo, ou o que quer que seja da dor alheia e universal."[89] Em meio a esse movimento todo, surge, frente ao cônego, o caminho a seguir: "O rosto ilumina-se-lhe. A pena cheia de comoção e respeito completa o substantivo com o adjetivo."[90]

Inspirado pelo conto, Brandão afirma, no referido artigo, que "as reminiscências de Machado não são figuras gregas quaisquer justamente porque não são fruto de simples erudição, citações planejadas, com aspas e referências bibliográficas, mas habitam a 'inconsciência'" do escritor[91]. Elas são, antes de qualquer coisa, referências machadianas daquele material. De fato, a teoria apresentada no conto nos leva por esse caminho reflexivo. Nossas reminiscências se oferecem enquanto material para a composição. Trata-se de um conteúdo imanente, adormecido, por vezes, nas profundezas de nosso ser, pronto para ser resgatado.

Essas reflexões nos permitem sugerir uma maneira de compreender o constante processo intertextual que Machado traça com *Romeu e Julieta* em seus contos. Afirmamos anteriormente que Machado foi um grande leitor e que sua história de leitura está presente em sua obra. Mas, como sabemos, Machado foi,

86   Ibidem, p. 531.
87   Ibidem.
88   Ibidem.
89   Ibidem.
90   Ibidem, p. 530.
91   J.J.L. Brandão, op. cit., p. 135.

além de um grande leitor, um grande leitor da obra de Shakespeare, com a qual dialogou de maneira brilhante ao longo da carreira. Não sabemos em que momento ou a partir de quais edições Machado deu início a esse trabalho de leitura; sabemos, apenas, que o escritor possuía duas coleções das obras do autor, uma em francês e outra em inglês, editadas no fim da década de sessenta/início da década de setenta do século xix, e que citou Shakespeare pela primeira vez em 1859, aos vinte anos de idade, anos antes, portanto, da edição das obras que tinha, e que não sabemos quando foram adquiridas.

Diante desses dados, podemos dizer que Machado era dono de um repertório de leitura de Shakespeare que começou a formar quando ainda era bastante jovem. Repertório este frequentemente solicitado em seu trabalho de escrita e de registro de fatos do seu mundo, como bem demonstra a enorme quantidade de citações que sua obra possui do escritor inglês. No entanto, os veículos para os quais Machado contribuía e o tipo de texto que produzia para eles, nos parecem determinantes para a solicitação desse referencial. *Hamlet*, como assinalamos no início deste estudo crítico, foi a peça mais citada em suas crônicas, escritas para jornais da época não destinados a moças. *Otelo* e *Romeu e Julieta* parecem mais condizentes com romances e contos, pela temática que os gêneros abordam.

No que diz respeito aos contos, lembramos, mais uma vez, que os veículos para os quais Machado produzia eram voltados ao público feminino e visavam veicular um conteúdo romanesco. A produção de histórias desse teor justifica que o autor trouxesse à tona *Romeu e Julieta*, obra que é uma referência mítica, no ocidente, do amor a dois. Devemos observar, ainda, que, como ressaltamos ao longo da discussão, há, em muitos casos, referências indiciadas à peça, conteúdos que, aparentemente, afloram de maneira livre pela escrita, retomando um referencial internalizado do autor, que trabalha no processo construtivo de seu texto e que, mais uma vez, poderia nos remeter ao processo que presenciamos ocorrer com o cônego Mathias.

Mas, é importante perceber, escrever para um determinado veículo um conteúdo com perfil específico não significou, para Machado, abraçar uma ideologia. O escritor contribuiu com a imprensa romântica brasileira produzindo esses contos especialmente para periódicos que a representavam. No entanto, fez circular, dentro dos próprios veículos, pontos de vista críticos com os pressupostos defendidos e disseminados por eles. O mundo machadiano mostrado no material que analisamos não comporta posturas idealizadoras e romantizadas, recusa estereótipos e lugares comuns e alerta o leitor para os perigos a que a ingenuidade pode conduzir. Ao mesmo tempo, esse material adverte escritores e críticos, cujos perfis poderiam ser os daqueles que contribuíam para o *Jornal das Famílias* ou *A Estação*, de que é necessário cuidado com referenciais tão presentes no imaginário coletivo. Eles existem e devem ser percebidos em suas especificidades, a partir de um olhar distanciado de clichês. Desse modo, Machado requer um leitor – e uma leitora – que tenha uma postura ativa e crítica frente ao que lê, o que mostra um escritor fiel a seus princípios e coerente com suas ideias e seus ideais desde a juventude.

Cronologia da Presença de Shakespeare na Obra de Machado de Assis

A tabela que organizamos e apresentamos a seguir traz as referências que Machado fez, ao longo de sua carreira, a Shakespeare e/ou à obra do autor inglês. O levantamento foi feito a partir da leitura de toda a produção de Machado, considerando os vários gêneros em que escreveu. Para tanto, consultamos diversas edições de suas obras, o que pode ser constatado por meio da bibliografia presente ao final deste trabalho.

Para facilitar a organização das referências, as citações foram feitas, sempre que possível, a partir da edição da *Obra Completa em Quatro Volumes* de Machado de Assis editada pela Nova Aguilar em 2008. As edições citadas na tabela que segue, além da referida edição, são: *Histórias Românticas*, editada pela W.M. Jackson, em 1937; *Contos Avulsos* e *Contos Recolhidos*, com organização e prefácio de Raimundo Magalhães, de 1956; *Contos de Crônicas*, com organização e notas também de R. Magalhães Júnior, de 1958; *Do Teatro: Textos Críticos e Escritos Diversos*, organização de João Roberto Faria, de 2008; e *A Poesia Completa*, volume organizado por Rutzkaya Queiróz dos Reis e publicado em 2009. As citações foram cotejadas com as informações presentes em *Bibliografia de Machado de Assis*, de J. Galante de Sousa, de 1955.

É importante lembrar que, para a realização dessa tabela, partimos de um trabalho já existente, realizado por José Luiz Passos e publicado em *Machado de Assis: O Romance Com Pessoas*, em 2007. O mapeamento realizado pelo crítico foi fundamental para que pudéssemos dar continuidade ao trabalho de busca por referências ao dramaturgo na obra do autor brasileiro. Nosso apanhado traz 62 novos trechos com referências ao autor inglês, quando comparado à tabela publicada pelo pesquisador em 2007.

A tabela que vem a seguir traz cinco colunas, que apresentam, respectivamente, a data da aparição do texto, o gênero textual – cujas abreviações encontram-se ao final dessa introdução –, o título do texto de Machado, a obra de Shakespeare citada e a transcrição da passagem. Quando Shakespeare e/ou suas peças aparecem em um mesmo texto do autor brasileiro, mas em parágrafos diferentes, as referências foram apresentadas separadamente, ou seja, cada parágrafo apresentado por vez. No caso de textos poéticos, se Shakespeare é citado várias vezes em estrofes diferentes, cada estrofe conta com uma linha em nossa tabela. Isso foi feito com o intuito de uniformizar um pouco as referências e facilitar a consulta do material.

Abreviações:

C.   conto
Ca.   carta
C.L.   crítica literária
Cr.   crônica
C.T.   crítica teatral
P.   poesia
R.   romance
T.   teatro
E.D.   escritos diversos

CRONOLOGIA DA PRESENÇA DE SHAKESPEARE NA OBRA DE MACHADO... 225

Data da Aparição	Gênero	Título	Obra citada	Transcrição da citação
1859, 4 de out. a 4 de nov. (*A Marmota*)	C.	"Madalena"	*Romeu e Julieta*	"Retirando-se Laura, Magdalena foi sentar-se junto de seu piano, mas começava a tocar um dueto da ópera *Romeu e Julieta*, quando bateram no corredor." (*Dispersos de Machado de Assis*, p. 110) – autoria duvidosa (M. de A.: Machado de Assis ou Moreira de Azevedo?)
1859, 21 de out. (*Correio Mercantil*)	P.	"Ofélia"	*Hamlet*	Título do poema. (*Obra Completa em Quatro Volumes*, v. 3, p. 745)
1859, 30 de out. (*O Espelho*)	C.T.	"Revista de Teatros"	Geral	"Nenhum elo os prende. Assim, pretendendo chegar à fusão da tragédia e da comédia operada por Shakespeare sob a forma do drama, o Sr. E. Biester, enganou-se completamente. Não fundiu as duas formas, uniu-as, não as encarnou, enlaçou-as." (*Do Teatro: Textos Críticos e Escritos Diversos*, p. 158-159)
1859, 13 de nov. (*O Espelho*)	C.T.	"Revista de Teatros"	Geral	"A minha probidade de cronista está satisfeita; mas dela não precisa a consciência pública para avaliar o desempenho da Elisa de Vallindo. Não se comenta Shakespeare, admira-se." (*Do Teatro: Textos Críticos e Escritos Diversos*, p. 175)
1859, 4 de dez. (*O Espelho*)	C.T.	"Revista de Teatros"	Geral	"A comédia não está absolutamente no espírito do Ginásio, mas constitui um *doce* amável nessa ceia da arte, em que como diz um crítico moderno, Shakespeare dá a comer e a beber a sua carne e o seu sangue." (*Do Teatro: Textos Críticos e Escritos Diversos*, p. 186)
1860, 20, 23 e 27 de mar. (*A Marmota*)	T.	*Hoje Avental, Amanhã Luva*	*Hamlet*	Durval: - Era elegante e bela há bons dois anos. Sê-lo-á ainda? Não será? Dilema de Hamlet. (*Obra Completa em Quatro Volumes*, v. 3, p. 864)
1861, 24 de jul. (*Diário do Rio de Janeiro*)	Cr.	"Revista Dramática"	Geral	"Um deles acaba de ser lançado à ansiedade pública, nessa ceia sublime, em que, como diz um escritor: – Shakespeare dá a comer e a beber a sua carne e o seu sangue." (*Do Teatro: Textos Críticos e Escritos Diversos*, p. 241)
1861, 16 de dez. (*Diário do Rio de Janeiro*)	Cr.	"Comentários da Semana"	*Otelo*	"O teatro não é um bazar, e se é, que estranhas mercadorias são estas, chamadas *Otelo, Atália, Marion Delorme e Frei Luís de Sousa*." (*Obra Completa em Quatro Volumes*, v. 4, p. 41)
1861, 16 de dez. (*Diário do Rio de Janeiro*)	Cr.	"Comentários da Semana"	Geral	"e como devem soar mal nos centros comerciais os nomes de Shakespeare, Racine, Molière, Vítor Hugo e Almeida Garret." (*Obra Completa em Quatro Volumes*, v. 4, p. 41)

MACHADO E SHAKESPEARE

Data da Aparição	Gênero	Título	Obra citada	Transcrição da citação
1862, 15 de set. (*O Futuro*)	Cr.	Crônica Sem Título	*Como Gostais*	"Sei mesmo que Artur Napoleão busca voar mais alto e escrever seu nome em uma obra duradoura: dois poetas ingleses deitaram mão à obra, a pedido do compositor, e cada um foi depor-lhe nas mãos um poema dramático, tirado um da comédia de Shakespeare, *Como Queira*, e o outro de uma novela de Fenimore Cooper." (*Obra Completa em Quatro Volumes*, v. 4, p. 78)
1862, nov.	T.	"O Protocolo"	*Otelo*	"ELISA – Mutilado ele, que pretende fazer da mesquinha Desdêmona?" (*Obra Completa em Quatro Volumes*, v. 3, p. 926)
1862	T.	"O Caminho da Porta"	*Romeu e Julieta*	"DOUTOR – Cuidei que sabias. Também eu já trepei pela escada de seda para cantar a cantiga de Romeu à janela de Julieta." (*Obra Completa em Quatro Volumes*, v. 3, p. 908)
1864 (*Jornal das Famílias*)	C.	"O Anjo das Donzelas"	*Romeu e Julieta*	"Quinze anos! é a idade das primeiras palpitações, a idade dos sonhos, a idade das ilusões amorosas, a idade de Julieta; é a flor, é a vida, e a esperança, o céu azul, o campo verde, o lago tranquilo, a aurora que rompe, a calhandra que canta, Romeu que desce a escada de seda, o último beijo que as brisas da manhã ouvem e levam, como um eco, ao céu." (*Obra Completa em Quatro Volumes*, v. 2, p. 762)
1864 (*Jornal das Famílias*)	C.	"O Anjo das Donzelas"	*Romeu e Julieta*	"Cecília chegou aos trinta e três anos. Já não era a idade de Julieta, mas era uma idade ainda poética; poética neste sentido – que a mulher, em chegando nela, tendo já perdido as ilusões dos primeiros tempos, adquire outras mais sólidas, fundadas na observação." (*Obra Completa em Quatro Volumes*, v. 2, p. 762)
1864, 12 de jun. (*Diário do Rio de Janeiro*)	Cr.	"Ao Acaso"	*Otelo*	"O papel de *Elvira*, coube à Sra. D.M.G.; *Giovanna*, à sra. D.O.D.; *Silva*, foi desempenhado pelo sr. comendador C.F.; *Ernani*, pelo sr. comendador F.J.S.; *Carlos V*, pelo J.A.M.; *Ricardo*, pelo sr. F.V.; *Iago*, pelo Sr. J. da C." (*Obra Completa em Quatro Volumes*, v. 4, p. 125)
1864	P.	"Lúcia"	*Otelo*	"Ela curvou a lânguida cabeça.../Pobre criança! – no teu seio acaso/Desdêmona gemia?" (*Obra Completa em Quatro Volumes*, v. 3, p. 619)
1864, dez. (*Jornal das Famílias*)	C.	"Questão de Vaidade"	Geral	"Os maridos, pais e irmãos, que não tomavam banho, ou conversavam, ou liam, ou olhavam o ar, as garças humanas brincavam com o elemento a que Shakespeare as comparou." (*Obra Completa em Quatro Volumes*, v. 2, p. 787)

CRONOLOGIA DA PRESENÇA DE SHAKESPEARE NA OBRA DE MACHADO... 227

Data da Aparição	Gênero	Título	Obra citada	Transcrição da citação
1864, dez. (*Jornal das Famílias*)	C.	"Questão de Vaidade"	*Otelo*	"Mas eu, depois de citar Shakespeare no que tocava à identidade das mulheres e do mar, citei-me a mim próprio, acrescentando que a maioria das senhoras que se banhavam o fazia por moda ou por bom-tom." (*Obra Completa em Quatro Volumes*, v. 2, p. 787)
1864, dez. (*Jornal das Famílias*)	C.	"Questão de Vaidade"	*Antônio e Cleópatra*	"Ora, este simulado Antony não nos anda a fazer crer que se apaixonou pela tal viúva?" (*Obra Completa em Quatro Volumes*, v. 2, p. 787)
1865, ago./set. (*Jornal das Famílias*)	C.	"Cinco Mulheres"	*Romeu e Julieta*, *Hamlet*	"Quinze anos contava, como Julieta. Como Ofélia, parecia que estava destinada a colher a um tempo as flores da terra e as flores da morte" (*Obra Completa em Quatro Volumes*, v. 2, p. 819)
1865, 31 de jan. (*Diário do Rio de Janeiro*)	Cr.	"Ao Acaso"	*Hamlet*	"Mais de vinte anos antes conquistara o mesmo drama nas mesmas tábuas os aplausos de um público, muito mais feliz que o de hoje, um público a quem se dava o *Ângelo*, o *Hamlet*, o *Misantropo* e o *Tartufo*." (*Obra Completa em Quatro Volumes*, v. 4, p. 248)
1865, 7 de fev. (*Diário do Rio de Janeiro*)	Cr.	"Ao Acaso"	*Romeu e Julieta*, *Otelo*	"Não entrais hoje neste folhetim, minhas senhoras, como Julietas ou Desdêmonas; entrais como Espartanas, como Filipas de Vilhena, como irmãs de caridade." (*Obra Completa em Quatro Volumes*, v. 4, p. 250)
1865, 28 de maio	Cr.	"Conversas Com as Mulheres"	*Otelo*	"Pérfida como a onda, Shakespeare" (*Contos e Crônicas*, p. 107)
1865, 28 de maio	Cr.	"Conversas Com as Mulheres"	*Otelo*	"Pérfida como a onda, diz Otelo; e nunca uma imagem mais viva e mais bela exprimiu o perjúrio de uma mulher amada." (*Contos e Crônicas*, p. 111)
1865, 28 de maio	Cr.	"Conversas Com as Mulheres"	*Otelo*	"Todos conhecem *Otelo*, essa obra-prima de Shakespeare, que reuniu no caráter do mouro de Veneza todos os furores do ciúme, todos os ardores da paixão. Que bela cena aquela em que Otelo contempla Desdêmona no leito! Desdêmona morre assassinada, sendo inocente; a mulher pérfida vive, apesar de culpada, é aqui que está a diferença: a verdadeira perfídia consiste simplesmente em ganhar todos os lucros de amor, sem arriscar nem a vida nem a liberdade!" (*Contos e Crônicas*, p. 111).
1865, ago. (*Jornal das Famílias*)	P.	"Tristeza"	*Otelo*	"Ah! Pobre criança! Triste ludíbrio de funesta estrela!" (*Obra Completa em Quatro Volumes*, v. 3, p. 771).

228 MACHADO E SHAKESPEARE

Data da Aparição	Gênero	Título	Obra citada	Transcrição da citação
1865, 15 de ago. (*Diário do Rio de Janeiro*)	Cr.	"Os Primeiros Amores de Bocage"	Geral	"Se a arte fosse a reprodução exata das coisas, dos homens e dos fatos, eu preferia ler Suetônio em casa, a ir ver em cena Corneille e Shakespeare." (*Do Teatro: Textos Críticos e Escritos Diversos*, p. 375).
1865, 3 de out. (*Diário do Rio de Janeiro*)	C.T.	"Suplício de uma Mulher"	Geral	"Seja-me lícito citar um gênio, o grande Molière, que caminha, ao par de Shakespeare, na vanguarda dos poetas dramáticos, e citá-lo, na sua obra mais perfeita, *Misantropo*." (*Do Teatro: Textos Críticos e Escritos Diversos*, p. 390)
1865, 8 de out. (*Diário do Rio de Janeiro*)	Cr.	"Ideal do Crítico"	*Antônio e Cleópatra*	"Para que a crítica seja mestra, é preciso que seja imparcial, armada contra a insuficiência dos seus amigos, solícita pelo mérito dos seus adversários, e, neste ponto, a melhor lição que eu poderia apresentar aos olhos do crítico, seria aquela expressão de Cícero, quando César mandava levantar as estátuas de Pompeu: 'É levantando as estátuas do teu inimigo que tu consolidas as tuas próprias estátuas." (*Obra Completa em Quatro Volumes*, v. 3, p. 1103)
1865, 17 de out. (*Diário do Rio de Janeiro*)	P.	"No Espaço"	*Romeu e Julieta*	"Rompendo o último laço / Que ainda à terra as prendia, / Encontraram-se no espaço / Duas almas. Parecia / Que o destino as convocara / Para aquela mesma hora; / E livres, livres agora, / Correm a estrada do céu, / Vão ver a divina face: / Uma era a de Lovelace, / Era a outra a de Romeu." (*Obra Completa em Quatro Volumes*, v. 3, p. 655)
1865, 17 de out. (*Diário do Rio de Janeiro*)	P.	"No Espaço"	*Romeu e Julieta*	"Voavam… porém, voando / Falavam ambas. E o céu / Ia as vozes escutando / Das duas almas. Romeu / De Lovelace indagava / Que fizera nesta vida / E que saudades levava." (*Obra Completa em Quatro Volumes*, v. 3, p. 655-656)
1865, 17 de out. (*Diário do Rio de Janeiro*)	P.	"No Espaço"	*Romeu e Julieta*	"Lovelace concluíra; / Entravam ambos no céu; / E o senhor que tudo ouvira, / Voltou os olhos imensos / Para a alma de Romeu": / "E tu?" (*Obra Completa em Quatro Volumes*, v. 3, p. 657)
1865, 17 de out. (*Diário do Rio de Janeiro*)	P.	"No Espaço"	*Romeu e Julieta*	"Daqui vem que a terra conta, / Por um decreto do céu, / Cem Lovelaces num dia / E em cem anos um Romeu" (*Obra Completa em Quatro Volumes*, v. 3, p. 657)
1866, out./nov. (*Jornal das Famílias*)	C.	"Astúcias de Marido"	*Otelo*	"Desde então a questão de Otelo entrou no espírito de Valentim e fez cama aí: ser ou não ser amado, tal era o problema do infeliz marido." (*Obra Completa em Quatro Volumes*, v. 3, p. 886)

CRONOLOGIA DA PRESENÇA DE SHAKESPEARE NA OBRA DE MACHADO... 229

Data da Aparição	Gênero	Título	Obra citada	Transcrição da citação
1866, jan.	C.	"O Pai"	*Romeu e Julieta*	"É preciso acrescentar que o que facilitava esta escalada de Romeu era a solidão do lugar, cujo morador mais próximo estava a cem passos dalí." (*Contos Recolhidos*, p. 47)
1866, 6 de mar. (*Diário do Rio de Janeiro*)	Cr.	"O Teatro de José de Alencar"	*Bem Está o Que Bem Acaba*	"A peça acaba, sem abalos nem grandes peripécias, com a volta da paz da família e da felicidade geral. *All is well that ends well*, como na comédia de Shakespeare." (*Machado de Assis. Obra Completa...*, v. 3, p. 1137)
1866, 5 de jun. (*Diário do Rio de Janeiro*)	Cr.	"Colombo"	Geral	"As formas poéticas podem modificar-se com o tempo, e é essa a natureza das manifestações da arte; o tempo, a religião e a índole influem no desenvolvimento das formas poéticas, mas não as aniquilam completamente; a tragédia francesa não é a tragédia grega, nem a tragédia shakespeariana, e todas são a mesma tragédia." (*Obra Completa em Quatro Volumes*, v. 3, p. 1158)
1866, 26 de jun. (*Diário do Rio de Janeiro*)	Cr.	"Lira dos Vinte Anos"	*Hamlet*	"O poeta [Álvares de Azevedo] fazia uma frequente leitura de Shakespeare, e pode-se afirmar que a cena de Hamlet e Horário, diante da caveira de Yorick, inspirou-lhe mais de uma página de versos. Amava Shakespeare, e daí vem que nunca perdoou a tosquia que lhe fez Ducis. Em torno desses dois gênios, Shakespeare e Byron, juntavam-se outros, sem esquecer Musset, com quem Azevedo tinha mais de um ponto de contato." (*Obra Completa em Quatro Volumes*, v. 3, p. 1160)
1866, 26 de jun. (*Diário do Rio de Janeiro*)	Cr.	"Lira dos 20 Anos"	Geral	"Diz-nos ele [Álvares de Azevedo] que sonhava, para o teatro, uma reunião de Shakespeare, Calderon e Eurípedes, como necessária à reforma do gosto da arte." (*Obra Completa em Quatro Volumes*, v. 3, p. 1161)
1867 (*Jornal das Famílias*)	C.	"Onda"	*Otelo*	"Na pia chamara-se Aurora; Onda era o nome que lhe deram nos salões. Por quê? A culpa era dela e de Shakespeare; dela que o mereceu; de Shakespeare que o aplicou à instabilidade dos corações femininos." (*Contos Avulsos*, p. 63)
1867 (*Jornal das Famílias*)	C.	"Onda"	*Otelo*	"*Pérfida com a onda*, disse um dia um dos enganados, vendo-a passar em um carro e indo para a porta do Wallerstein." (*Contos Avulsos*, p. 63)
1867 (*Jornal das Famílias*)	C.	"Francisca"	*Hamlet*	"Ora, Francisca [...] era um tipo de beleza cândida e inocente de que a história e a literatura nos dão exemplo em Rute, Virgínia e Ofélia." (*Contos Recolhidos*, p. 13)

230   MACHADO E SHAKESPEARE

Data da Aparição	Gênero	Título	Obra citada	Transcrição da citação
1867 (*Jornal das Famílias*)	C.	"Francisca"	*Romeu e Julieta*	"Houve para ambas as entrevistas de despedida, a escada de seda, e a calhandra de Romeu." (*Contos Recolhidos*, p. 15)
1867, jan. a fev. (*Jornal das Famílias*)	C.	"Possível e Impossível"	*Antônio e Cleópatra*	"Vinha à minha mente a ideias de Cleópatra, era um duplo efeito que o aspecto da moça produzira no espírito e nos sentidos. Quem amasse aquela moça desejaria que, como Antônio, fosse transladado para a campa o leito nupcial da vida; ela devia inspirar uma como que voluptuosidade depois da morte." (*Contos Avulsos*, p. 111)
1867, 22 de fev. (*Diário do Rio de Janeiro*)	Cr.	"Aerólites"	*Romeu e Julieta*	"Aos vinte e um anos admira-se pouco os heróis de Homero, mas chora-se e palpita-se com o pálido amante de Julieta; a cólera de Aquiles vale menos que um suspiro lançado aos ventos da noite no jardim de Capuleto." (*Obra Completa em Quatro Volumes*, v. 3, p. 1161)
1868, 1º de mar. (*Correio Mercantil*)	Ca.	"A S. Exa. o Sr. Conselheiro José de Alencar"	*Rei Lear*	"Por isso, quando no terceiro ato Luís encontra a filha já cadáver, e prorrompe em exclamações e soluços, o coração chora com ele, e a memória, se a memória pode dominar tais comoções, nos traz aos olhos a bela cena do rei Lear carregando nos braços Cordélia morta. Quem os compara não vê nem o rei nem o escravo; vê o homem." (*Obra Completa em Quatro Volumes*, v. 3, p. 1175)
1868, abril a maio (*Jornal das Famílias*)	C.	"A Mulher de Preto"	*Hamlet*	"Que será? Eis-me na dúvida de Hamlet. Devo ir à casa dela?" (*Obra Completa em Quatro Volumes*, v. 2, p. 51)
1868, abril a maio (*Jornal das Famílias*)	C.	"A Mulher de Preto"	Geral	"Consta-nos que o autor, solicitado por seus numerosos amigos, leu há dias a comédia em casa do sr. dr. Estêvão Soares, diante de um luzido auditório, que aplaudiu muito e profetizou no sr. Oliveira um futuro Shakespeare." (*Obra Completa em Quatro Volumes*, v. 2, p. 60)
1868, 20 de ago.	Cr.	"Corres-pondência da Corte"	Geral	"Além disso, sabia que o general Stuart […] era muito parecido com o poeta Shakespeare, e fundindo-se a velhacaria de Stewart na semelhança entre ele e o general, era fácil conhece-lo à primeira vista." (*Obra Completa em Quatro Volumes*, v. 3, p. 1182)
1868, 13 de dez.	Cr.	"Pontos e Vírgulas"	*Hamlet*	"Palavras! Palavras! Palavras! SHAKESPEARE: *Hamlet*" (*Contos e Crônicas*, p. 143)

CRONOLOGIA DA PRESENÇA DE SHAKESPEARE NA OBRA DE MACHADO... 231

Data da Aparição	Gênero	Título	Obra citada	Transcrição da citação
1869, jul. (*Diário do Rio de Janeiro*)	Cr.	"Adelaide Ristori" – Medeia	*Macbeth*	"Vede como ela aparece com todos os seus dons no difícil papel de Medeia; poderá ter outros lances felizes e igualmente admiráveis no papel de Stuart ou Lady Macbeth; mas, não creio que possa exceder-se ao que é no papel de Medeia." (*Do Teatro: Textos Críticos e Escritos Diversos*, p. 492)
1869, jul. (*Diário do Rio de Janeiro*)	Cr.	"Adelaide Ristori" – Maria Suart	Geral	"Diz-se que logo após virá a vez de Corneille, de Alfieri, e de Shakespeare." (*Do Teatro: Textos Críticos e Escritos Diversos*, p. 500)
1869, jul. (*Diário do Rio de Janeiro*)	Cr.	"Adelaide Ristori" – Maria Suart	Geral	"Garrick não se enganava a este respeito: "Não esqueças Shakespeare, escrevia ele ao ator Powel, e procura viver sob a influência dele"."(*Do Teatro: Textos Críticos e Escritos Diversos*, p. 500)
1869, jul. (*Diário do Rio de Janeiro*)	Cr.	"Adelaide Ristori" – Maria Suart	Geral	"Vê-se ali a mulher e a soberana, o coração lutando com a prerrogativa, a vaidade que exulta e o orgulho que padece, mescla confusa de sentimentos opostos, harmonia e contraste, Isabel, enfim, a casta Diana, como lhe chamou Shakespeare." (*Do Teatro: Textos Críticos e Escritos Diversos*, p. 502-503)
1869, jul. (*Diário do Rio de Janeiro*)	Cr.	"Adelaide Ristori" – Sóror Teresa	*Rei Lear*	"Não é o caso de lembrar o exemplo de Garrick que, no apogeu da fama, e cercado de aplausos, atendeu à voz de um crítico que lhe censurou a primeira criação do *King Lear*, e retirou a peça de cena unicamente para estudá-la de novo? A Mirra de Ristori e o rei Lear de Garrick ficarão sendo dois grandes triunfos na história dramática moderna." (*Do Teatro: Textos Críticos e Escritos Diversos*, p. 509)
1869, jul. (*Diário do Rio de Janeiro*)	Cr.	"Adelaide Ristori" – Sóror Teresa	*Macbeth*	"Diz-me um amigo que não teremos *Macbeth*; perderemos assim a ocasião de ver Ristori interpretar aquela famosa Lady Macbeth, uma das mais profundas criações de Shakespeare. Pena é, decerto; ninguém melhor que Ristori poderia representar ao vivo qualquer das obras do poeta inglês, a quem um escritor moderno chamou com justiça, e para honra da humanidade, o maior de todos os homens". (*Do Teatro: Textos Críticos e Escritos Diversos*, p. 512)
1870, jan. (*Jornal das Famílias*)	C.	"A Vida Eterna"	*Hamlet*	"Isso é o menos; morrer é dormir, *to die, to sleep*; entretanto, não quero ir deste mundo sem cumprir um dever imperioso e indispensável." (*Contos Avulsos*, p. 85)

232 MACHADO E SHAKESPEARE

Data da Aparição	Gênero	Título	Obra citada	Transcrição da citação
1870, 9 de jan.	Cr.	"Badaladas"	*Vênus e Adônis*	"saboreou o comércio das almas pobres que procuram realizar o fabuloso de Vênus e Adônis à mercê de Shakespeare". (*Contos e Crônicas*, p. 200)
1870, *Falenas*	P.	"Quando Ela Fala"	*Romeu e Julieta*	"She speaks!/O speake again, bright Angel!" (*Obra Completa em Quatro Volumes*, v. 3, p. 429)
1870, *Falenas*	P.	"La Marchesa de Miramar"	*Macbeth*	"Tu serás rei, Macbeth!" (*Obra Completa em Quatro Volumes*, v. 3, p. 431)
1870, *Falenas*	P.	"Pálida Elvira"	*Romeu e Julieta*	"Namorados estômagos consomem;/ Comem Romeus, e Julietas comem" (*Obra Completa em Quatro Volumes*, v. 3, p. 475)
1870, *Falenas*	Paráfrase	"A Morte de Ofélia"	*Hamlet*	Paráfrase em verso da cena de Hamlet. (*Obra Completa em Quatro Volumes*, v. 3, p. 670)
1870, *Contos Fluminenses*	C.	"Miss Dollar"	Geral	"A moça em questão deve ser vaporosa e ideal como uma criação de Shakespeare." (*Obra Completa em Quatro Volumes*, v. 2, p. 11)
1871, 25 de jun. (*Semana Ilustrada*)	Cr.	"Macbeth e Rossi"	Geral, *Hamlet, Otelo, Romeu e Julieta, Macbeth, Rei Lear, Coriolano, O Mercador de Veneza*	"Ernesto Rossi continua a exibir Shakespeare. Depois de *Hamlet, Otelo, Julieta e Romeu*, apresentou ao público *Macbeth*. Não para aqui; segundo me dizem, vamos ouvir *King Lear* e *Coriolano*, e talvez o *Mercador de Veneza*. (*Obra Completa em Quatro Volumes*, v. 3, p. 1189)
1871, 25 de jun. (*Semana Ilustrada*)	Cr.	"Macbeth e Rossi"	*Hamlet*	"Ernesto Rossi está representando o monólogo do *Hamlet;* faz o mesmo ponto de interrogação; 'Que é melhor; curvar-se à sorte ou lutar e vencer?'" (*Obra Completa em Quatro Volumes*, v. 3, p. 1190)
1871, 25 de jun. (*Semana Ilustrada*)	Cr.	"Macbeth e Rossi"	*Macbeth*	"E bem entusiásticos foram os que lhe deu o público na representação de *Macbeth*, em que Rossi esteve simplesmente admirável. Não sei que outra coisa se deva dizer. O monólogo do punhal, as cenas com Lady Macbeth, a do banquete, são páginas de arte que se não apagam mais da memória." (*Obra Completa em Quatro Volumes*, v. 3, p. 1190)
1871, 25 de jun. (*Semana Ilustrada*)	Cr.	"Macbeth e Rossi"	Geral	"Se o espaço no-lo consentisse, e se houvéssemos as habilitações que sobram em tantos outros, apreciaríamos detidamente a maneira por que o grande ator italiano interpretou o imortal poeta inglês." (*Obra Completa em Quatro Volumes*, v. 3, p. 1190)

CRONOLOGIA DA PRESENÇA DE SHAKESPEARE NA OBRA DE MACHADO... 233

Data da Aparição	Gênero	Título	Obra citada	Transcrição da citação
1871, 25 de jun. (*Semana Ilustrada*)	Cr.	"Macbeth e Rossi"	Geral	"Além do gosto de aplaudir um artista como Ernesto Rossi, há outras vantagens nestas representações de Shakespeare; vai-se conhecendo Shakespeare, de que o nosso público apenas tinha notícia por uns arranjos de Ducis (duas ou três peças apenas) ou por partituras musicais." (*Obra Completa em Quatro Volumes*, v. 3, p. 1190)
1871, 25 de jun. (*Semana Ilustrada*)	Cr.	"Macbeth e Rossi"	Geral	"Esta verdade deve dizer-se: Shakespeare está sendo uma revelação para muita gente. O nosso João Caetano, que era um gênio, representou três dessas tragédias, e conseguiu dar-lhes brilhantemente a vida, que o sensaborão Ducis lhes havia tirado." (*Obra Completa em Quatro Volumes*, v. 3, p. 1190)
1871, 25 de jun. (*Semana Ilustrada*)	Cr.	"Macbeth e Rossi"	*Rei Lear, Coriolano, O Mercador de Veneza*	"Se as peças que nos anunciam forem todas à cena, teremos visto, com exceção de poucas, todas as obras-primas do grande dramaturgo. O que não será Rossi no *King Lear*? O que não será no *Mercador de Veneza*? O que não será no *Coriolano*?" (*Obra Completa em Quatro Volumes*, v. 3, p. 1190)
1871, 20 de jul. (*A Reforma*)	Ca.	"Rossi Carta a Salvador de Mendonça"	Geral, *Otelo*	A intimidade de Shakespeare deu-lhe abençoados atrevimentos. Ao poeta inglês, se bem me recordo, chama Victor Hugo mau vizinho. Para os inventores será. Para os intérpretes, dizia Garrick, que era uma condição indispensável de perfeição. Não era todavia neste sentido que eu dizia uma noite, a um amigo, depois de ouvir *Otelo*: 'Sem Shakespeare não tínhamos Rossi'." (*Do Teatro: Textos Críticos e Escritos Diversos*, p. 522-523)
1871, 20 de jul. (*A Reforma*)	Ca.	"Rossi Carta a Salvador de Mendonça"	Geral, *Hamlet, Romeu e Julieta*	"Não tem clima seu: pertencem-lhe todos os climas da terra. Estende as mãos a Shakespeare e a Corneille, a Alfieri e Lord Byron [...]. É na mesma noite Hamlet e Kean. Fala todas as línguas: o amor, o ciúme, o remorso, a dúvida, a ambição. Não tem idade: é hoje Romeu, amanhã Luís XI." (*Do Teatro: Textos Críticos e Escritos Diversos*, p. 523)
1871, 20 de jul. (*A Reforma*)	Ca.	"Rossi Carta a Salvador de Mendonça"	Geral	"Olha Shakespeare. Nenhum poeta imprimiu mais vitalidade própria nas páginas dos seus dramas; nenhum parece dispensar tanto o prestígio do tablado." (*Do Teatro: Textos Críticos e Escritos Diversos*, p. 525)

234 — MACHADO E SHAKESPEARE

Data da Aparição	Gênero	Título	Obra citada	Transcrição da citação
1871, 20 de jul. (*A Reforma*)	Ca.	"Rossi Carta a Salvador de Mendonça"	*Hamlet, Otelo, Romeu e Julieta, Macbeth*	"Não te falo de Hamlet, de Otelo, de Cid, de todos esses tipos que a posteridade consagrou, e que o Rossi tem reproduzido ante o nosso público, fervente de entusiasmo. Um deles, o Hamlet, nunca o tinha visto pelo nosso ilustre João Caetano. A representação dessa obra, a meu ver (perdoe-me Villemain) a mais profunda de Shakespeare, afigurou-se-me sempre um sonho difícil de realizar. Difícil era, mas não impossível. Vem realizar-mo o mesmo ator que sabe traduzir a paixão de Romeu, os furores de Otelo, as angústias do Cid, os remorsos do Macbeth, que conhece enfim toda a escala da alma humana." (*Do Teatro: Textos Críticos e Escritos Diversos*, p. 525)
1871, 20 de jul. (*A Reforma*)	Ca.	"Rossi Carta a Salvador de Mendonça"	*Otelo, Hamlet, Rei Lear, O Mercador de Veneza*	"O que eu desejava, meu caro Salvador, sabes tu o que era? Eu desejava uma coisa impossível, um sonho imenso. Era vê-los aos dois, e não só eles, mas também esse outro, que a fama apregoa, e que os nossos irmãos do Prata estão ouvindo e vendo, era vê-los todos três juntos, a combaterem pela mesma causa e a colherem vitórias comuns. Imagina Otelo, Hamlet, Iago, Cordélia, Desdêmona, Lear, Shylock, todo o Shakespeare enfim; imagina Horácio, Camila, Fedra, Mirra, Luís XI, Frei Luís de Sousa, Stuart, que sei eu? Imagina todos esses grandes caracteres evocados pelos três italianos no mesmo prazo, no mesmo tablado, perante nós!" (*Do Teatro: Textos Críticos e Escritos Diversos*, p. 526)
1871, 29 de out.	Cr.	"Badaladas"	*Hamlet*	"Tem razão Hamlet. Há mais coisas entre o céu e a terra, do que sonha a nossa filosofia." (*Contos e Crônicas*, p. 243)
1871, nov./dez. (*Jornal das Famílias*)	C.	"O Caminho de Damasco"	*Hamlet*	"Amá-lo-ia ela depois? *There is the rub*, como diz Hamlet." (*Obra Completa em Quatro Volumes*, v. 2, p. 1059)
1872, jan. a mar. (*Jornal das Famílias*)	C.	"Rui de Leão"	*Romeu e Julieta*	"Ao mesmo tempo abriu-se a janela de Madalena e o vulto da moça apareceu como Julieta quando esperava Romeu e a escada." (*Obra Completa em Quatro Volumes*, v. 2, p. 1073)
1872, abr.	R.	*Ressurreição*	*Medida por Medida*	"Minha ideia ao escrever este livro foi pôr em ação aquele pensamento de Shakespeare: Our doubts are traitors, / And make us lose the good we oft might win, / By fearing to attempt." (*Obra Completa em Quatro Volumes*, v. 1, p. 236).
1872, abr.	R.	*Ressurreição*	*Otelo*	"Não adotou o método de Iago, que lhe parecia arriscado e pueril; em vez de insinuar-lhe a suspeita pelo ouvido, meteu-lha pelos olhos." (*Obra Completa em Quatro Volumes*, v. 1, p. 266)

CRONOLOGIA DA PRESENÇA DE SHAKESPEARE NA OBRA DE MACHADO... 235

Data da Aparição	Gênero	Título	Obra citada	Transcrição da citação
872, abr.	R.	*Ressurreição*	*Medida por Medida*	"A natureza o pôs nessa classe de homens pusilânimes e visionários, a quem cabe a reflexão do poeta: 'perdem o bem pelo receio de o buscar'." (*Obra Completa em Quatro Volumes*, v. 1, p. 314)
872, abr./maio *Jornal das Famílias*)	C.	"Quem Não Quer Ser Lobo..."	*Macbeth*	"A Sombra de Banquo" (subtítulo da parte VII do conto) (*Obra Completa em Quatro Volumes*, v. 2, p. 1093)
872, 1º de jul. *Jornal do Comércio*)	Cr.	"Guilherme Malta"	*Hamlet*	"Ofélia tem uma página. Lélia duas." (*Obra Completa em Quatro Volumes*, v. 3, p. 1198)
873 *Histórias da Meia-Noite*)	C.	"Aurora Sem Dia"	*Hamlet, Romeu e Julieta, Otelo*	"Ele respingava nas alheias produções uma coleção de alusões e nomes literários, com que fazia as despesas de sua erudição, e não lhe era preciso, por exemplo, ter lido Shakespeare para falar do *to be or not to be*, do balcão de Julieta e das torturas de Otelo." (*Obra Completa em Quatro Volumes*, v. 2, p. 206)
873 (*Histórias da Meia-Noite*)	C.	"Aurora Sem Dia"	*Romeu e Julieta*	"Uma moça é pouco; diga a mais gentil criatura que o sol ainda alumiou, uma sílfide, a minha Beatriz, a minha Julieta, a minha Laura." (*Obra Completa em Quatro Volumes*, v. 2, p. 209)
873 *Histórias da Meia-Noite*)	C.	"Aurora Sem Dia"	*Macbeth*	"Vejo que é modesto, e não duvido que alguma voz interior o esteja convidando a queimar as suas asas de poeta. Mas, cuidado! Há de ter lido *Macbeth*... Cuidado com a voz das feiticeiras, meu amigo." (*Obra Completa em Quatro Volumes*, v. 2, p. 211)
873, fev. *Jornal do Comércio*)	P.	"Monólogo de Hamlet"	*Hamlet*	Tradução do monólogo "To be or not to be" (*Obra Completa em Quatro Volumes*, v. 3, p. 575)
873, 23 de mar.	Cr.	"Badaladas"	*Hamlet*	"O Sr. Cunha Leitão devia saber que *Hamlet* fala de uma terra encoberta e misteriosa, – 'donde nenhuma viajante ainda voltou' – e não pode ignorar que essa terra é uma comissão." (*Contos e Crônicas*, p. 291)
873, 24 de mar. (*O Novo Mundo*)	Cr.	"Notícia da Atual Literatura Brasileira: Instinto de Nacionalidade"	*Hamlet, Romeu e Julieta, Otelo, Júlio César*	"Mas, pois que isto vai ser impresso em terra americana e inglesa, perguntarei mais se o *Hamlet*, o *Otelo*, o *Júlio César*, a *Julieta e Romeu* têm alguma coisa com a história inglesa nem com o território britânico, e se, entretanto, Shakespeare não é, além de um gênio universal, um poeta essencialmente inglês." (*Obra Completa em Quatro Volumes*, v. 3, p. 1205)

MACHADO E SHAKESPEARE

Data da Aparição	Gênero	Título	Obra citada	Transcrição da citação
1873, 24 de mar. (*O Novo Mundo*)	Cr.	"Notícia da Atual Literatura Brasileira: Instinto de Nacionalida-de"	Geral	"Certo, não lhe falta, como disse, imaginação; mas esta tem suas regras, o estro leis, e se há casos em que eles rompem as leis e as regras, é porque as fazem novas, é porque se chamam Shakespeare, Dante, Goethe, Camões." (*Obra Completa em Quatro Volumes*, v. 3, p. 1209)
1873, abr. (*Jornal das Famílias*)	C.	"Tempo de Crise"	Geral	"Dizem de Shakespeare que, se a humanidade perecesse, ele só poderia compô-la, pois que não deixou intacta uma fibra sequer do coração humano." (*Obra Completa em Quatro Volumes*, v. 2, p. 1179)
1873, maio (*Jornal das Famílias*)	C.	"Decadência de Dois Grandes Homens"	*Júlio César*	"Apenas lhe direi que eu entrara naquela sinceramente, porquanto, como muito bem disse um poeta inglês, que depois me meteu em cena, eu matei César, não por ódio a César, mas por amor da República." (*Obra Completa em Quatro Volumes*, v. 2, p. 1193)
1874, jun./jul. (*Jornal das Famílias*)	C.	"Os Óculos de Pedro Antão"	*Romeu e Julieta*	"Assim se passaram os dias, as semanas, os meses; era um idílio *renouvelé de Roméo*. Um dia provavelmente o pai da moça percebeu que alguém costumava perlustrar os telhados, e tendo ouvido conjugar o verbo amar todas as noites sempre no indicativo do tempo presente, resolveu pôr em cena um quinto ato de Crebillon; comprou uma pistola..." (*Obra Completa em Quatro Volumes*, v. 2, p. 1248)
1874 jun./jul. (*Jornal das Famílias*)	C.	"Os Óculos de Pedro Antão"	*Romeu e Julieta*	"Todas as noites saía o homem de casa, levando a escada que era posta convenientemente para que ele subisse e fosse conversar com Cecília na posição em que Romeu e Julieta se separaram dando o último beijo e ouvindo o rouxinol.... Queres ouvir o diálogo da despedida de Romeu?" (*Obra Completa em Quatro Volumes*, v. 2, p. 1248)
1874, jul.- ago. (*Jornal das Famílias*)	C.	"Um Dia de Entrudo"	*Romeu e Julieta*	"Ideia infernal surdiu no espírito de Carlos Era esperar o Romeu dos quintais e pregar-lhe nova peça." (*Obra Completa em Quatro Volumes*, v. 2, p. 1265)
1874, out./nov. (*Jornal das Famílias*)	C.	"Muitos Anos Depois"	*Hamlet*	"Semelhante ao homem que só houvesse vivido no meio de figuras esculpidas em mármore, e que supusesse nos homens o original completo das cópias artísticas, Flávio povoava a sua imaginação de Ofélias e Marílias, ansiava por encontrá-las, amava-as antecipadamente, em solitárias chamas." (*Obra Completa em Quatro Volumes*, v. 2, p. 1273)

CRONOLOGIA DA PRESENÇA DE SHAKESPEARE NA OBRA DE MACHADO... 237

Data da Aparição	Gênero	Título	Obra citada	Transcrição da citação
1874, out./nov. (*Jornal das Famílias*)	C.	"Muitos Anos Depois"	*Macbeth*	"Lhe fosse preciso adquirir uma coroa – quem sabe? – Laura seria *lady* Macbeth." (*Obra Completa em Quatro Volumes*, v. 2, p. 1274)
1874, 26 de set. a 3 de nov. (*O Globo*)	R.	*A Mão e a Luva*	*Otelo*	"Uma noite assistira à representação de *Otelo*, palmeando até romper as luvas, aclamando até cansar-lhe a voz, mas acabando a noite satisfeito dos seus e de si." (*Obra Completa em Quatro Volumes*, v. 1, p. 324)
1874, 26 de set. a 3 de nov. (*O Globo*)	R.	*A Mão e a Luva*	*Otelo*	"Vassouras não tem Lagrua nem *Otelo...*" (*Obra Completa em Quatro Volumes*, v. 1, p. 324)
1874, 26 de set. a 3 de nov. (*O Globo*)	R.	*A Mão e a Luva*	Geral	"O jovem bacharel, para não perder o sestro dos primeiros tempos, avocava todas as suas reminiscências literárias; a desconhecida foi sucessivamente comparada a um serafim de Klopstock, a uma fada de Shakespeare, a tudo quanto na memória dele havia mais aéreo, transparente, ideal." (*Obra Completa em Quatro Volumes*, v. 1, p. 326).
1874, 26 de set. a 3 de nov. (*O Globo*)	R.	*A Mão e a Luva*	*Bem Está o Que Bem Acaba*	"Bem está o que bem acaba, disse um poeta nosso, homem de juízo." (*Obra Completa em Quatro Volumes*, v. 1, p. 331)
1875, 4 de jul. (*Semana Ilustrada*)	Cr.	"O Visconde de Castilho"	Geral	"O poeta dos 'Ciúmes de Bardo' e da 'Noite do Castelo', o tradutor exímio de Ovídio, Virgílio e Anacreonte, de Shakespeare, Goethe e Molière, o contemporâneo de todos os gêneros."(*Obra Completa em Quatro Volumes*, v. 3, p. 1215)
1875, jul. a set. (*Jornal das Famílias*)	C.	"Antes Que Cases"	*Romeu e Julieta*	"Alfredo Tavares (é o nome do rapaz) povoara o seu espírito de Julietas e Virgínias, e aspirava noite e dia viver um romance como só ele o podia imaginar." (*Obra Completa em Quatro Volumes*, v. 2, p. 1317)
1875, jul. a set. (*Jornal das Famílias*)	C.	"Antes Que Cases"	*Hamlet*	"Seguiria pela rua da Quitanda ou pela rua do Ouvidor? *That was the question.*" (*Obra Completa em Quatro Volumes*, v. 2, p. 1318)
1875, jul. a set. (*Jornal das Famílias*)	C.	"Antes Que Cases"	*Romeu e Julieta*	"Todavia, o namorado insistiu na entrevista do jardim, que ela recusou a princípio. A entrevista entrava no sistema poético de Alfredo, era uma leve reminiscência da cena de Shakespeare." (*Obra Completa em Quatro Volumes*, v. 2, p. 1327)

238 · MACHADO E SHAKESPEARE

Data da Aparição	Gênero	Título	Obra citada	Transcrição da citação
1875, out. a nov. (*Jornal das Famílias*)	C.	"Um Esqueleto"	*Otelo*[1]	"– É verdade, um crime de que fui autor. Minha mulher era muito amada de seu marido; não admira, eu sou todo coração. Um dia, porém, suspeitei que me houvesse traído; vieram dizer-me que um moço da vizinhança era seu amante. Algumas aparências me enganaram. Um dia declarei-lhe que sabia tudo, e que ia puni-la do que me havia feito. Luísa caiu-me aos pés banhada em lágrimas protestando pela sua inocência. Eu estava cego; matei-a." (*Obra Completa em Quatro Volumes*, v. 2, p. 1367)
1875, dez. a fev. de 1876 (*Jornal das Famílias*)	C.	"História de uma Fita Azul"	*Como Gostais*	"O Homem do *Pobre Jacques*." (*Obra Completa em Quatro Volumes*, v. 2, p. 1407)
1876, fev. a mar. (*Jornal das Famílias*)	C.	"To Be or Not to Be"	*Hamlet*	"To Be or Not to Be" (Título do conto) (*Obra Completa em Quatro Volumes*, v. 2, p. 1414)
1876, 6 de fev. a 11 de set. (*O Globo*)	R.	*Helena*	*Romeu e Julieta*	"Não", dizia Estácio consigo, "não é este o asilo de um Romeu de contrabando." (*Obra Completa em Quatro Volumes*, v. 1, p. 470)
1876, 6 de fev. a 11 de set. (*O Globo*)	R.	*Helena*	*Otelo*	"Poucos dias antes, a bordo, um engenheiro inglês que vinha do Rio Grande para esta Corte emprestara-me um volume truncado de Shakespeare. Pouco me restava do pouco inglês que aprendi; fui soletrando como pude, e uma frase que ali achei fez-me estremecer, na ocasião, como uma profecia; recordei-a depois, quando Ângela me escreveu. 'Ela enganou seu pai', diz Brabantio a Otelo, 'há de enganar-te a ti também'." (*Obra Completa em Quatro Volumes*, v. 1, p. 491)
1876, 1º de out. (*Ilustração Brasileira*)	Cr.	"História de Quinze Dias"	*Macbeth*	"Não reinaram só as vozes líricas nesta quinzena última; fez-lhe concorrência o boi. O boi, substantivo masculino, com que nós acudimos às urgências do estômago, pai do rosbife, rival da garoupa, ente pacífico e filantrópico, não é justo que viva… isto é, que morra obscuramente nos matadouros. De quando em quando, dá-lhe para vir perfilar-se entre nossas preocupações, como uma sombra de Banquo, e faz bem. Não o comemos? É justo que o discutamos." (*Obra Completa em Quatro Volumes*, v. 4, p. 323)

1 A tragédia de Otelo não é citada nessa passagem, mas trata-se de uma clara alusão à peça, que aparece, aqui, resumida.

CRONOLOGIA DA PRESENÇA DE SHAKESPEARE NA OBRA DE MACHADO... 239

Data da Aparição	Gênero	Título	Obra citada	Transcrição da citação
1876, out. (*Jornal das Famílias*)	C.	"Uma Visita de Alcibíades"	*Timão de Atenas (?)*	(Fonte shakespeariana? Referência duvidosa) (*Papéis Avulsos*)
1876, dez. a fev. 1877 (*Jornal das Famílias*)	C.	"Sem Olhos"	*Otelo*	"Que outro rival de Otelo há aí como esse marido que queimou com um ferro em brasa os mais belos olhos do mundo, em castigo de haverem fitado outros olhos estranhos?" (*Obra Completa em Quatro Volumes*, v. 2, p. 1508)
1877, 1º de jan. (*Ilustração Brasileira*)	Cr.	"História de Quinze Dias"	*Hamlet*	"A quem pertencerão as riquezas que se encontrem? Ao Estado? Aos concessionários da demolição? *That is the question.*" (*Obra Completa em Quatro Volumes*, v. 4, p. 341)
1877, mar. a maio (*Jornal das Famílias*)	C.	"Um Almoço"	*Macbeth*	"Esta voz lhe contava antecipadamente as alegrias do futuro, dizendo-lhe à guisa das feiticeiras de Macbeth: - Tu serás sócio do Madureira!" (*Obra Completa em Quatro Volumes*, v. 2, p. 1513)
1877, 1º de jun. (*Ilustração Brasileira*)	Cr.	"História de Quinze Dias"	*Hamlet*	"Pílula, és tu pílula ou comparsa da empresa funerária? *It is the rub...*" (*Obra Completa em Quatro Volumes*, v. 4, p. 364)
1877, 1º de set. (*Ilustração brasileira*)	Cr.	"História de Quinze Dias"	*Hamlet*	"A sepultura é de fácil acesso, mas não dá saída aos hóspedes. Ninguém ainda voltou daquele país, como pondera Hamlet." (*Obra Completa em Quatro Volumes*, v. 4, p. 377)
1877, nov. a jan. 1878 (*Jornal das Famílias*)	C.	"Um Ambicioso"	*Macbeth*	"Consultou-se; recuou aterrado. Uma feiticeira de Macbeth bradava-lhe aos ouvidos: 'Tu serás eleitor, José Candido!' Eleitor! Sim; por que não?" (*Obra Completa em Quatro Volumes*, v. 2, p. 1555)
1877, 1º de dez. (*Ilustração Brasileira*)	Cr.	"História de Quinze Dias"	*Hamlet*	"Tem ou não tem privilégio o Sr. Greenough? *That is the question!*" (*Obra Completa em Quatro Volumes*, v. 4, p. 390)
1877, 1º de dez. (*Ilustração Brasileira*)	Cr.	"História de Quinze Dias"	*Hamlet*	"Colocado entre as duas pontas de interrogação de Hamlet, o Sr. Greenough prefere *to take arms against a sea of troubles* – em linguagem mais chã, prefere abotoar o adversário." (*Machado de Assis. Obra Completa...*, v. 4, p. 390)
1878, 1º de jan. a 2 de mar. (*O Cruzeiro*)	R.	*Iaiá Garcia*	*Macbeth*	"Não alegrou nada. Nunca lhe pesara tanto a fatalidade da posição. Depois do episódio da Tijuca, parecia-lhe aquele favor uma espécie de perdas e danos que a mãe de Jorge literalmente lhe pagava, uma água virtuosa que lhe lavaria os lábios dos beijos que ela forcejava por extinguir, como lady Macbeth a sua mancha de sangue. *Out, dammed spot!*" (*Obra Completa em Quatro Volumes*, v. 1, p. 540).

MACHADO E SHAKESPEARE

Data da Aparição	Gênero	Título	Obra citada	Transcrição da citação
1878, 30 de abr. (*O Cruzeiro*)	Cr.	"*O Primo Basílio*"	*Otelo*	"O lenço de Desdêmona tem larga parte na sua morte; mas a alma ciosa e ardente de Otelo, a perfídia de Iago e a inocência de Desdêmona, eis os elementos principais da ação." (*Obra Completa em Quatro Volumes*, v. 3, p. 1239)
1878, 30 de abr. (*O Cruzeiro*)	Cr.	"*O Primo Basílio*"	*Hamlet, A Tempestade, Noite de Reis, Cimberlino*	"Tinheis a *Lisístrata*; e se a *Lisístrata* parecesse obscena demais, podíeis argumentar com algumas frases de Shakespeare, e certas locuções de Gil Vicente e de Camões. [...]. Em relação a Shakespeare, que importam algumas frases obscenas, em uma ou outra página, se a explicação de muitas delas está no tempo, e se a respeito de todas nada há sistemático? Eliminai-as ou modificai-as, nada tirareis ao criador das mais castas figuras do teatro, ao pai de Imogene, de Miranda, de Viola, de Ofélia, eternas figuras sobre as quais hão de repousar eternamente os olhos dos homens." (*Obra Completa em Quatro Volumes*, v. 3, p. 1241)
1878, 30 de abr. (*O Cruzeiro*)	Cr.	"*O Primo Basílio*"	Geral	"Em que pode um drama de Israel, uma comédia de Atenas, uma locução de Shakespeare ou de Gil Vicente justificar a obscenidade sistemática do realismo?" (*Obra Completa em Quatro Volumes*, v. 3, p. 1241)
1878, 21 de maio (*O Cruzeiro*)	Cr.	"O Caso Ferrari"	*Hamlet*	"Ah! Se o divino autor do *Hamlet* pudesse ler um caso assim na crônica da Idade Média!" (*Crítica Teatral*, p. 269)
1878, 9 de jun. (*O Cruzeiro*)	Cr.	"Notas Semanais"	*Hamlet*	"A quem pertence a obrigação de remover os restos corrutos? *It is the rub*. Resolve-me ou devoro-te." (*Obra Completa em Quatro Volumes*, v. 4, p. 414)
1878, 9 de jun. (*O Cruzeiro*)	Cr.	"Notas Semanais"	*A Tempestade*	"Por enquanto, não muda de mulheres, mas de contratantes; e, preço por preço, inclina-se aos minas, que são seus malungos. Podemos dizer que é alma de Bruto no corpo de Calibã." (*Obra Completa em Quatro Volumes*, v. 4, p. 440)
1878, 28 de jul. (*O Cruzeiro*)	Cr.	"Notas Semanais"	*O Mercador de Veneza*	"E foi o que fez o banqueiro. Abriu-nos o crédito a sorrir, sem se lhe alterar uma fibra do rosto; desmentiu Shylock e todos os seus correligionários, e deixou-se estar na impassibilidade olímpica de um Creso." (*Obra Completa em Quatro Volumes*, v. 4, p. 444)
1878, 11 de ago. (*O Cruzeiro*)	Cr.	"Notas Semanais"	*Hamlet*	"Haverá, e não raros, que jamais possam suportar uma cena do *Cid* ou um diálogo do *Hamlet*, que os achem supinamente amoladores, tanto como os antigos dramalhões do Teatro de São Pedro; mas nenhum há que se não babe ao ouvir um dueto." (*Obra Completa em Quatro Volumes*, v. 4, p. 456)

CRONOLOGIA DA PRESENÇA DE SHAKESPEARE NA OBRA DE MACHADO... 241

Data da Aparição	Gênero	Título	Obra citada	Transcrição da citação
1878, 18 de agosto (*O Cruzeiro*)	Cr.	"Notas Semanais"	*Romeu e Julieta, Antônio e Cleópatra*	"A vida humana oferece singulares mutações à vista. Não há imaginação de dramaturgo nem arte de maquinista que as faça mais súbitas nem mais completas. O grande mestre é exímio nesses saltos violentos; passa de uma tenda na Síria à galera de Pompeu, e do jardim de Capuleto à cela do pio frade. Não é ele o asno ordeiro e regrado, que obedece às posturas e ao chicote; é o cavalo de Jô, impetuoso como o vento. Pois nem Shakespeare era capaz de imaginar coisa análoga ao caso de Macaúbas." (*Obra Completa em Quatro Volumes*, v. 4, p. 457)
1878, 1º de set. (*O Cruzeiro*)	Cr.	"Notas Semanais"	Geral	"Danças, vistas, tramoias, tudo o que pode nutrir a porção sensual do homem, nada que lhe fale a essa outra porção mais pura; nenhum ou raro desses produtos do engenho, frutos da arte que deu à humanidade o mais profundo dos seus indivíduos." (*Obra Completa em Quatro Volumes*, v. 4, p. 471)
1879 (*Revista Brasileira*)	Cr.	"Antônio José"	Geral	"Não lhe fossem propor graves problemas, nem máximas profundas, nem os caracteres, nem as altas observações que formam o argumento das comédias de outra esfera, nem sobretudo as melancolias de Molière e Shakespeare." (*Obra Completa em Quatro Volumes*, v. 2, p. 701)
1879, 1º de dez. (*Revista Brasileira*)	Cr.	"A Nova Geração"	*Macbeth*	"Assim pois, o Sr. Carvalho Júnior, cedendo a si mesmo e carregando a mão descautelosa, faz uma profissão de fé exclusivamente carnal; não podia seguir o seu modelo, alcunhado realista, que confessa um *rouge ideal*, e que o encontra em Lady Macbeth, para lhe satisfazer o coração, *profond comme un abîsme*." (*Obra Completa em Quatro Volumes*, v. 3, p. 1266)
s/d	E.D.	Prefácio (Carlos Jansen: Contos Seletos das *Mil e uma Noites*)	*Macbeth, Hamlet*	"Nem Shakespeare escapou, o divino Shakespeare, como se *Macbeth* precisasse do comentário de nenhuma outra arte, ou fosse empresa fácil traduzir musicalmente a alma de Hamlet." (*Obra Completa em Quatro Volumes*, v. 3, p. 1293)
1879, 15 de dez. a 15 de fev. de 1880 (*A Estação*)	C.	"A Chave"	*Hamlet*	"Já tens muita água, boa Marcelina. *Too much of water hast thou, poor Ophelia!* A diferença é que a pobre Ofélia lá ficou, ao passo que tu sais sã e salva, com a roupa de banho pegada ao corpo, um corpo grego, por Deus!" (*Obra Completa em Quatro Volumes*, v. 3, p. 32)

242 MACHADO E SHAKESPEARE

Data da Aparição	Gênero	Título	Obra citada	Transcrição da citação
1880, 15 de jan. (*Revista Brasileira*)	P.	"No Alto"	*A Tempestade*	"Ao gracioso Ariel, que de baixo o acompanha / Num tom medroso e agreste / Pergunta o que será." (*Obra Completa em Quatro Volumes*, v. 3, p. 602)
1880, 15 de jan. (*Revista Brasileira*)	P.	"No Alto"	*A Tempestade*	"Ariel se desfez sem lhe dar mais resposta." (*Machado de Assis. Obra completa*, v. 3, p. 602)
1880, 15 de mar. a 15 de dez. (*Revista Brasileira*)	R.	*Memórias Póstumas de Brás Cubas*	*Como Gostais*	"*I Will chide no breather in the world but myself; against whom I know most faults.*" ("Não é meu intento criticar nenhum fôlego vivo, mas a mim somente, em quem descubro muitos senões.") (E. Gomes, *Shakespeare no Brasil*, p. 158-159)
1880, 15 de mar. a 15 de dez. (*Revista Brasileira*)	R.	*Memórias Póstumas de Brás Cubas*	*Hamlet*	"E foi assim que cheguei à cláusula dos meus dias; foi assim que me encaminhei para o *undiscovered country* de Hamlet, sem as ânsias nem as dúvidas do moço príncipe, mas pausado e trôpego, como quem se retira tarde do espetáculo." (*Obra Completa em Quatro Volumes*, v. 1, p. 626)
1880, 15 de mar. a 15 de dez. (*Revista Brasileira*)	R.	*Memórias Póstumas de Brás Cubas*	*Macbeth*	"Ela ouvia-me e ria, com uma expressão cândida – cândida e outra coisa, que eu nesse tempo não entendia bem; mas agora, relembrando o caso, penso que era um riso misto, como devia ter a criatura que nascesse, por exemplo, de uma bruxa de Shakespeare com um serafim de Klopstock." (*Obra Completa em Quatro Volumes*, v. 1, p. 647)
1880, 15 de mar. a 15 de dez. (*Revista Brasileira*)	R.	*Memórias Póstumas de Brás Cubas*	*Como Gostais*[2]	"Renunciei tudo; tinha o espírito atônito. Creio que por então é que começou a desabotoar em mim a hipocondria, essa flor amarela, solitária e mórbida, de um cheiro inebriante e sutil. 'Que bom que é estar triste e não dizer coisa nenhuma!' Quando essa palavra de Shakespeare me chamou a atenção, confesso que senti em mim um eco, um eco delicioso." (*Obra Completa em Quatro Volumes*, v. 1, p. 658)
1880, 15 de mar. a 15 de dez. (*Revista Brasileira*)	R.	*Memórias Póstumas de Brás Cubas*	*Hamlet*	"Que me cumpria fazer? Era o caso de Hamlet: ou dobrar-se à fortuna, ou lutar com ela e subjugá-la. Por outros termos: embarcar ou não embarcar. Esta era a questão." (*Obra Completa em Quatro Volumes*, v. 1, p. 708)
1880, 15 de mar. a 15 de dez. (*Revista Brasileira*)	R.	*Memórias Póstumas de Brás Cubas*	*Otelo*	"Abençoado uso que nos deu *Otelo* e os paquetes transatlânticos!" (*Obra Completa em Quatro Volumes*, v. 1, p. 719)

2   Lembramos que essa citação de *Como Gostais* foi substituída pela dedicatória "Ao verme/ que/ primeiro roeu…" a partir da segunda edição do romance.

CRONOLOGIA DA PRESENÇA DE SHAKESPEARE NA OBRA DE MACHADO... 243

Data da Aparição	Gênero	Título	Obra citada	Transcrição da citação
1880, 15 de mar. 15 de dez. (*Revista Brasileira*)	R.	*Memórias Póstumas de Brás Cubas*	Geral	"Eis aí o drama, eis aí a ponta da orelha trágica de Shakespeare." (*Obra Completa em Quatro Volumes*, v. 1, p. 725)
1880, 15 de mar. a 15 de dez. (*Revista Brasileira*)	R.	*Memórias Póstumas de Brás Cubas*	Macbeth	"Se possuísse os aparelhos próprios, incluía neste livro uma página de química, porque havia de decompor o remorso até os mais simples elementos, com o fim de saber de um modo positivo e concludente por que razão Aquiles passeia à roda de Troia o cadáver do adversário, e lady Macbeth passeia à volta da sala a sua mancha de sangue. Mas eu não tenho aparelhos químicos, como não tinha remorsos; tinha vontade de ser ministro de Estado. Contudo, se ei de acabar este capítulo, direi que não quisera ser nem Aquiles nem lady Macbeth; e que, a ser alguma coisa, antes Aquiles, antes passear ovante o cadáver do que a mancha; ouvem-se no fim as súplicas de Príamo, e ganha-se uma bonita reputação militar e literária." (*Obra Completa em Quatro Volumes*, v. 1, p. 740)
1881, 15 de ago. a 30 de set. (*A Estação*)	C.	"A Mulher Pálida"	*Romeu e Julieta*	"O nome é que era feio; mas que é um nome? *What is a name?* Como diz a flor dos Capuletos." (*Obra Completa em Quatro Volumes*, v. 3, p. 62)
1882, set. (*Gazeta de Notícias*)	C.	"O Espelho"	*O Mercador de Veneza*	"Quem perde uma das metades, perde naturalmente metade da existência; e casos há, não raros, em que a perda da alma exterior implica a da existência inteira. Shylock, por exemplo. A alma exterior daquele judeu eram os seus ducados; perdê-los equivalia a morrer. 'Nunca mais verei o meu ouro, diz ele a Tubal; *é um punhal que me enterras no coração*.' Vejam bem esta frase; a perda dos ducados, alma exterior, era a morte para ele." (*Obra Completa em Quatro Volumes*, v. 2, p. 323)
1882, out. (*A Estação*)	C.	"Letra Vencida"	*Romeu e Julieta*	"O diálogo interrompia-se; os intervalos de silêncio eram suspirados e longos. Enfim bateram duas horas: era o rouxinol? Era a cotovia? Romeu preparou-se para ir embora; Julieta pediu alguns minutos." (*Obra Completa em Quatro Volumes*, v. 3, p. 79)
1882, out. (*A Estação*)	C.	"Letra Vencida"	*Romeu e Julieta*	"Beatriz inclinou-se, e o eterno beijo de Verona conjugou os dois infelizes. Era o primeiro. Deram três horas; desta vez era a cotovia." (*Obra Completa em Quatro Volumes*, v. 3, p. 79)

Data da Aparição	Gênero	Título	Obra citada	Transcrição da citação
1882, dez. a mar. de 1883 (*A Estação*)	C.	"O Programa"	*Hamlet,* Geral	"Era muito governar os homens, escrever *Hamlet*; mas por que não reuniria a alma dele ambas as glórias, por que não seria um Pitt e um Shakespeare, obedecido e admirado?" (*Obra Completa em Quatro Volumes*, v. 3, p. 88)
1883, 14 de abr.	Ca.	Carta a Joaquim Nabuco	Referência geral à personagem que dá nome ao clube	"E ainda há poucos dias tive em mão uma remessa mais antiga, um cartão do Falstaff Club." (*Obra Completa em Quatro Volumes*, v. 3, p. 1358)
1883, maio/ jun. (*A Estação*)	C.	"Troca de Datas"	*Hamlet*	"Agora, por que motivo, sendo a mulher tão boa, e, não a odiando ele, pois que lhe remete uns mimos, comprados para ela, de propósito, não aqui, mas já em Buenos Aires, por que motivo, digo eu, resiste o capitão Eusébio à proposta de vir ver Cirila? *That is the rub.*" (*Obra Completa em Quatro Volumes*, v. 3, p. 111)
1883, 20 jun. (*Gazeta de Notícias*)	C.	"Último Capítulo"	*Macbeth, Romeu e Julieta, Antônio e Cleópatra*	"Rufina (permitam-me esta figuração cromática) não tinha a alma negra de *lady* Macbeth, nem a vermelha de Cleópatra, nem a azul de Julieta, nem a alva de Beatriz, mas cinzenta e apagada como a multidão dos seres humanos." (*Obra Completa em Quatro Volumes*, v. 2, p. 360)
1883, 30 de set. a 15 de out.	C.	"Duas Juízas"	*A Tempestade*	Uso do nome "Próspero" como pseudônimo. (*Contos Sem Data*)
1883, 16 de out. (*Gazeta de Notícias*)	Cr.	"Balas de Estalo"	Geral, *Otelo*	"Nepa in pavé. Brasil desfalques latecatú. Inglese poeta, Shakespeare, kará: make money; upa lamaré in língua Brasil:– *mete dinheiro no bolso!*" (*Obra Completa em Quatro Volumes*, v. 4, p. 500)
1883, out./nov. (*A Estação*)	C	"Médico é Remédio"	*Romeu e Julieta*	Nome da personagem principal do conto. (*Obra Completa em Quatro Volumes*, v. 3, p. 128-132)
1883, nov. (*Gazeta de Notícias*)	C.	"Uma Senhora"	*Macbeth*	"Ficando só, tornou a olhar para o espelho, e corajosamente arrancou o cabelinho branco, e deitou-o à chácara. *Out, dammed spot! Out!* Mais feliz do que a outra *lady* Macbeth viu assim desaparecer a nódoa no ar, porque no animo dela, a velhice era um remorso, e a fealdade um crime. Sai, maldita mancha! sai!" (*Obra Completa em Quatro Volumes*, v. 2, p. 401)
1884, 24 jun. (*Gazeta de Notícias*)	C.	"Evolução"	*Romeu e Julieta*	"Chamo-me Inácio; ele, Benedito. Não digo o resto dos nossos nomes por um sentimento de compostura, que toda a gente discreta apreciará. Inácio basta. Contentem-se com Benedito. Não é muito, mas é alguma cousa, e está com a filosofia de Julieta: 'Que valem nomes?' perguntava ela ao namorado. A rosa, como quer que se lhe chame, tem sempre o mesmo cheiro." (*Obra Completa em Quatro Volumes*, v. 2, p. 673)

CRONOLOGIA DA PRESENÇA DE SHAKESPEARE NA OBRA DE MACHADO... 245

Data da Aparição	Gênero	Título	Obra citada	Transcrição da citação
1884, 24 jun. (*Gazeta de Notícias*)	C.	"Evolução"	*Romeu e Julieta*	"E desde logo assentemos que ele era o menos Romeu deste mundo. Tinha quarenta e cinco anos, quando o conheci; não declaro o tempo, porque tudo neste conto há de ser misterioso e truncado." (*Obra Completa em Quatro Volumes*, v. 2, p. 673)
1884, 15 jul. (*Gazeta de Notícias*)	Cr.	"Balas de Estalo"	Geral	"Nem Shakespeare, nem João de Barros, nem o nosso jornalista C.B. de Moura, que há trinta e três anos ou mais acompanha assiduamente as *evoluções* de uma política *bastarda* e os *protestos* mais *intencionais* que eficientes dos nossos partidos." (*Obra Completa em Quatro Volumes*, v. 4, p. 517)
1884, 30 jul. (*Gazeta de Notícias*)	Cr.	"Balas de Estalo"	*Hamlet*	"O glorioso artista pretende hoje, no 2º ato de Hamlet, cantar de galo." (*Obra Completa em Quatro Volumes*, v. 4, p. 522)
1884, 28 nov. (*Gazeta de Notícias*)	C.	"A Cartomante"	*Hamlet*	"Hamlet observa a Horácio que há mais coisas no céu e na terra do que sonha a nossa filosofia." (*Obra Completa em Quatro Volumes*, v. 2, p. 447)
1884, 28 nov. (*Gazeta de Notícias*)	C.	"A Cartomante"	*Hamlet*	"Foi então que ela, sem saber que traduzia Hamlet em vulgar, disse-lhe que havia muita coisa misteriosa e verdadeira nesse mundo." (*Obra Completa em Quatro Volumes*, v. 2, p. 447)
1884, 28 nov. (*Gazeta de Notícias*)	C.	"A Cartomante"	*Hamlet*	"A voz da mãe repetia-lhe uma porção de casos extraordinários; e a mesma frase do príncipe da Dinamarca reboava-lhe dentro: Há mais coisas no céu e na terra do que sonha a filosofia ..." (*Obra Completa em Quatro Volumes*, v. 2, p. 451)
1884, 12 dez. (*Gazeta de Notícias*)	Cr.	"Balas de Estalo"	*Hamlet*	" – *Alas, poor Yorick!* Não podemos saber nada; isto cá embaixo é tudo anônimo." (*Obra Completa em Quatro Volumes*, v. 4, p. 564)
1884, 24 dez. (*Gazeta de Notícias*)	Cr.	"Balas de Estalo"	*Hamlet*	"Por outro lado, ver desenterrar cadáveres, ainda judiciariamente, pode ser um espetáculo interessante, mas eu prefiro ver a cena do cemitério, não só contada pelos jornais de hoje, mas também por Shakespeare: 'Conheci-o, Horácio. Estes buracos... esta hora' No livro, à fresca, em casa, é delicioso. No cemitério, devia ser o diabo." (*Obra Completa em Quatro Volumes*, v. 4, p. 569)
1885, 21 de fev. (*A Semana*)	E.D.	"Artur Barreiros"	Geral	"'As dúvidas são traidoras', escreveu Shakespeare; e pode-se dizer que muita vez o foram com o nosso amigo." (*Obra Completa em Quatro Volumes*, v. 3, p. 1304)

MACHADO E SHAKESPEARE

Data da Aparição	Gênero	Título	Obra citada	Transcrição da citação
1885, 23 maio (*Gazeta de Notícias*)	P.	"1802-1885"	Geral	"E, para coroar esses nomes vibrantes, / Shakespeare, que resume a universal poesia." (*História de Quinze Dias*, p. 247)
1885, nov. (*Gazeta de Notícias*)	C.	"O Cônego"	*Romeu e Julieta*	"E fala assim, pois está em cabeça de padre; se fosse de qualquer de qualquer pessoa do século, a linguagem seria a de Romeu: 'Julieta é o sol… ergue-te lindo sol.'" (*Obra Completa em Quatro Volumes*, v. 2, p. 530)
1886, 20 de jan.	C.	"Trio em Lá Menor"	*Sonho de uma Noite de Verão*	"Assim Titânia, ouvindo namorada a cantiga do tecelão, admirava-lhe as belas formas, sem advertir que a cabeça era de burro." (*Obra Completa em Quatro Volumes*, v. 2, p. 487)
1886, 31 de maio (*A Estação*)	C.	"Curta História"	*Otelo, Romeu e Julieta*	"A leitora ainda há de lembrar-se do Rossi, que aqui nos deu tantas obras-primas do teatro inglês, francês e italiano. Era um homenzarrão, que uma noite era terrível como Otelo, outra noite meigo como Romeu." (*Obra Completa em Quatro Volumes*, v. 3, p. 250)
1886, 31 de maio (*A Estação*)	C.	"Curta História"	*Romeu e Julieta*	"Cecília lia sempre os anúncios e o resumo das peças que alguns jornais davam. *Julieta e Romeu* encantou-a, já pela notícia vaga que tinha da peça, já pelo resumo que leu em uma folha, e que a deixou curiosa e ansiosa." (*Obra Completa em Quatro Volumes*, v. 3, p. 251)
1886, 31 de maio (*A Estação*)	C.	"Curta História"	*Hamlet*	"Juvêncio, que já tinha ido a uma representação, e que a achou insuportável (era *Hamlet*) iria a esta outra por causa de estar ao pé de Cecília, a que ele amava deveras; mas por desgraça apanhou uma constipação, e ficou em casa para tomar um suadouro, disse ele." (*Obra Completa em Quatro Volumes*, v. 3, p. 251)
1886, 31 de maio (*A Estação*)	C.	"Curta História"	*Romeu e Julieta*	"Não sendo coisa de cuidado, não entristeceu muito a moça; mas sempre lhe ficou algum pesar de o não ver ao pé de si. Era melhor ouvir Romeu e olhar para ele…" (*Obra Completa em Quatro Volumes*, v. 3, p. 251)
1886, 31 de maio (*A Estação*)	C.	"Curta História"	*Romeu e Julieta*	"Entrou Romeu, elegante e belo, e toda ela comoveu-se; viu depois entrar a divina Julieta, mas as cenas eram diferentes, os dois não se falavam logo; ouviu-os, porém, falar no baile de máscaras, adivinhou o que sabia, bebeu de longe as palavras eternamente belas, que iam cair dos lábios de ambos." (*Obra Completa em Quatro Volumes*, v. 3, p. 251)

CRONOLOGIA DA PRESENÇA DE SHAKESPEARE NA OBRA DE MACHADO... 247

Data da Aparição	Gênero	Título	Obra citada	Transcrição da citação
1886, 31 de maio (*A Estação*)	C.	"Curta História"	*Romeu e Julieta*	"Ela ouvia as de Julieta, como se ela própria as dissesse; ouvia as de Romeu, como se Romeu falasse a ela própria. Era Romeu que a amava. Ela era Cecília ou Julieta, ou qualquer outro nome, que aqui importava menos que na peça. 'Que importa um nome?' perguntava Julieta no drama; e Cecília com os olhos em Romeu parecia perguntar-lhe a mesma coisa. 'Que importa que eu não seja a tua Julieta? Sou a tua Cecília; seria a tua Amélia, a tua Mariana, tu é que serias sempre e serás o meu Romeu.'" (*Obra Completa em Quatro Volumes*, v. 3, p. 251)
1886, 31 de maio (*A Estação*)	C.	"Curta História"	*Romeu e Julieta*	"E a figura de Romeu vinha com ela, viva e suspirando as mesmas palavras deliciosas." (*Obra Completa em Quatro Volumes*, v. 3, p. 251)
1886, 31 de maio (*A Estação*)	C.	"Curta História"	*Romeu e Julieta*	"No carro, em casa, ao despir-se para dormir, era Romeu que estava com ela; era Romeu que deixou a eternidade para vir encher-lhe os sonhos. Com efeito, ela sonhou as mais lindas cenas do mundo, uma paisagem, uma baía, uma missa, um pedaço daqui; outro dali, tudo com Romeu, nenhuma vez com Juvêncio." (*Obra Completa em Quatro Volumes*, v. 3, p. 252)
1886, 31 de maio (*A Estação*)	C.	"Curta História"	*Romeu e Julieta*	"E veio, veio à tarde, sem as palavras de Romeu, sem as ideias, ao menos de toda a gente, vulgar, casmurro, quase sem maneiras; veio, e Cecília, que almoçara e jantara com Romeu, lera a peça ainda uma vez durante o dia, para saborear a música da véspera. Cecília apertou-lhe a mão comovida, tão-somente porque o amava. Isto quer dizer que todo amado vale um Romeu." (*Obra Completa em Quatro Volumes*, v. 3, p. 252)
1886, 15 de jun. a 15 de jun. de 1891 (*A Estação*)	R.	*Quincas Borba*	Otelo	"Castas estrelas! é assim que lhes chama Otelo, o terrível, e Tristam Shandy, o jovial." (*Obra Completa em Quatro Volumes*, v. 1, p. 791)
1886, 15 de jun. a 15 de jun. de 1891 (*A Estação*)	R.	*Quincas Borba*	Otelo	"Tais havia de provada honestidade que folgavam de o trazer ao pé de si, para gostar o contato de um belo homem, sem a realidade nem o perigo da culpa – como o espectador que se regala das paixões de Otelo, e sai do teatro com as mãos limpas da morte de Desdêmona." (*Obra Completa em Quatro Volumes*, v. 1, p. 828)

248 · MACHADO E SHAKESPEARE

Data da Aparição	Gênero	Título	Obra citada	Transcrição da citação
1886, 15 de jun. a 15 de jun. de 1891 (A Estação)	R.	Quincas Borba	Otelo	"Seria singular que essa mulher, que não tinha amor àquele homem, não quisesse dá-lo de noivo à prima, mas a natureza é capaz de tudo, amigo e senhor. Inventou o ciúme de Otelo e o do cavaleiro Desgrieux, podiam inventar este outro, de uma pessoa que não quer ceder o que não quer possuir." (Obra Completa em Quatro Volumes, v. 1, p. 829-830)
1886, 15 de jun. a 15 de jun. de 1891 (A Estação)	R.	Quincas Borba	A Tempestade	"Que misterioso Próspero transformava assim uma ilha banal em mascarada sublime? 'Vai, Ariel, traze aqui os teus companheiros, para que eu mostre a este jovem casal alguns feitiços da minha feitiçaria'. As palavras seriam as mesmas da comédia; a ilha é que era outra, a ilha e a mascarada." (Obra Completa em Quatro Volumes, v. 1, p. 833)
1886, 15 de jun. a 15 de jun. de 1891 (A Estação)	R.	Quincas Borba	A Tempestade	"Não esqueçamos que o Próspero de Shakespeare era um duque de Milão; e eis aí, talvez, por que se meteu na ilha do nosso amigo." (Obra Completa em Quatro Volumes, v. 1, p. 833)
1886, 15 de jun. a 15 de jun. de 1891 (A Estação)	R.	Quincas Borba	Hamlet	"Há entre o céu e a terra muitas mais ruas do que sonha a tua filosofia – ruas transversais, onde o tílburi podia ficar esperando." (Obra Completa em Quatro Volumes, v. 1, p.853)
1886, 15 de jun. a 15 de jun. de 1891 (A Estação)	R.	Quincas Borba	Hamlet	"Mas eu prefiro a reflexão do velho Polonius, acabando de ouvir uma fala tresloucada de Hamlet: 'Desvario embora, lá tem seu método!'" (Obra Completa em Quatro Volumes, v. 1, p.856)
1886, 15 de jun. a 15 de jun. de 1891 (A Estação)	R.	Quincas Borba	Hamlet	"Rubião abriu os olhos; talvez alguma pulga o mordeu; qualquer coisa: 'Sonhos, sonhos, Penseroso!' Ainda agora prefiro o dito de Polonius: 'Desvario embora, lá tem seu método!'" (Obra Completa em Quatro Volumes, v. 1, p. 856)
1886, 15 de jun. a 15 de jun. de 1891 (A Estação)	R.	Quincas Borba	Otelo	"Otelo exclamaria: 'Oh! Minha bela guerreira!' Rubião, menos mouro, menos general, menos Shakespeare, limitou-se a isto: "A senhora é um anjo!" (Apêndice, Quincas Borba, p. 172) (Versão em folhetim.)
1886, 15 de jun. a 15 de jun. de 1891 (A Estação)	R.	Quincas Borba	Otelo	"Otelo exclamaria, se a visse: 'Oh! Minha bela guerreira'. Rubião limitara-se a isso, ao começar o passeio: 'A senhora é um anjo!'" (Obra Completa em Quatro Volumes, v. 1, p. 885)

CRONOLOGIA DA PRESENÇA DE SHAKESPEARE NA OBRA DE MACHADO... 249

Data da Aparição	Gênero	Título	Obra citada	Transcrição da citação
1886, 15 de jun. a 15 de jun. de 1891 (*A Estação*)	R.	*Quincas Borba*	*Ricardo III*	"A princípio, teve ideia de convidá-lo a galopar, até alcançarem o Palha; mas a voz morreu-lhe na garganta. Não fazia mal, pensava ela; e deixou ir o cavalo a passo. Um cavalo! um cavalo! Meu reino por um cavalo! A diferença entre Ricardo III e a Virtude é que esta não daria nunca o reino por um cavalo – ou não seria a Virtude; e foi o cavalo que lhe salvou o reino." (Apêndice, *Quincas Borba*, p. 174) (Versão em folhetim.)
1886, 15 de jun. a 15 de jun. de 1891 (*A Estação*)	R.	*Quincas Borba*	*Ricardo III*	"Rubião ainda uma vez admirou o garbo da figura, rija, ereta, dominadora e bem valente. Um cavalo! um cavalo! Meu reino por um cavalo!" (Apêndice, *Quincas Borba*, p. 175). (Versão em folhetim.)
1886, 15 de jun. a 15 de jun. de 1891 (*A Estação*)	R.	*Quincas Borba*	*Macbeth*	"Já lhe beijara a mão um dia, quando ela lhe tapava a boca para que não gritasse; mas não era o caso da mão homicida de lady Macbeth" (Apêndice, *Quincas Borba*, p. 186). (Versão em Folhetim.)
1886, 15 de jun. a 15 de jun. de 1891 (*A Estação*)	R.	*Quincas Borba*	*Hamlet*	"*Alas, poor Yorick! Pobre Rubião*" (Apêndice, *Quincas Borba*, p. 193). (Versão em folhetim.)
1886, 15 de jun. a 15 de jun. de 1891 (*A Estação*)	R.	*Quincas Borba*	*Hamlet*	"Sem conhecer Shakespeare, ele emendou Hamlet: 'Há entre o céu e a terra, Horácio, muitas coisas mais do que sonha a vossa vã filantropia.'" (*Obra Completa em Quatro Volumes*, v. 1, p. 905)
1886, 15 de jun. a 15 de jun. de 1891 (*A Estação*)	R.	*Quincas Borba*	*Hamlet*	"Em verdade, a conclusão não parecia estar nas premissas; mas era o caso de emendar Hamlet: 'Há entre o céu e a terra, Horácio, muitas coisas mais do que sonha a vossa vã dialética'. Pobre D. Fernanda! Não conhecia o poeta, e provavelmente não se conhecia a si, que era ainda o meio mais seguro de decifrar a palavra obscura de Maria Benedita." (Apêndice, *Quincas Borba*, p. 208) (Versão em folhetim.)
1886, 15 de jun. a 15 de jun. de 1891 (*A Estação*)	R.	*Quincas Borba*	*Hamlet*	"Em verdade, a conclusão não parecia estar nas premissas, mas era o caso de emendar outra vez Hamlet: 'Há entre o céu e a terra, Horácio, muitas coisas mais do que sonha a vossa vã *dialética*'" (*Obra Completa em Quatro Volumes*, v. 1, p. 905)
1886, 12 de set. (*Gazeta de Notícias*)	Cr.	"A+B"	*Otelo*	"Pois seja hábil. *Make money*; é o conselho de Cássio. *Mete dinheiro no bolso*." (*Obra Completa em Quatro Volumes*, v. 4, p. 660)

250 MACHADO E SHAKESPEARE

Data da Aparição	Gênero	Título	Obra citada	Transcrição da citação
1886, 4 de out. (*Gazeta de Notícias*)	Cr.	"A+B"	*Otelo*	"Longe, muito longe. *Mete dinheiro no bolso*, não te digo mais nada; é o que dizíamos há tempos. Não metas este paio que aqui está pendurado; suja-te as calças, e o meu amigo dr. Matos, 1º Delegado, autua-te brincando. *Mete dinheiro no bolso*. Dinheiro grosso, muito grosso, mais grosso que o paio." (*Obra Completa em Quatro Volumes*, v. 4, p. 666)
1886, 4 de out. (*Gazeta de Notícias*)	Cr.	"A+B"	*Otelo*	"O público, dizia um padre italiano, gosta de ser embaçado. Eu acrescento que é o seu destino. *Mete dinheiro no bolso*." (*Obra Completa em Quatro Volumes*, v. 4, p. 666)
1886, 4 de out. (*Gazeta de Notícias*)	Cr.	"A+B"	*Otelo*	"*Mete dinheiro no bolso*." (*Obra Completa em Quatro Volumes*, v. 4, p. 667)
1886, out. (*Gazeta de Notícias*)	C.	"O Diplomático"	*Otelo*	"O pobre-diabo, feito de devaneio, indolência e afetação, era, em substância, tão desgraçado como Otelo, e teve um desfecho mais cruel." (*Obra Completa em Quatro Volumes*, v. 2, p. 504)
1886, out. (*Gazeta de Notícias*)	C.	"O Diplomático"	*Otelo*	"Otelo mata Desdêmona; o nosso namorado, em quem ninguém pressentira nunca a paixão encoberta, serviu de testemunha o Queirós, quando este se casou com Joaninha, seis meses depois." (*Obra Completa em Quatro Volumes*, v. 2, p. 504)
1886, 1º de nov. a 24 de fev. de 1888 (*Gazeta de Notícias*)	Cr.	"Gazeta de Holanda"	*Noite de Reis*	Machado de Assis assina as crônicas em verso da "Gazeta de Holanda" com o pseudônimo de "Malvólio"
1888, 16 de set. (*Gazeta de Notícias*)	Cr.	"Bons Dias!"	*Como Gostais*	"Não bastando o drama, deram-se ainda uma comédia de Shakespeare, *As You Like It* – ou, como diríamos em português, *Como Aprouver a Vossa Excelência*. Posto que inteiramente desconhecida do público, pareceu agradar bastante." (*Obra Completa em Quatro Volumes*, v. 4, p. 833)
1888, 16 de set. (*Gazeta de Notícias*)	Cr.	"Bons Dias!"	*Como Gostais, Muito Barulho Para Nada*	"Como acontece sempre, algumas pessoas, para se mostrarem sabidas dos teatros estrangeiros, disseram que era preferível dar outra comédia do grande inglês: *Muito Barulho Por Nada*. Mas esta opinião não encontrou adeptos." (*Obra Completa em Quatro Volumes*, v. 4, p. 834)

CRONOLOGIA DA PRESENÇA DE SHAKESPEARE NA OBRA DE MACHADO... 251

Data da Aparição	Gênero	Título	Obra citada	Transcrição da citação
1888, 21 de jan. (*Gazeta de Notícias*)	Cr.	"Bons Dias!"	*Hamlet*	"Vi, à porta de algumas casas, esqueletos de gente, postos em atitudes joviais. Sabem que o meu único defeito é ser piegas; venero os esqueletos, já porque o são, já porque o não sou. Não sei se me explico. Tiro o chapéu às caveiras; gosto da respeitosa liberdade com que Hamlet fala à do bobo Yorick."(*Obra Completa em Quatro Volumes*, v. 4, p. 850)
1889, 21 de jan. (*Gazeta de Notícias*)	Cr.	"Bons Dias!"	*Hamlet*	"Quando acaba, diz-nos sempre, parodiando um trecho de Shakespeare: 'Há entre a vossa e a minha idade muitas mais coisas do que sonha a vossa vã filosofia.'" (*Obra Completa em Quatro Volumes*, v. 4, p. 850)
1888, 4 de maio (*Gazeta de Notícias*)	Cr.	"Bons Dias!"	*Hamlet*	"Há entre o céu e a terra mais acumulações do que sonha a vossa vã filosofia…" (*Obra Completa em Quatro Volumes*, v. 4, p. 809)
1891, 31 de dez. a 31 de jan. de 1892 (*A Estação*)	C.	"Pobre Finoca"	*Macbeth*	"*The table is full*, como em *Macbeth*; e, como em *Macbeth*, há um fantasma, com a diferença que este não está sentado à mesa, entra pela porta; é o idiota, perseguidor de Finoca, o suposto fiscal de teatro, um rapaz que não bonito nem elegante, mas simpático e veste com asseio." (*Obra Completa em Quatro Volumes*, v. 3, p. 282)
1892, 11 de set. (*Gazeta de Notícias*)	Cr.	"A Semana"	*O Mercador de Veneza*	"Ou estarão sendo desamoedados, como suspeita o governo, ou andam nas mãos de alguma tribo, que pode ser a dos narcotizadores, e também pode ser a de Shylock. Creio antes em Shylock. […] 'Trezentos ducados, bem!'" (*Obra Completa em Quatro Volumes*, v. 4, p. 917)
1892, 11 de set. (*Gazeta de Notícias*)	Cr.	"A Semana"	*Otelo*	"Quer dizer que já por essas centenas de séculos atrás os homens corriam ao dinheiro alheio; em primeiro lugar, para ajuntar o que andava disperso pelas algibeiras dos outros; em segundo lugar, quando um metia o dinheiro no bolso, corriam a dispersar o ajuntado. Apesar deste risco, o conselho de Iago é que se meta dinheiro no bolso. *Put Money in thy purse*." (*Obra Completa em Quatro Volumes*, v. 4, p. 91)
1893, 26 de mar. (*Gazeta de Notícias*)	Cr.	"A Semana"	*Falstaff*, de Verdi; *As Alegres Comadres de Windsor* e *Henrique* IV	"Entrou o outono. Despontam as esperanças de ouvir Sarah Bernhardt e *Falstaff*." (*Obra Completa em Quatro Volumes*, v. 4, p. 970)

Data da Aparição	Gênero	Título	Obra citada	Transcrição da citação
1893, 26 de mar. (*Gazeta de Notícias*)	Cr.	"A Semana"	*Falstaff*, de Verdi; *As Alegres Comadres de Windsor* e *Henrique IV*	"Confiemos em Sarah Bernhardt com todos os seus ossos e caprichos, mas com o seu gênio também. Vamos ouvir-lhe a prosa e o verso, a paixão moderna ou antiga. Confiemos no grande *Falstaff*. Não é poético, decerto, aquele gordo Sir John; afoga-se em amores lúbricos e vinho das Canárias. Mas tanto se tem dito dele, depois que o Verdi o pôs em música, que mui naturalmente é obra-prima." (*Obra Completa em Quatro Volumes*, v. 4, p. 971)
1893, 26 de mar. (*Gazeta de Notícias*)	Cr.	"A Semana"	Geral	"Resignemo-nos ao que algum mau alfaiate houver cortado na capa magnífica de Shakespeare." (*Obra Completa em Quatro Volumes*, v. 4, p. 971)
1893, 2 de abr. (*Gazeta de Notícias*)	Cr.	"A Semana"	*Otelo* (usado como nome de um cavalo de corrida)	"A simpatia, a tradição, o palpite, levam grande parte de umas e outras aos cavalos *King*, *Otelo* ou *Moltke*. Tudo por *Otelo*! Tudo por *Moltke*! Tudo por *King*!" (*Obra Completa em Quatro Volumes*, v. 4, p. 972)
1893, 2 de abr. (*Gazeta de Notícias*)	Cr.	"A Semana"	*Otelo* (idem)	"– Então parece-lhe que realmente o *Moltke*, o *King* e *Otelo* deviam perder a corrida?" (*Obra Completa em Quatro Volumes*, v. 4, p. 972)
1893, 2 de abr. (*Gazeta de Notícias*)	Cr.	"A Semana"	*Otelo* (idem)	"*King* faz ganhar a *Vespasiano*, como *Otelo* cede o lugar a *Veloz*." (*Obra Completa em Quatro Volumes*, v. 4, p. 973)
1893, 23 de abr. (*Gazeta de Notícias*)	Cr.	"A Semana"	*Hamlet*	"Eu, se tivesse de dar *Hamlet* em língua puramente carioca, traduziria a célebre resposta do príncipe da Dinamarca: *Words, words, words*, por esta: *Boatos, boatos, boatos*. Com efeito, não há outra que melhor diga o sentido do grande melancólico. Palavras, boatos, poeira, nada, coisa nenhuma." (*Obra Completa em Quatro Volumes*, v. 4, p. 978)
1893, 23 de abr. (*Gazeta de Notícias*)	Cr.	"A Semana"	Geral, *Bem Está o Que Bem Acaba, Júlio César*	"Que é hoje senão o dia aniversário natalício de Shakespeare? Respiremos, amigos; a poesia é um ar eternamente respirável. Miremos este grande homem; miremos as suas belas figuras, terríveis, heroicas, ternas, cômicas, melancólicas, apaixonadas, varões e matronas, donzéis e donzelas, robustos, frágeis, pálidos, e a multidão, a eterna multidão forte e movediça, que execra e brada contra César, ouvindo a Bruto, e chora e aclama César, ouvindo a Antônio, toda essa humanidade real e verdadeira. E acabemos aqui; acabemos com ele mesmo, que acabaremos bem. *All is Well That Ends Well*." (*Obra Completa em Quatro Volumes*, v. 4, p. 979)

CRONOLOGIA DA PRESENÇA DE SHAKESPEARE NA OBRA DE MACHADO... 253

Data da Aparição	Gênero	Título	Obra citada	Transcrição da citação
1893, 25 de jun. (*Gazeta de Notícias*)	Cr.	"A Semana"	*Antônio e Cleópatra*	"A Cleópatra falsa de Sardou pedia pedras verdadeiras; a de Shakespeare contentar-se-ia com pedras falsas, como devem ser as de cena, porque as verdadeiras seriam unicamente ele e tu." (*Obra Completa em Quatro Volumes*, v. 4, p. 995)
1893, 25 de jun. (*Gazeta de Notícias*)	Cr.	"A Semana"	*Antônio e Cleópatra*	"E riam moços e moças, e continuavam o copo, os dados, as quadras, o leitor do livro, o Rangel, o gracioso, até que todos iam dormir os seus sonos desambiciosos, sem querer saber da fusão, nem de encampação, nem de tratados literários, nem de joias, nem de Cleópatras, nem de nada." (*Obra Completa em Quatro Volumes*, v. 4, p. 995)
1893, 2 de jul. (*Gazeta de Notícias*)	Cr.	"A Semana"	*Hamlet*	"É ocasião de emendar Hamlet: 'Há entre o palácio do conde dos Arcos e a rua do Ouvidor muitas bocas mais do que cuida a vossa inútil estatística.'" (*Obra Completa em Quatro Volumes*, v. 4, p. 997)
1893, 23 de jul. (*Gazeta de Notícias*)	Cr.	"A Semana"	*As Alegres Comadres de Windsor* e *Henrique IV*	"Compreende-se o pensamento do legislador; é uma combinação de orçamento e *Falstaff*." (*Obra Completa em Quatro Volumes*, v. 4, p. 1002)
1893, 17 de set. (*Gazeta de Notícias*)	Cr.	"A Semana"	*Romeu e Julieta*	"Eis aqui agora o que não está. Não está o ódio de família, nem o veneno de Romeu, nem a morte dele e de Julieta, para acabar o quinto ato e a peça. Há peça, mas não há quinto ato. Não é preciso disputar se canta o rouxinol ou a calhandra, se é meia-noite ou madrugada; o protetor traz o relógio no bolso do colete. Quando muito, Julieta arguirá o relógio de adiantado." (*Obra Completa em Quatro Volumes*, v. 4, p. 1017)
1893, 29 de out. (*Gazeta de Notícias*)	Cr.	"A Semana"	*Otelo*	"– Não é bombardeio. É o meu coração que bate. A artilharia do meu amor é extraordinária; não digo única, porque há a de Otelo. Pouco abaixo de Otelo, estamos Fedra e eu. Já notou que não me comparo nunca a gente miúda?" (*Obra Completa em Quatro Volumes*, v. 4, p. 1027)
1893, 19 de nov. (*Gazeta de Notícias*)	Cr.	"A Semana"	*Hamlet*	"Verdadeiramente, a minha observação é um problema, e, como o de Hamlet, trata da vida e da morte." (*Obra Completa em Quatro Volumes*, v. 4, p. 1032)

254 MACHADO E SHAKESPEARE

Data da Aparição	Gênero	Título	Obra citada	Transcrição da citação
1894, 25 de fev. (*Gazeta de Notícias*)	Cr.	"A Semana"	*A Tempestade*	"Certo, o teu reino não é como a ilha de Próspero; não tens a força de criar tempestades, por mais que te arguam delas. Serás o mar, quando muito; o vento é outro. Mais depressa seria eu o Próspero do poeta; não qual este o criou, acabando por tornar ao seu ducado de Milão e mandando embora os ministros das suas mágicas. Eu ficaria na ilha, com os bailados e mascaradas. Quando muito, diria à velha política: 'Vai, Caliban, tartaruga, venenoso escravo!' E a Ariel: 'Tu ficas, meu querido espírito'. E não sairia mais da ilha, nem por Milão nem pelas milanesas. Comporia algumas peças novas; diria à bela Miranda que jogasse comigo o xadrez, um jogo delicioso, por Deus! imagem da anarquia, onde a rainha come o peão, o peão come o bispo, o bispo come o cavalo, o cavalo come a rainha, e todos comem todos." (*Obra Completa em Quatro Volumes*, v. 4, p. 1051)
1894, 3 de jun. (*Gazeta de Notícias*)	Cr.	"A Semana" (A Cena do Cemitério)	*Hamlet*	"Afinal pus os jornais de lado, e, não sendo tarde, peguei de um livro, que acertou de ser Shakespeare. O drama era *Hamlet*. A página, aberta ao acaso, era a cena do cemitério, ato v." (*Obra Completa em Quatro Volumes*, v. 2, p. 622)
1894, 3 de jun. (*Gazeta de Notícias*)	Cr.	"A Semana" (A Cena do Cemitério)	*Hamlet*	"A princípio, não pude dormir; voltava-me de um lado para outro, vendo as figuras de Hamlet e de Horácio, os coveiros e as caveiras. [...] Sonhei que era Hamlet; trazia a mesma capa negra, as meias, o gibão e os calções da mesma cor. Tinha a própria alma do príncipe da Dinamarca. [...] Também não me aterrou ver, ao pé de mim, vestido de Horácio, o meu fiel criado José Rodrigues. [...] mas, enfim, como eu era Hamlet e ele Horácio, tudo aquilo devia ser cemitério. [...]Como na tragédia, deixamos que os coveiros falassem entre si, enquanto faziam a cova de Ofélia". [...]. Achei pouco dinheiro e disse isto mesmo a Horácio, que me respondeu pela boca de José ." (*Obra Completa em Quatro Volumes*, v. 2, p. 622-623)
1894, 3 de jun. (*Gazeta de Notícias*)	Cr.	"A Semana" (A Cena do Cemitério)	*Hamlet*	"Faziam trocadilhos, como os coveiros de Shakespeare." (*Obra Completa em Quatro Volumes*, v. 2, p. 623)
1894, 3 de jun. (*Gazeta de Notícias*)	Cr.	"A Semana" (A Cena do Cemitério)	*Hamlet*	"E, pegando nela, como Hamlet, exclamei, cheio de melancolia: - *Alas, poor Yorick!* Eu o conheci, Horácio." (*Obra Completa em Quatro Volumes*, v. 2, p. 623)

CRONOLOGIA DA PRESENÇA DE SHAKESPEARE NA OBRA DE MACHADO... 255

Data da Aparição	Gênero	Título	Obra citada	Transcrição da citação
1894, 3 de jun. (*Gazeta de Notícias*)	Cr.	"A Semana" (A Cena do Cemitério)	*Hamlet*	"'Dize-me cá, Horácio. [...]Até onde pudemos descer, Horácio' [...]Era o enterro da Ofélia. Aqui o pesadelo foi-se tornando cada vez mais aflitivo. Vi os padres, o rei e a rainha, o séquito, o caixão. Tudo se me fez turvo e confuso. Vi a rainha deitar flores sobre a defunta. Quando o jovem Laertes saltou dentro da cova, saltei também; ali dentro atracamo-nos, esbofeteamo-nos." (*Obra Completa em Quatro Volumes*, v. 2, p. 624)
1894, 1º de jul. (*Gazeta de Notícias*)	Cr.	"A Semana"	*Antônio e Cleópatra*	"– Notai que ele fala muito do loto e do nenúfar, refere casos do hipopótamo, para enganar os outros, mas confunde Cleópatra com o Kediva e as antigas dinastias com o governo inglês..." (*Obra Completa em Quatro Volumes*, v. 4, p. 1083)
1894, 8 de jul. (*Gazeta de Notícias*)	Cr.	"A Semana"	*Hamlet*	"Antes, muito antes que alguém se lembrasse de pôr em música o *Hamlet*, já nas assembleias legislativas se cantava (à surdina) o monólogo de indecisão: *To be or not to be, that is the question.* Aquela frase de Hamlet quando Ofélia lhe perguntou o que está lendo: *Words, words, words*, muita vez a ouvi com acompanhamento de violinos." (*Obra Completa em Quatro Volumes*, v. 4, p. 1085)
1894, set. a nov. (*A Estação*)	C.	"Um Erradio"	*Romeu e Julieta*	"Dois mil-réis chegam? Romeu, vê ali no bolso da sobrecasaca. Há de haver uns dois mil-réis." (*Obra Completa em Quatro Volumes*, v. 2, p. 543)
1894, 21 de out. (*Gazeta de Notícias*)	Cr.	"A Semana"	*Romeu e Julieta*	"Todos os nomes simbólicos do amor espiritual são assim atados no ramalhete dos séculos, Colombo, Gutenberg, Joana d'Arc, Werther, Julieta, Romeu, Dante e Jesus Cristo." (*Obra Completa em Quatro Volumes*, v. 4, p. 1113)
1894, 30 de dez. (*Gazeta de Notícias*)	Cr.	"A Semana"	Geral	"Os expectadores, que também fizeram parte do espetáculo, desempenharam bem o seu papel, mas parece que o haviam aprendido em Shakespeare. [...] Aí Shakespeare cedeu o passo a Lynch, outro trágico, sem igual gênio, mas com a mesma inconsciência do gênio, cujo único defeito é não ter feito mais que uma tragédia em sua vida." (*Obra Completa em Quatro Volumes*, v. 4, p. 1135)
1894, 30 de dez. (*Gazeta de Notícias*)	Cr.	"A Semana"	*Hamlet*	"*Outrageous fortune!* Tu és a causa desta preterição." (*Obra Completa em Quatro Volumes*, v. 4, p. 1135)

256 MACHADO E SHAKESPEARE

Data da Aparição	Gênero	Título	Obra citada	Transcrição da citação
1895, 13 de jan. (*Gazeta de Notícias*)	Cr.	"A Semana"	*Ricardo III*	"Na batalha da vida, como na de Ricardo III, o grito é o mesmo: 'Um cavalo! um cavalo! meu reino por um cavalo!' 'Um milhão! Um milhão! meu nome por um milhão!' 'Um castelo! um castelo! meu milhão por um castelo!' Tal é a universalidade de Shakespeare." (*Obra Completa em Quatro Volumes*, v. 4, p. 1139)
1895, 10 de fev. (*Gazeta de Notícias*)	Cr.	"A Semana"	*Hamlet*	"Com os olhos – não nos camarotes da quarta ordem, ao fundo, e o pé da casinha do ponto, como o Rossi –, mas pensativamente postos no chão, repeti o monólogo de Hamlet, perguntando a mim mesmo o que é que nasceu primeiro, se a baixa do câmbio, se o boato." (*Obra Completa em Quatro Volumes*, v. 4, p. 1146)
1895, 9 de jun. (*Gazeta de Notícias*)	Cr.	"A Semana"	*Hamlet*	"Hamlet, indeciso entre o ser e o não ser, tem o único recurso de sair de cena; os deputados podem fazer a mesma coisa." (*Obra Completa em Quatro Volumes*, v. 4, p. 1180)
1895, 16 de jun. (*Gazeta de Notícias*)	Cr.	"A Semana"	*Hamlet*	"Explico-os a meu modo; creio que Abílio teve momentos de Hamlet. Uma ou outra vez haverá hesitado e meditado, como o outro: 'Ser ou não ser, eis a questão. Valerá a pena sair da espécie para o indivíduo, passar deste mar infinito a uma simples gota d'água apenas visível, ou não será melhor ficar aqui, como outros tantos que se não deram ao trabalho de nascer? Nascer, viver, não mais. Viver? Lutar, quem sabe?' *It is the rub*, continuou ele em inglês, nos termos do poeta, tão universal é Shakespeare, que os próprios seres futuros já o trazem de cor." (*Obra Completa em Quatro Volumes*, v. 4, p. 1182)
1895, 30 de jun. (*Gazeta de Notícias*)	Cr.	"A Semana"	*Coriolano*	"As folhas públicas de todos os matizes deram-lhe o apelido de Coriolano; os mais fortes adversários puderam dizer, como Tullus, pela língua de Shakespeare: *My rage is gone. / And I am struck with sorrow.*" (*Obra Completa em Quatro Volumes*, v. 4, p. 1185)
1895, 30 de jun. (*Gazeta de Notícias*)	Cr.	"A Semana"	*Hamlet*	"Muitas são as melancolias deste mundo. A de Saul não é a de Hamlet, a de Lamartine não é a de Musset." (*Obra Completa em Quatro Volumes*, v. 4, p. 1185)
1895, 30 de jun. (*Gazeta de Notícias*)	Cr.	"A Semana"	*Hamlet*	"Um coveiro de *Hamlet* diz que o ofício de coveiro é o mais fidalgo do mundo, por ter sido o ofício de Adão; mas é preciso lembrar que a Empresa Funerária não estava, nem no tempo de Adão, nem sequer no de Hamlet." (*Obra Completa em Quatro Volumes*, v. 4, p. 1186)

CRONOLOGIA DA PRESENÇA DE SHAKESPEARE NA OBRA DE MACHADO... 257

Data da Aparição	Gênero	Título	Obra citada	Transcrição da citação
1895, 28 de jul. (*Gazeta de Notícias*)	Cr.	"A Semana"	*Otelo*	"Sei que a história não se repete. A Revolução Francesa e *Otelo* estão feitos; nada impede que esta ou aquela cena seja tirada para outras peças, e assim se cometem, literalmente falando, os plágios." (*Obra Completa em Quatro Volumes*, v. 4, p. 1193)
1895, 27 de out. (*Gazeta de Notícias*)	Cr.	"A Semana"	*Hamlet*	"Abriu-se um capítulo de mistérios, de fenômenos obscuros, e concordávamos todos com Hamlet, relativamente à miséria da filosofia." (*Obra Completa em Quatro Volumes*, v. 4, p. 1220)
1895, 24 de nov. (*Gazeta de Notícias*)	Cr.	"A Semana"	*Hamlet*	"Gasparina tem vinte e quatro anos, e desde os quinze pensava já em ir para o convento. Talvez fosse a leitura do *Hamlet* que lhe deu tal resolução: 'Faze-te monja; para que queres ser mãe de pecadores?' Gasparina não fez como Ofélia, obedeceu." (*Obra Completa em Quatro Volumes*, v. 4, p. 1230)
1895, 24 de nov. (*Gazeta de Notícias*)	Cr.	"A Semana"	*Hamlet*	"Cristão antes, muçulmano agora, ficou sempre inglês, que é o que se não renega ou abjura: escolhe o verbo, segundo fores amigo ou adversário da Grã-Bretanha; eu por mim agradeço à mão de Shakespeare este termo de comparação com a nossa Ofélia de Porto Alegre." (*Obra Completa em Quatro Volumes*, v. 4, p. 1230)
1895, 29 de dez. (*Gazeta de Notícias*)	Cr.	"A Semana"	*Hamlet*	"Que solução se dará ao velho tema? A melhor é ainda a do jovem Hamlet: *The rest is silence*." (*Obra Completa em Quatro Volumes*, v. 4, p. 1239)
1896, 2 de fev. (*Gazeta de Notícias*)	Cr.	"A Semana"	*Hamlet*	"Shakespeare põe este trocadilho na boca de Laertes, quando sabe que a irmã morreu afogada no rio: 'Já tens água demais, pobre Ofélia; saberei reter as minhas lágrimas'" (*Obra Completa em Quatro Volumes*, v. 4, p. 1251)
1896, 23 de fev. (*Gazeta de Notícias*)	Cr.	"A Semana"	Geral	"Singular raça esta que produziu os dois varões mais incomparáveis da história política e do engenho humano. O segundo não é preciso dizer que é Shakespeare." (*Obra Completa em Quatro Volumes*, v. 4, p. 1256)
1896, 12 de abr. (*Gazeta de Notícias*)	Cr.	"A Semana"	*Ricardo III*	"A companhia, saltando de Racine a Shakespeare, bradará: A horse! A horse! *Sixty* contos de réis *for a horse*!" (*Obra Completa em Quatro Volumes*, v. 4, p. 1269)
1896, 26 de abr. (*Gazeta de Notícias*)	Cr.	"A Semana"	Geral	"'Terminaram as festas de Shakespeare', diz um telegrama de Londres, 24, publicado anteontem, na *Notícia*." (*Obra Completa em Quatro Volumes*, v. 4, p. 1272)

Data da Aparição	Gênero	Título	Obra citada	Transcrição da citação
1896, 26 de abr. (*Gazeta de Notícias*)	Cr.	"A Semana"	Geral	"'Terminaram as festas de Shakespeare...' O telegrama acrescenta que 'o delegado norte-americano teve grande manifestação de simpatia.' A doutrina de Monroe, que é boa, como lei americana, é cousa nenhuma, contra esse abraço das almas inglesas sobre a memória do seu extraordinário e universal representante. Um dia, quando já não houver Império Britânico nem República Norte-americana, haverá Shakespeare; quando se não falar inglês, falar-se-á Shakespeare. Que valerão então todas as atuais discórdias? O mesmo que as dos gregos, que deixaram Homero e os trágicos." (*Obra Completa em Quatro Volumes*, v. 4, p. 1274)
1896, 26 de abr. (*Gazeta de Notícias*)	Cr.	"A Semana"	*A Tempestade, Ricardo III, O Mercador de Veneza, Antônio e Cleópatra*	Dizem comentadores de Shakespeare que uma de suas peças, a *Tempest*, é um símbolo da própria vida do poeta e a sua despedida. Querem achar naquelas últimas palavras de Próspero, quando volta para Milão, 'onde cada três pensamentos um será para a sua sepultura', uma alusão à retirada que ele fez do palco, logo depois. Realmente, morreu daí a pouco, para nunca mais morrer. Que valem todas as expedições de Dongola e do Transvaal contra os combates de Ricardo III? Que vale a caixa egípcia ao pé dos três mil ducados de Shylock? O próprio Egito, ainda que os ingleses cheguem a possuí-lo, que pode valer ao pé do Egito da adorável Cleópatra? Terminaram as festas da alma humana." (*Obra Completa em Quatro Volumes*, v. 4, p. 1274)
1896, 3 de maio (*Gazeta de Notícias*)	Cr.	"A Semana"	*Hamlet*	"Se o motivo fosse outro, é provável que o assassino adiasse o assassinato, repetindo com Hamlet: 'Agora não; seria mandá-lo para o céu!'" (*Obra Completa em Quatro Volumes*, v. 4, p. 1275)
1896, 2 de ago. (*Gazeta de Notícias*)	Cr.	"A Semana"	*Otelo*	"Ninguém entenderá, daqui a meio século, o bom conselho de Iago a Roderigo, quando lhe diz e torna a dizer, três e quatro vezes, que meta o dinheiro na bolsa. Desde então, já antes, e até agora é com ele que se alcançam grandes e pequenas coisas, públicas e secretas. Mete dinheiro na bolsa, ou no bolso, como diríamos hoje, e anda, vai para diante, firma, confiança na alma, ainda que tenhas feito algum negócio escuro. Não há escuridão quando há fósforos. Mete dinheiro no bolso. Vende-te bem, não compres mal aos outros, corrompe e sê corrompido, mas te esqueças do dinheiro, que é com ele que se compram os melões. Mete dinheiro no bolso." (*Obra Completa em Quatro Volumes*, v. 4, p. 1304)

CRONOLOGIA DA PRESENÇA DE SHAKESPEARE NA OBRA DE MACHADO... 259

Data da Aparição	Gênero	Título	Obra citada	Transcrição da citação
1896, 2 de ago. (*Gazeta de Notícias*)	Cr.	"A Semana"	*Otelo*	"Os conselhos de Iago, note-se bem, serviriam antes ao adolescente Alfredo, que tentou morrer por Laura. Também Roderigo queria matar-se por Desdêmona, que o não ama e desposou Otelo; não era com revólver, que ainda não havia, mas por um mergulho na água. O honesto Iago é que lhe tira a ideia da cabeça e promete ajudá-lo a vencer, uma vez que meta dinheiro na bolsa." (*Obra Completa em Quatro Volumes*, v. 4, p. 1304)
1896, 20 de set. (*Gazeta de Notícias*)	Cr.	"A Semana"	Geral	"Nem é crível que tal tragédia se represente às barbas da sombra Shakespeare, sem que este seja consultado quando menos para lhe pôr a poesia e os relatórios policiais não têm." (*Obra Completa em Quatro Volumes*, v. 4, p. 1320)
1896, 18 de out. (*Gazeta de Notícias*)	Cr.	"A Semana"	*Hamlet*	"Uma vez que a deixem ficar, podem discuti-la, examina-la, revirá-la, redigir relatórios sobre relatórios, oficiar, inquirir, citar; *words, words, words*, diz ela para também citar alguma coisa. E, não saindo de Hamlet: 'Se o sol pode fazer nascer bichos em cachorro morto...'. Não serão cães mortos que lhe faltem. Quanto ao lençol de água, vê-lo-emos feito um formidável lençol de papel. *Papers, papers, papers*." (*Obra Completa em Quatro Volumes*, v. 4, p. 1328)
1896, 20 de dez. (*Gazeta de Notícias*)	Cr.	"A Semana"	*Hamlet*	"Há mais coisas entre o céu e a terra do que sonha a nossa vã filosofia. É velho este pensamento de Hamlet; mas nem por velho perde." (*Obra Completa em Quatro Volumes*, v. 4, p. 1351)
1896, 27 de dez. (*Gazeta de Notícias*)	Cr.	"A Semana"	*Otelo*	"Parece-me erro pôr assim tão embaixo *Otelo* e *Tartufo*." (*Obra Completa em Quatro Volumes*, v. 4, p. 1354)
1897, 10 de jan. (*Gazeta de Notícias*)	Cr.	"A Semana"	*Romeu e Julieta*	"Não tem nome de banho público, mas *what's in a name?* Como diz a divina Julieta." (*Obra Completa em Quatro Volumes*, v. 4, p. 1361)
1897, 17 de jan. (*Gazeta de Notícias*)	Cr.	"A Semana"	Geral	"Certo, dois grandes países podem entender-se sobre o modo de dividir os bens do evento, acrescendo que, no presente caso, a vitória de um ou de outro é sempre a vitória da língua inglesa, com mais arcaísmos de um lado ou mais americanismos de outro, Macaulay ou Bancroft – numa só palavra Shakespeare." (*Obra Completa em Quatro Volumes*, v. 4, p. 1362)

260 MACHADO E SHAKESPEARE

Data da Aparição	Gênero	Título	Obra citada	Transcrição da citação
1897, 31 de jan. (*Gazeta de Notícias*)	Cr.	"A Semana"	*Hamlet*[3]	"Outras folhas também o deram; mas serão todas verdadeiras! Eis a questão." (*Obra Completa em Quatro Volumes*, v. 4, p. 1366)
1897, 25 de abr.	Ca.	Carta a Magalhães de Azeredo	*Romeu e Julieta, O Mercador de Veneza*	"Não sei o que serão hoje essa Veneza e essa Verona, que trouxeram para o finado romantismo a imortalidade de Shylock e de Romeu e Julieta." (*Correspondência de Machado de Assis Com Magalhães de Azeredo*, p. 109)
1899 (*Páginas Recolhidas*)	C.	"Lágrimas de Xerxes"	*Romeu e Julieta*	Conto elaborado a partir de uma das cenas de *Romeu e Julieta* (*Obra Completa em Quatro Volumes*, v. 2, p. 570).
1899, 4 de fev.	Cr.	"Garret"	Geral	"Nem só éramos moços, éramos ainda românticos; cantava em nós a toada de Gonçalves Dias, ouvíamos Alencar domar os mares bravios da sua terra, naquele poema em prosa que nos deixou, Álvares de Azevedo era o nosso aperitivo de Byron e Shakespeare." (*Obra Completa em Quatro Volumes*, v. 3, p. 1325)
1899	R.	*Dom Casmurro*	*As Alegres Comadres de Windsor*	"O grotesco, por exemplo, não está no texto do poeta; é uma excrescência para imitar as *Mulheres Patuscas de Windsor*. [...] Dizem eles que, ao tempo que o jovem Satanás compôs a grande ópera, nem essa farsa nem Shakespeare eram nascidos." (*Obra Completa em Quatro Volumes*, v. 1, p. 940)
1899	R.	*Dom Casmurro*	*Otelo*	"Uma Ponta de Iago" (título do capítulo) (*Obra Completa em Quatro Volumes*, v. 1, p. 998)
1899	R.	*Dom Casmurro*	*Otelo*	"Otelo mataria a si e a Desdêmona no primeiro ato, os três seguintes seriam dados à ação lenta e decrescente de ciúme, e o último ficaria só com as cenas iniciais da ameaça dos turcos, as explicações de Otelo e Desdêmona, e o bom conselho do fino Iago: 'Mete dinheiro na bolsa'." (*Obra Completa em Quatro Volumes*, v. 1, p. 1008)
1899	R.	*Dom Casmurro*	*Otelo*	"Ela amou o que me afligira, / Eu amei a piedade dela." (*Obra Completa em Quatro Volumes*, v. 1, p. 1008)
1899	R.	*Dom Casmurro*	*Macbeth*	"Há de ser prima das feiticeiras da Escócia: "Tu serás rei, Macbeth!" – "Tu serás feliz, Bentinho!" (*Obra Completa em Quatro Volumes*, v. 1, p. 1033)
1899	R.	*Dom Casmurro*	*Otelo*	"Otelo" (título do capítulo) (*Obra Completa em Quatro Volumes*, v. 1, p. 1062)

3 Estaria Machado pensando em Hamlet?

CRONOLOGIA DA PRESENÇA DE SHAKESPEARE NA OBRA DE MACHADO... 261

Data da Aparição	Gênero	Título	Obra citada	Transcrição da citação
1899	R.	Dom Casmurro	Otelo	"De noite fui ao teatro. Representava-se justamente *Otelo*, que eu não vira nem lera nunca; sabia apenas o assunto, e estimei a coincidência. Vi as grandes raivas do mouro, por causa de um lenço – um simples lenço! –, e aqui dou matéria à meditação dos psicólogos deste e de outros continentes, pois não me pude furtar à observação de que um lenço bastou a acender os ciúmes de Otelo e compor a mais sublime tragédia deste mundo. Os lenços perderam-se, hoje são precisos os próprios lençóis; alguma vez nem lençóis há, e valem só as camisas. Tais eram as ideias que me iam passando pela cabeça, vagas e turvas, à medida que o mouro rolava convulso, e Iago destilava a sua calúnia. Nos intervalos não me levantava da cadeira; não queria expor-me a encontrar algum conhecido. As senhoras ficavam quase todas nos camarotes, enquanto os homens iam fumar. Então eu perguntava a mim mesmo se alguma daquelas não teria amado alguém que jazesse agora no cemitério, e vinham outras incoerências, até que o pano subia e continuava a peça. O último ato mostrou-me que não era eu, mas Capitu que devia morrer. Ouvi as súplicas de Desdêmona, as suas palavras amorosas e puras, e a fúria do mouro, e a morte que este lhe deu entre aplausos frenéticos do público." (*Obra Completa em Quatro Volumes*, v. 1, p. 1062)
1899	R.	Dom Casmurro	Otelo	"Ainda assim tive ânimo de despejar a substância na xícara, e comecei a mexer o café, os olhos vagos, a memória em Desdêmona inocente; o espetáculo da véspera vinha intrometer-se na realidade da manhã." (*Obra Completa em Quatro Volumes*, v. 1, p. 1063)*

Data da Aparição	Gênero	Título	Obra citada	Transcrição da citação
1904	R.	*Esaú e Jacó*	*Macbeth*	"Ao som da música, à vista das galas, ouvia umas feiticeiras cariocas, que se pareciam com as escocesas; pelo menos, as palavras eram análogas às que saudaram Macbeth: 'Salve, Batista, ex-presidente de província!', 'Salve, Batista, próximo presidente de província!', 'Salve, Batista, tu serás ministro um dia!'. A linguagem dessas profecias era liberal, sem sombra de solecismo. Verdade é que ele se arrependia de as escutar, e forcejava por traduzi-las no velho idioma conservador, mas já lhe iam faltando dicionários. A primeira palavra ainda trazia o sotaque antigo: 'Salve, Batista, ex-presidente de província!', mas a segunda e a última eram ambas daquela outra língua liberal, que sempre lhe pareceu língua de preto. Enfim, a mulher, como lady Macbeth, dizia nos olhos o que esta dizia pela boca, isto é, que sentia em si aquelas futurações. O mesmo lhe repetiu na manhã seguinte, em casa. Batista, com um sorriso disfarçado, descria das feiticeiras, mas a memória guardava as palavras da ilha: 'Salve, Batista, próximo presidente!'. Ao que ele respondia com um suspiro: 'Não, não, filhas do Diabo...'" (*Obra Completa em Quatro Volumes*, v. 1, p. 1137)
1904	R.	*Esaú e Jacó*	*Hamlet*	"Ainda uma vez, não há novidade nos enterros. Daí o provável tédio dos coveiros, abrindo e fechando covas todos os dias. Não cantam, como os de *Hamlet*, que temperam as tristezas do ofício com as trovas do mesmo ofício." (*Machado de Assis. Obra Completa...*, v. 1, p. 1211)
1908	R.	*Memorial de Aires*	*Romeu e Julieta*	"Inimizade de famílias não tem impedido que moços se amem, mas é preciso ir a Verona ou alhures. E ainda os de Verona dizem comentadores que as famílias de Romeu e Julieta eram antes amigas e do mesmo partido; também dizem que nunca existiram, salvo na tradição ou somente na cabeça de Shakespeare." (*Obra Completa em Quatro Volumes*, v. 1, p. 1232-1233)
1908	R.	*Memorial de Aires*	*Romeu e Julieta*	"Romeu e Julieta aqui no Rio, entre a lavoura e a advocacia – porque o pai do nosso Romeu era advogado na cidade da Paraíba –, é um desses encontros que importaria conhecer para explicar." (*Obra Completa em Quatro Volumes*, v. 1, p. 1233)

Referências Bibliográficas

DE MACHADO DE ASSIS

MACHADO DE ASSIS, Joaquim Maria. *Histórias Românticas: Obras Completas*. Rio de Janeiro: W.M. Jackson, 1937.

_____. *Contos Avulsos: Obras Completas*. R. Magalhães Júnior (org.). Rio de Janeiro: Civilização Brasileira, 1956.

_____. *Contos Esparsos: Obras Completas*. R. Magalhães Júnior (org.). Rio de Janeiro: Civilização Brasileira, 1956.

_____. *Contos Esquecidos: Obras Completas*. R. Magalhães Júnior (org.). Rio de Janeiro: Civilização Brasileira, 1956.

_____. *Contos Recolhidos: Obras Completas*. R. Magalhães Júnior (org.). Rio de Janeiro: Civilização Brasileira, 1956.

_____. *Contos Sem Data: Obras Completas*. R. Magalhães Júnior (org.). Rio de Janeiro: Civilização Brasileira, 1956.

_____. *Correspondência: Obras Completas*. Rio de Janeiro: W.M. Jackson, 1957.

_____. *Crítica Literária: Obras Completas*. Rio de Janeiro: W.M. Jackson, 1957.

_____. *Crítica Teatral: Obras Completas*. Rio de Janeiro: W.M. Jackson, 1957.

_____. *A Semana (1895-1900): Obras Completas*. Rio de Janeiro: W.M. Jackson, 1957.

_____. *Contos e Crônicas: Obras Completas*. R. Magalhães Júnior (org.). Rio de Janeiro: Civilização Brasileira, 1958.

_____. *Dispersos de Machado de Assis*. Jean-Michel Massa (org.). Rio de Janeiro: Ministério da Educação e Cultura-Instituto Nacional do Livro, 1965.

_____. Apêndice. *Quincas Borba*. Rio de Janeiro: Ministério da Educação e Cultura/Instituto Nacional do Livro, 1970.

264 MACHADO E SHAKESPEARE

_____. *Contos Fluminenses*. 2. ed. Rio de Janeiro: Instituto Nacional do Livro/ Civilização Brasileira, 1977. (Edições Críticas de Machado de Assis.)

_____. *Balas de Estalo de Machado de Assis*. Heloísa Helena Paiva de Luca (org.). São Paulo: Annablume, 1998. (Edição completa e comentada.)

_____. *Do Teatro: Textos Críticos e Escritos Diversos*. São Paulo: Perspectiva, 2008.

_____. *Dom Casmurro*. Cotia: Ateliê, 2008.

_____. *Notas Semanais*. John Gledson; Lúcia Granja (orgs.). Campinas: Editora Unicamp, 2008.

_____. *Obra Completa em Quatro Volumes*. Rio de Janeiro: Nova Aguilar, 2008.

_____. *História de Quinze Dias*. Organização, introdução e notas de Leonardo Afonso de Miranda Pereira. Campinas: Editora Unicamp, 2009.

_____. *A Poesia Completa*. Rutzkaya Queiróz dos Reis (org.). São Paulo: Edusp, 2009.

MACHADO DE ASSIS, Joaquim Maria; AZEREDO, Carlos Magalhães de. *Correspondência de Machado de Assis Com Magalhães de Azeredo*. Rio de Janeiro: Instituto Nacional do Livro, 1969.

DE SHAKESPEARE

SHAKESPEARE, William. *The Complete Works of William Shakespeare*. Scotland: Geddes & Grosset, 2006.

_____. *Teatro Completo: Tragédias*. Trad. Carlos Alberto Nunes. Rio de Janeiro: Agir, 2008.

SOBRE MACHADO DE ASSIS

ALENCAR, Mário de. *Alguns Escritos*. Rio de Janeiro: Garnier, 1910.

ANTUNES, Benedito; MOTTA, Sérgio Vicente. *Machado de Assis e a Crítica Internacional*. São Paulo: Unesp, 2009.

AZEVEDO, Sílvia Maria. *A Trajetória de Machado de Assis: Do Jornal das Famílias aos Contos e Histórias em Livro*. Tese (Doutorado em Letras), FFLCH-USP, São Paulo, 1990. 2 v.

_____. Machado de Assis e o Otelo de Shakespeare. *Machado de Assis em Linha: Revista Eletrônica de Estudos Machadianos*, v. 1, 2008.

BAPTISTA, Abel Barros. *A Formação do Nome: Duas Interrogações Sobre Machado de Assis*. Campinas: Editora Unicamp, 2003.

_____. *Autobiografias*. Campinas: Editora Unicamp, 2003.

BARRETO FILHO. *Introdução a Machado de Assis*. Rio de Janeiro: Agir, 1980.

BASTOS, Maria Helena Câmara. Leituras das Famílias Brasileiras no Século XIX: O *"Jornal das Famílias"* (1863-1878). *Revista Portuguesa de Educação*, Braga, v. 15, n. 2, 2002.

BERNARDES, Maria Thereza Caiuby Crescenti. *Mulheres de Ontem? Rio de Janeiro: Século XIX*. São Paulo: T.A. Queiróz, 1989.

BOSI, Alfredo. *Machado de Assis: O Enigma do Olhar*. São Paulo: Ática, 2003.

_____. *O Teatro Político nas Crônicas de Machado de Assis*. São Paulo: IEA-USP, v. x, 2004. (Col. Documentos: Série Literatura.)

REFERÊNCIAS BIBLIOGRÁFICAS

BRANDÃO, Jacyntho José Lins. A Grécia em Machado de Assis. In: MENDES, Eliana Amarante de Mendonça et al. (orgs.). *O Novo Milênio: Interfaces Linguísticas e Literárias*. Belo Horizonte: UFMG-FALE, 2001.

CALDWELL, Helen. *Machado de Assis: The Brazilian Master and His Novels*. Los Angeles: University of California Press, 1970.

_____. *O Otelo Brasileiro de Machado de Assis*. Trad. Fábio Fonseca de Melo. Cotia: Ateliê, 2002.

CANDIDO, Antonio. The Brazilian Family. In: SMITH, Thomas Lynn.; MARCHANT, Alexander. *Brazil: Portrait of Half a Continent*. New York: The Dryden, 1951.

_____. Esquema de Machado de Assis. *Vários Escritos*. São Paulo: Duas Cidades, 1970.

_____. O Escritor e o Público. *Literatura e Sociedade: Estudos de Teoria e História Literária*. São Paulo: Companhia Editora Nacional, 1985.

_____. Dialética da Malandragem. *O Discurso e a Cidade*. São Paulo: Duas Cidades, 1993.

CHALHOUB, Sidney. *Machado de Assis Historiador*. São Paulo: Companhia das Letras, 2003.

COUTINHO, Afrânio. *A Filosofia de Machado de Assis e Outros Ensaios*. Rio de Janeiro: Livraria São José, 1959.

CRESTANI, Jaison Luís. O Perfil Editorial da Revista "*A Estação*": Jornal Ilustrado Para a Família. *Revista da Anpoll*, Brasília, v. 1, n. 25, jan.-jul. 2008.

_____. *Machado de Assis no Jornal das Famílias*. São Paulo: Nankin/Edusp, 2009.

CUNHA, Patrícia Lessa Flores da. *Machado de Assis: Um Escritor na Capital dos Trópicos*. Porto Alegre: IEL/Editora Unisinos, 1998.

FARIA, João Roberto. *Ideias Teatrais: O Século XIX no Brasil*. São Paulo: Perspectiva, 2001.

_____. Machado de Assis: Leitor e Crítico de Teatro. *Estudos Avançados*, São Paulo, v. 51, n. 51, 2004.

_____. Machado de Assis e o Teatro. *Revista Brasileira*, Rio de Janeiro, v. 55, 2008.

FRANCHETTI, Paulo. No Banco dos Réus: Notas Sobre a Fortuna Crítica Recente de Dom Casmurro. *Estudos Avançados*, São Paulo, v. 23, n. 65, 2009.

GALANTE DE SOUZA, José. *Bibliografia de Machado de Assis*. Rio de Janeiro: MEC, 1955.

GLEDSON, John. Os Contos de Machado de Assis: O Machete e o Violoncelo. In: MACHADO DE ASSIS, J.M. *Contos: Uma Antologia*. Seleção, Introdução e Notas de John Gledson. São Paulo: Companhia das Letras, 2004. v. 1.

_____. *Machado de Assis: Impostura e Realismo*. Trad. Fernando Py. São Paulo: Companhia das Letras, 2005.

_____. *Por um Novo Machado de Assis*. São Paulo: Companhia das Letras, 2006.

_____. 1872: A Parasita Azul. Ficção, Nacionalismo e Paródia. *Cadernos de Literatura Brasileira*, São Paulo, n. 23-24, jul. 2008.

GOMES, Eugênio. As Correções de Machado de Assis. *Espelho Contra Espelho: Estudos e Ensaios*. São Paulo: Instituto Progresso Editorial, 1949.

_____. *Shakespeare no Brasil*. Rio de Janeiro: Ministério da Educação e Cultura, 1961.

_____. *O Enigma de Capitu*. Rio de Janeiro: Livraria José Olympio, 1967.

_____. *Machado de Assis: Influências Inglesas*. Rio de Janeiro: Palas, 1976.

GUIDIN, Márcia Lígia; GRANJA, Lúcia; RICIERI, Francine Weiss. *Machado de Assis: Ensaios da Crítica Contemporânea*. São Paulo: Editora Unesp, 2008.

GUIMARÃES, Hélio de Seixas. *Os Leitores de Machado de Assis: O Romance Machadiano e o Público de Leitura no Século XIX*. São Paulo: Edusp, 2004.

HOLANDA, Sérgio Buarque de. *Cobra de Vidro*. São Paulo: Perspectiva, 1978.

JOBIM, José Luís. *A Biblioteca de Machado de Assis*. 2. ed. Rio de Janeiro: Topbooks, 2008.

MASSA, Jean-Michel. La Bibliothèque de Machado de Assis. *Revista do Livro*, ano 6, n. 21-22, mar.-jun. 1961.

_____. *A Juventude de Machado de Assis*. Rio de Janeiro: Civilização Brasileira, 1971.

_____. *Machado de Assis Tradutor*. Belo Horizonte: Crisálida, 2008.

MEYER. Augusto. *Machado de Assis (1935-1958)*. Rio de Janeiro: José Olympio, 2008.

PAES, José Paulo. Um Aprendiz de Morto. *Revista de Cultura Vozes*, Rio de Janeiro, v. 70, n. 7, set. 1977.

PASSOS, José Luiz. *Machado de Assis: O Romance Com Pessoas*. São Paulo: Edusp/Nankin Editorial, 2007.

PEREIRA, Lúcia Miguel. *Machado de Assis: Estudo Crítico e Biográfico*. 5. ed. São Paulo: José Olympio, 1955.

REALE, Miguel. *A Filosofia na Obra de Machado de Assis & Antologia Filosófica de Machado de Assis*. São Paulo: Pioneira, 1982.

SANTIAGO, Silviano. *Uma Literatura nos Trópicos: Ensaios Sobre Dependência Cultural*. Rio de janeiro: Rocco, 2000.

_____. Jano, Janeiro. *Teresa: Revista de Literatura Brasileira*, São Paulo, n. 6-7, 2006.

SCHWARZ, Roberto. *Ao Vencedor as Batatas: Forma Literária e Processo Social nos Inícios do Romance Brasileiro*. São Paulo: Editora 34/Duas Cidades, 2000.

_____. *Um Mestre na Periferia do Capitalismo*. São Paulo: Editora 34/Duas Cidades, 2000.

_____. A Viravolta Machadiana. *Novos Estudos*, São Paulo, Cedrap, n. 69, jul. 2004.

_____. *Duas Meninas*. 2. ed. São Paulo: Companhias das Letras, 2006.

_____. As Ideias Fora do Lugar. *Cultura e Política*. 3. ed. São Paulo: Paz e Terra, 2009.

SECCHIN, Antônio Carlos et al. (orgs.). *Machado de Assis: Uma Revisão*. Rio de Janeiro: In-Fólio, 1998.

SENNA, Marta de. *O Olhar Oblíquo do Bruxo: Ensaios Machadianos*. Rio de Janeiro: Língua Geral, 2008.

_____. *Alusão e Zombaria: Citações e Referências na Ficção de Machado de Assis*. 2. ed. Rio de Janeiro: Casa de Rui Barbosa, 2008.

SILVEIRA, Daniela Magalhães da. *Contos de Machado de Assis: Leitura e Leitores do "Jornal das Famílias"*. Dissertação (Mestrado em História), Instituto de Filosofia e Ciências Humanas, Unicamp, Campinas, 2005.

_____. *Fábrica de Contos: Ciência e Literatura em Machado de Assis*. Campinas: Editora Unicamp, 2010.

STEIN, Ingrid. *Figuras Femininas em Machado de Assis*. Rio de Janeiro: Paz e Terra, 1984.

TELES, Adriana da Costa. "Romeo and Juliet" in Machado de Assis' Last Novel: Shakespearian Tragedy at the End of Nineteenth Century? *Polifonia*, Cuiabá, n. 14, 2007.

_____. *O Labirinto Enunciativo em Memorial de Aires*. São Paulo: Annablume, 2009.

VIANNA, Glória. Revendo a Biblioteca de Machado de Assis. In: JOBIM, José Luís et al. *A Biblioteca de Machado de Assis*. Rio de Janeiro: Topbooks/ABL, 2001.

REFERÊNCIAS BIBLIOGRÁFICAS

SOBRE SHAKESPEARE

BLOOM, Harold. *O Cânone Ocidental*. Rio de Janeiro: Objetiva, 1995.

_____. *Shakespeare: A Invenção do Humano*. Rio de Janeiro: Objetiva, 1998.

_____. *Gênio*. Rio de Janeiro: Objetiva, 2003.

BRADLEY, Andrew Cecil. *Shakespearean Tragedy*. London: Penguin, 1991.

CARLSON, Marvin. *The Italian Shakespearians*. Washington: Folger Books, 1985.

GOMES, Celuta Moreira; AGUIAR, Thereza da Silva. *William Shakespeare no Brasil*. Rio de Janeiro: MEC, 1961.

GOMES, Eugênio. *Shakespeare no Brasil*. Rio de Janeiro: MEC, 1961.

GREENBLATT, Stephen. *Como Shakespeare se Tornou Shakespeare*. São Paulo: Companhia das Letras, 2011.

HELIODORA, Bárbara. Shakespeare in Brazil. *Shakespeare Survey: An Annual Survey of Shakesperean Study and Production*, n. 20. Cambridge, Cambridge University Press, 1967.

_____. *Falando de Shakespeare*. São Paulo/Rio de Janeiro: Perspectiva/Funarte/Cultura Inglesa, 1997.

_____. Shakespeare no Brasil. In: LEÃO, Liana de Camargo; SANTOS, Marlene Soares dos (orgs.). *Shakespeare: Sua Época e Sua Obra*. Curitiba: Beatrice, 2008.

HUGO, Victor. *Do Grotesco e do Sublime: Tradução do Prefácio de Cromwell*. 3. ed. São Paulo: Perspectiva, 2014. (Col. Elos 5.)

KOTT, Jan. *Shakespeare Nosso Contemporâneo*. São Paulo: Cosac & Naify, 2003.

KRISTEVA, Julia. Romeu e Julieta ou o Amor Fora-da-Lei. In: BRICOUT, Bernade (org.). *O Olhar de Orfeu: Os Mitos Literários do Ocidente*. São Paulo: Companhia das Letras, 2003.

LEÃO, Liana de Camargo; SANTOS, Marlene Soares dos. *Shakespeare: Sua Época e Sua Obra*. Curitiba: Beatrice, 2008.

PARIS, Jean. *Shakespeare*. Trad. Bárbara Heliodora. Rio de Janeiro: José Olympio, 1992.

RHINOW, Daniela F.E. *Visões de Otelo na Cena e na Literatura Dramática Nacional do Século XIX*. Tese (Doutorado em Literatura Brasileira), FFLCH-USP, São Paulo, 2007. 2. v.

SUSSEKIND, Pedro. O Efeito de Otelo. *Artefilosofia*, Ouro Preto, n. 4, jan. 2008.

ZILBERMAN, Regina. Shakespeare nas Trincheiras de Brás Cubas. *Letras*, Santa Maria, n. 24, 2002.

GERAL

ARÊAS, Vilma Sant'Anna. *Na Tapera de Santa Cruz: Uma Leitura de Martins Pena*. São Paulo: Martins Fontes, 1987.

ARISTÓTELES. *Poética*. Trad. e notas Eudoro de Souza. Porto Alegre: Globo, 1966.

AUERBACH, Erich. *Mimesis*. 2. ed. São Paulo: Perspectiva, 1986.

AZEVEDO, Álvares de. *Macário*. Porto Alegre: L&PM, 2001.

BAKHTIN, Mikhail. *Questões de Literatura e de Estética: A Teoria do Romance*. 5. ed. Trad. Aurora Fornoni Bernardini et. al. São Paulo: Annablume, 2002.

268 MACHADO E SHAKESPEARE

BARTHES, Roland. *Crítica e Verdade*. 3. ed. Trad. Leyla Perrone-Moisés. São Paulo: Perspectiva, 1999.

BAUMGARTEN, Carlos Alexandre. Tragédia e Modernidade. *Letras e Letras*, Uberlândia, v. 1, n. 2, dez. 1985.

BENTLEY, Eric. *O Dramaturgo Como Pensador*. Trad. Ana Zelma Campos. Rio de Janeiro: Civilização Brasileira, 1991.

BORNHEIN, Gerd. *O Sentido e a Máscara*. São Paulo: Perspectiva, 1975.

CALDERON DE LA BARCA. *A Vida É Sonho*. Trad. Maria Manuela Couto Viana e Antonio José Couto Viana. Lisboa: Editorial Verbo, 1971.

CANDIDO, Antonio. *Brigada Ligeira e Outros Escritos*. São Paulo: Editora Unesp, 1992.

CARLSON, Marvin. *Teorias do Teatro: Estudo Histórico-Crítico, dos Gregos à Atualidade*. Trad. Gilson César Cardoso de Souza. São Paulo: Unesp, 1997.

COMPAGNON, Antoine. *O Trabalho da Citação*. Trad. Cleonice P.B. Mourão. Belo Horizonte: Editora UFMG, 2007.

_____. *O Demônio da Teoria: Literatura e Senso Comum*. Trad. Cleonice P.B. Mourão e Consuelo Fortes Santiago. Belo Horizonte: Editora UFMG, 2012.

COSTA, Lígia Militz da; REMÉDIOS, Maria Luiza Ritzel. *A Tragédia: Estrutura e História*. São Paulo: Ática, 1988.

DAL FARRA, Maria Lúcia. *O Narrador Ensimesmado: O Foco Narrativo em Virgílio Ferreira*. São Paulo: Ática, 1978.

FRYE, Northrop. *Anatomia da Crítica*. São Paulo: Cultrix, 1973.

GOLDMANN, Lucien. *Le Dieu caché*. Paris: Gallimard, 1959.

HAUSER, Arnold. *Maneirismo*. 2. ed. São Paulo: Perspectiva, 1993.

JENNY, Laurent et al. *Intertextualidades*. Coimbra: Almedina, 1979.

SANTOS, João Caetano dos. *Lições Dramáticas*. Brasília: MEC-Serviço de Documentação, 1956.

KAUFMANN, Walter. *Tragedy and Philosophy*. Princeton: Princeton University Press, 1968.

KAYSER, Wolfgang. *Análise e Interpretação da Obra Literária*. 5. ed. Trad. Paulo Quintela. Coimbra: Armênio Amado, 1970.

KIEKEGAARD, Søren Aabye. *Estudios Esteticos*. Trad. Demétrio Rivero. Madrid: Guadarrama, 1969.

KRISTEVA, Julia. *Introdução à Semanálise*. São Paulo: Perspectiva, 1969.

LAJOLO, Marisa; ZILBERMAN, Regina. *A Formação da Leitura no Brasil*. 3. ed. São Paulo: Ática, 2003.

LEITE, Dante Moreira. *O Amor Romântico e Outros Temas*. São Paulo: Companhia Editora Nacional/Edusp, 1979.

LESKY, Albin. *A Tragédia Grega*. São Paulo: Perspectiva, 1976.

LEVIN, Richard. *Tragedy: Plays, Theory and Criticism*. New York: Harcourt/ Brace & World, 1960.

LINS, Álvaro. *Os Mortos de Sobrecasaca*. Rio de Janeiro: Civilização Brasileira, 1963.

LOUREIRO, Jayme Eduardo. Leitura, Escrita e Crítica em "Aurora Sem Dia". *Teresa: Revista de Literatura Brasileira*, São Paulo, n. 6-7, 2006.

LUKÁCS, Georg. *A Teoria do Romance*. Trad., posfácio e notas José Marcos Mariani de Macedo. São Paulo: Duas Cidades/Editora 34, 2009.

MACEDO, Joaquim Manuel de. *O Novo Othelo*. *Teatro da Juventude*, São Paulo, v. 3, n. 20, out. 1998.

REFERÊNCIAS BIBLIOGRÁFICAS 269

MACHADO, Roberto. *O Nascimento do Trágico: de Schiller a Nietzsche*. Rio de Janeiro: Jorge Zahar, 2006.

MAETERLINCK, Maurice. *A Sabedoria e o Destino*. Trad. Monteiro Lobato. São Paulo: Pensamento, 1958.

MAGALHÃES, Domingos José Gonçalves de. *Obras de D.J.G. de Magalhães, t. III: Tragédias*. Rio de Janeiro: Livraria B.L. Garnier, 1865.

MARTIN, Robert; CENTOLA, Stephen. (orgs.). *The Theatre Essays of Arthur Miller*. Boston: Da Capo, 1996.

MARTINS PENA, Luís Carlos. *Teatro de Martins Pena*, Rio de Janeiro: MEC; Instituto Nacional do Livro, 1856. (Edição crítica por Darcy Damaceno.)

MOST, Glenn. Da Tragédia ao Trágico. In: ROSENFIELD, K.H. *Filosofia e Literatura: O Trágico*. Rio de Janeiro: Jorge Zahar, 2003.

MULLER, Herbert Joseph. *The Spirit of Tragedy*. New York: Washington Square, 1965.

NIETZSCHE, Friedrich. *A Origem da Tragédia*. São Paulo: Centauro, 2004.

NITRINI, Sandra. *Literatura Comparada: História, Teoria e Crítica*. 3. ed. São Paulo: Edusp, 2010.

PALMER, Richard. *Tragedy and Tragic Theory: An Analytical Guide*. London: Greenwood, 1992.

PASCAL, Blaise. *Pensamentos*. Trad. Alcântara Silveira. São Paulo: Cultrix, 1958.

PASSOS, Gilberto Pinheiro. *A Poética do Legado: Presença Francesa em "Memórias Póstumas de Brás Cubas"*. São Paulo: Annablume, 1996.

PRADO, Décio de Almeida. *João Caetano: O Ator, o Empresário, o Repertório*. São Paulo: Perspectiva, 1972.

_____. *Teatro de Anchieta a Alencar*. São Paulo: Perspectiva, 1993.

PRIORI, Mary Del. *História do Amor no Brasil*. 3. ed. São Paulo: Contexto, 2012.

_____. *História das Mulheres no Brasil*. 10. ed. São Paulo: Contexto, 2012.

RABELO, Adriano de Paula. *Formas do Trágico Moderno nas Obras Teatrais de Eugene O'Neill e de Nelson Rodrigues*. Tese (Doutorado em Literatura Brasileira), FFLCH-USP, São Paulo 2004.

RODRIGUES, Luzia Gontijo. *Nietzsche e os Gregos: Arte e "Mal-Estar" na Cultura*. 2. ed. São Paulo: Annablume, 2003.

ROSENFELD, Anatol (org.). *Autores Pré-Românticos Alemães*. São Paulo: Epu, 1991.

ROSENFIELD, Kathrin Holzermayr. *Filosofia e Literatura: O Trágico*. Rio de Janeiro: Zahar, 2001.

_____. A Ironia de Machado em "*Dom Casmurro*": Reflexão Sobre a Cordialidade Antitrágica. *Letras*, Santa Maria, v. 32, 2007.

ROUBINE, Jean-Jacques. *Introdução às Grandes Teorias do Teatro*. Trad. André Telles. Rio de Janeiro: Zahar, 2003.

ROUGEMONT, Denis de. *Love in The Western World*. Princeton: Princeton University Press, 1983. (Trad. bras.: *História do Amor no Ocidente*. Rio de Janeiro: Ediouro, 2002.)

SCHELLING, Friedrich Wilhelm Joseph von. *Filosofia da Arte*. Trad., introdução e notas Marcio Suzuki. São Paulo: Edusp, 2001.

SCHOPENHAUER, Arthur. *O Mundo Como Vontade e Como Representação*. Trad. Jair Barboza. São Paulo: Editora Unesp, 2005.

SILVA, Franklin Leopoldo e. Pascal: Condição Trágica e Liberdade. *Cadernos de História, Filosofia, Ciência*, Campinas, v. 12, n. 1-2, jan./dez. 2002.

MACHADO E SHAKESPEARE

STAIGER, Emil. *Conceitos Fundamentais da Poética*. Trad. Celeste Aída Galeão. Rio de Janeiro: Tempo Brasileiro, 1997.

STEINER, George. *A Morte da Tragédia*. São Paulo: Perspectiva, 2006.

SZONDI, Peter. *Ensaio Sobre o Trágico*. Rio de Janeiro: Jorge Zahar, 2004.

UNAMUNO, Miguel de. *Do Sentimento Trágico da Vida*. Trad. Cruz Malpique Lisboa: Relógio D'Água, 1988.

WATT, Ian. *A Ascensão do Romance*. Trad. Hildegard Feist. São Paulo: Companhia das Letras, 2007.

WEINHARDT, Marilene; CARDOZO, Maurício Mendonça. *Centro, Centros: Literatura e Literatura Comparada em Discussão*. Curitiba: Editora UFPR, 2011.

WILLIAMS, Raymond. *Tragédia Moderna*. Trad. Betina Bischop. São Paulo: Cosac Naify, 2002.

COLEÇÃO ESTUDOS
(*Últimos Lançamentos*)

300. *Palavras Praticadas: O Percurso Artístico de Jerzy Grotowski, 1959-1974*, Tatiana Motta Lima
301. *Persona Performática: Alteridade e Experiência na Obra de Renato Cohen*, Ana Goldenstein Carvalhaes
302. *Qual o Espaço do Lugar: Geografia, Epistemologia, Fenomenologia*, Eduardo Marandola Jr., Werther Holzer, Lívia de Oliveira (orgs.)
303. *Como Parar de Atuar*, Harold Guskin
304. *Metalinguagem e Teatro: A Obra de Jorge Andrade*, Catarina Sant'Anna
305. *Apelos*, Jacques Copeau
306. *Ensaios de um Percurso: Estudos e Pesquisas de Teatro*, Esther Priszkulnik
307. *Função Estética da Luz*, Roberto Gill Camargo
308. *Interior da História*, Marina Waisman
309. *O Cinema Errante*, Luiz Nazario
310. *A Orquestra do Reich*, Misha Aster
311. *A Poética de Sem Lugar: Por uma Teatralidade na Dança*, Gisela Dória
312. *Eros na Grécia Antiga*, Claude Calame
313. *Estética da Contradição*, João Ricardo C. Moderno
314. *Teorias do Espaço Literário*, Luis Alberto Brandão
315. *Haroldo de Campos: Transcriação*, Marcelo Tápia e Thelma Médici Nóbrega (orgs.)
316. *Entre o Ator e o Performer*, Matteo Bonfitto
317. *Holocausto: Vivência e retransmissão*, Sofia Débora Levy
318. *Missão Italiana: HIstórias de uma Geração de Diretores Italianos no Brasil*, Alessandra Vannucci
319. *Além dos Limites*, Josette Féral
320. *Ritmo e Dinâmica no Espetáculo Teatral*, Jacyan Castilho

321. *A Voz Articulada Pelo Coração*, Meran Vargens
322. *Beckett e a Implosão da Cena: Poética Teatral e Estratégias de Encenação*, Luiz Marfuz
323. *Teorias da Recepção*, Claudio Cajaiba
324. *Revolução Holandesa, A Origens e Projeção Oceânica*, Roberto Chacon de Albuquerque
325. *Psicanálise e Teoria Literária: O Tempo Lógico e as Rodas da Escritura e da Leitura*, Philippe Willemart
326. *Os Ensinamentos da Loucura: A Clínica de Dostoiévski*, Heitor O´Dwyer de Macedo
327. *A Mais Alemã das Artes*, Pamela Potter
328. *A Pessoa Humana e Singularidade em Edith Stein*, Francesco Allieri
329. *A Dança do Agit-Prop*, Eugenia Casini Ropa
330. *Luxo & Design*, Giovanni Cutolo
331. *Arte e Política no Brasil*, André Egg, Artur Freitas e Rosane Kaminski (orgs.)
332. *Teatro Hip-Hop*, Roberta Estrela D'Alva
333. *O Soldado Nu: Raízes da Dança Butō*, Éden Peretta
334. *Ética, Responsabilidade e Juízo em Hannah Arendt*, Bethania Assy
335. *Alegoria em Jogo: A Encenação Como Prática Pedagógica*, Joaquim Gama
336. *Jorge Andrade: Um Dramaturgo no Espaço Tempo*, Carlos Antônio Rahal
337. *Nova Economia Política dos Serviços*, Anita Kon
338. *Arqueologia da Política*, Paulo Butti de Lima
339. *Campo Feito de Sonhos*, Sônia Machado de Azevedo
340. *A Presença de Duns Escoto no Pensamento de Edith Stein: A Questão da Individualidade*, Francesco Alfieri
341. *Os Miseráveis Entram em Cena: Brasil, 1950-1970*, Marina de Oliveira
342. *Antígona, Intriga e Enigma*, Kathrin H. Rosenfield
343. *Teatro: A Redescoberta do Estilo e Outros Escritos*, Michel Saint-Denis
344. *Isto Não É um Ator*, Melissa Ferreira
345. *Música Errante*, Rogério Costa
346. *O Terceiro Tempo do Trauma*, Eugênio Canesin Dal Molin

Este livro foi impresso na cidade de Itaquaquecetuba,
nas oficinas da Vox Gráfica, em janeiro de 2017,
para a Editora Perspectiva.